앨버트 반두라Albert Bandura에게
이 책을 바칩니다.

CHANGE ANYTHING

KI신서 3902

어떻게 바꿀 것인가

1판 1쇄 발행 2012년 6월 25일
1판 2쇄 발행 2012년 8월 13일

지은이 케리 패터슨 · 조셉 그레니 · 론 맥밀런 · 알 스위츨러 · 데이비드 맥스필드
옮긴이 박슬라 · 김선준
펴낸이 김영곤 **펴낸곳** (주)북이십일 21세기북스
부사장 임병주 **기획1실장** 김성수 **해외기획** 김준수 조민정
출판개발실장 주명석 **편집1팀장** 박상문 **책임편집** 윤지영 **디자인** 박선향
마케팅영업본부장 최창규 **마케팅** 김현섭 강서영 **영업** 이경희 정병철
출판등록 2000년 5월 6일 제10-1965호
주소 (우 413-120) 경기도 파주시 문발동 회동길 201
대표전화 031-955-2100 **팩스** 031-955-2151 **이메일** book21@book21.co.kr
홈페이지 www.book21.com
21세기북스 트위터 @21cbook **블로그** b.book21.com

ISBN 978-89-509-3658-7 03180
책값은 뒤표지에 있습니다.

이 책 내용의 일부 또는 전부를 재사용하려면 반드시 (주)북이십일의 동의를 얻어야 합니다.
잘못 만들어진 책은 구입하신 서점에서 교환해 드립니다.

어떻게 바꿀 것인가

나를 변화시키는 6가지 방법

change anything

케리 패터슨 외 지음 | 박슬라·김선준 옮김

21세기북스

3부 새로운 나를 위한 실전 노하우

당신의 행동은 분명 변화한다

이 책이 약속하는 바는 간단하다. 우리가 제시하는 원칙과 방안을 사용한다면 당신은 빠르고 신속하게, 그리고 극적으로 당신의 행동 양식을 변화시킬 수 있으며 심지어 오랫동안 마지못해 끌고 다녔던 나쁜 습관마저도 퇴치할 수 있다. 또한 행동을 변화시키는 방법을 배움으로써 자기 삶의 모든 분야를 개선할 수 있다.

우리는 이를 증명하고 싶었다. 그래서 사람의 행동양식을 변화시키는 데 필요한 요소들을 찾기 위해 '체인지애니씽 연구소Change Anything Lab'를 설립했다. 그러고는 5천 명 이상의 사람을 상대로 실험에 들어갔다. 우리는 변화를 꾀하는 그들의 전략, 걸림돌, 성공 비결 등을 집중적으로 파고들었다. 이 대담한 변화자들이 추구한 목표는 다음과 같다.

먼저 연봉 인상 및 승진 등 직장에서의 성공이다. 우리가 조사한 직장인들 가운데 87퍼센트가 상사가 요구한 변화를 성취하지 못해 승진이나 연봉 인상에 실패한 경험이 있다고 응답했다. 그들은 자신의 행동을 변화시켜야 한다는 필요성은 자각하고 있었으나 그것을 어떻게 실천해야 할지 알지 못했다.[1]

둘째, 재정적 안정이다. 미국의 성인 가운데 재정적으로 안정된 노후를 보낼 수 있으리라 확신하는 사람은 다섯 명 중 한 명꼴도 되지 않는다. 안정된 노후를 가로막는 가장 근본적인 장애물은 바로 그들의 행동이다. 재정적 안정을 누리고 싶다면 덜 쓰고 더 모아야 한다는 사실을 모르는 사람은 없다. 하지만 그러기 위해 어떻게 해야 하는지를 아는 사람 또한 거의 없다.[2]

셋째, 관계개선이다. 파경 직전의 남녀 350쌍을 조사한 결과, 우리는 남녀관계가 실패하는 근본 원인은 '사랑의 화학물질'이 더 이상 생성되지 않아서 그런 것이 아님을 알게 되었다. 두 사람의 관계가 무너지는 것은 바로 그들의 '행동' 때문이었다. 서로에 대한 우정이나 애정을 회복하고 더욱 친밀한 관계를 유지하고 싶다면 친구나 사랑하는 사람을 대하는 방식을 변화시켜야 할 필요가 있다.[3]

넷째, 변화하는 조직 속에서 성공하는 것이다. 많은 사람들이 상사나 고용주가 제시하는 변화에 적응하기 위해 몸부림친다. 이러한 강제적인 요구에 자신이 희생되고 있다고 느끼는 이들도 많다. 그러나 어떤 이들은 그 같은 변화를 전략적으로 관찰하고, 이에 적응하여 주변에 대한 주도권을 회복하며, 나아가 일터에서의 성공 가능성을 한층 높여 나간다.

다섯째, 다이어트와 건강한 몸, 그리고 그 상태를 유지하는 것이다. 오늘날 죽음과 질병의 가장 주된 원인은 바이러스도 아니고 유전적인 결함도 아니다. 그것은 바로 '행동'이다. 다이어트에 성공해 러닝머신에서 내려오는 사람들은 뭔가 강력한 도구나 마법의 약을 발견한 것이 아니다. 그들은 평생 동안 지속할 수 있는 건강하고 건전한 습관을 창조하고, 이를 유지할 확고한 계획을 세운 것뿐이다.

여섯째, 중독 탈출이다. 중독에서 벗어난다는 것은 단순히 치료법을 찾는 것이 아니다. 그것은 고치기 힘든 습관을 바꿔나간다는 것을 의미한다.[4] 사람들이 심신을 해치는 중독증에서 벗어나는 데 성공할 수 있었던 것은 의도적이었든 아니었든 자신에게만 꼭 맞는 새로운 성공과학을 적용했기 때문이다.

이처럼 정체된 직장생활이나 파국으로 치닫는 결혼생활, 또는 지독한 중독증을 극복하기 위해 고투하는 평범한 이들을 연구하던 우리는 그들에게서 희망을 발견했다. 그중 수백 명이 바람직하지 못한 습관을 바꾸는 데 성공했을 뿐만 아니라 그러한 변화를 최소한 3년 이상은 유지하는 것을 보았다. 우리는 앞으로 이들을 '변화자'라고 부를 것이다.

우리는 이들 가운데 특히 중요한 핵심 집단에 관심을 갖고 신중하게 관찰함으로써 이들의 성공 뒤에 놓여 있는 과학적 원리를 찾아냈다. 케냐의 킬룽구에 살건, 캘리포니아의 카멜에 살건, 아니면 알코올 중독에 시달리건, 방탕한 생활습관에 젖어 있건, 모든 변화자들은 모두 똑같은 영향력 원칙을 활용하고 있었다는 것이다.

여러 어려움을 견뎌낸 우리의 변화자들은 변화에 성공했지만 많은 시간이 걸렸다. 그들은 그것을 한탄했다. 또한 그들은 성공으로 가는 길목에서 누구나 그렇듯 끊임없이 휘청거리고 넘어졌다. 그러나 앞으로 이 책에서 배울 것들을 조금만 깊이 들여다보고 연구한다면 당신은 그런 고생을 한층 덜 수 있을 것이다. 변화일꾼이들의 성공 뒤에 놓인 과학적 원리를 이해할 때, 당신은 훨씬 신중한 시도와 효과적인 진전을 이룰 수 있다.

우리가 이 책에서 소개하는 원칙과 방안들은 다른 이들이 오랜 시행착오를 거친 끝에 깨달은 사실들을 체계적으로 정리해 놓은 것들이다. 당신이 변화를 추구하는 데 정말 유용할 것이며 따라서 당신은 놀랍도록 신속하게 성공의 길을 달릴 수 있을 것이다.

그러므로 이제 '성공'은 당신 손에 있다. '체인지애니씽 연구소'의 최근 연구에 의하면 앞으로 당신이 배울 것들을 활용한 변화자들은 단순히 변화를 성취하는 데 뛰어난 것이 아니라 변화 그 자체라고 불러도 무방하다. 실제로 우리가 밝혀낸 자신만의 새로운 성공과학을 도입한 이들은 다른 방법을 사용한 사람들보다 1000퍼센트 이상의 성공률을 보였다.[5]

지금까지 들은 것만도 놀라운 이야기겠지만, 마지막으로 하나 더 덧붙이고자 한다. 당신이 변화시키고자 하는 것이 직장생활이든 개인적인 삶이든, 결과는 양쪽 모두에게 영향을 미칠 것이다. 가령 우리가 연구한 많은 이들이 가정문제로 고민하고 있었는데, 이들의 보고에 따르면 그 문제들은 직장에서의 업무능력을 50퍼센트 이상이나 저하시켰다.[6] 이들에게 있어 하나의 문제를 해결한다는 것은 곧 두 개의 문제를 동시에 해결하는 것이었다. 변화자들은 직장에서의 성공이 스트레스를 해소하고 가정에서도 자신감을 회복시켜 주었다고 우리에게 보고했다. 거의 모든 이들이 예외 없이 두 마리 토끼를 다 잡을 수 있었던 것이다.

그러니 희망을 가져라. 삶의 성공을 위한 당신만의 새로운 성공 과학을 배울 준비를 하라. 사람들은 변화할 수 있고, 변화하며, 나아가 그 변화를 유지할 수 있다. 앞선 이들의 발자취를 따라 당신 역시 변화자가 되라. 그리고 일단 그러한 변화의 기술과 원칙을 배우고 익힌다면 당신은 앞으로 삶의 어떤 측면에서든 변화를 일굴 수 있을 것이다.

●●●사회과학 연구와 소셜미디어의 원리를 결합시켜 당신을 성공적인 변화로 이끌어줄 체인지애니씽 연구소는 언제든지 열려 있다. 당신의 과감한 방문을 환영한다. 체인지 애니씽 홈페이지 : ChangeAnything.com

책을 출간할 때마다 우리는 수많은 이들에게 얼마나 무거운 빚을 지고 있는지 실감하지 않을 수 없다.

가장 먼저 이들에게 감사의 인사를 보내고 싶다.

언제나 한결같은 사랑으로 우리를 지탱해준 가족들, 최선의 노력으로 우리가 이 책을 완성할 수 있도록 도와준 바이탈스마트와 체인지애니씽닷컴의 동료들, 바이탈스마트의 로고 하에 뛰어난 직업정신으로 전 세계 고객들에게 봉사하는 우리의 동료들과 마스터 트레이너와 해외 협력업체들, 숙련된 기술과 열의로 '결정적 순간의 대화'와 '결정적 순간의 대면', '인플루엔서' 훈련을 제공하는 헌신적인 트레이너들, 설문조사와 인터뷰, 그리고 온갖 실험들을 통해 우리의 연구를 도와준 체인지애니씽 연구소의 직원들에게 감사드린다. 이들은 우리 모두의 삶을 향상시킬 방법을 제시해주는 훌륭한 학자들이라고 감히 말씀드린다.

우리는 또한 개인적으로 다음 사람들에게 사의를 표하고 싶다.

우리의 편집장이자 바이탈스마트의 비밀 병기인 민디 웨이트, 초벌 원고를 감수하고 통찰력 어린 충고를 아끼지 않은 마거릿 맥스필드와 T. P. 림, 편집 주간이자 현재는 비즈니스 플러스에서 우리와 함께 일하고 있는 릭 울프, '에이전트'라는 단어로는 표현할 수 없는 위대한 영혼과 예리한 정신의 소유자이자 그것으로 세상을 바꾸고자 하는 케빈 스몰, 이 책이 완성된 뒤 세상에 소개하는 역할을 맡은 바이탈스마트의 동료인 앤디 심버그와 메리 맥체스니, 브리트니 맥필드, 마이크 카터, 제임스 올리드, 리치 러식이다.

만일 이 책이 세상에 도움이 된다면 우리는 이들 모두가 이 책을 완성시키는 데 중요한 역할을 했다는 데 뿌듯함을 느끼길 바란다.

Change Anything **1부**

우리가 미처
알지 못했던
개인 성공의 과학

●●●

의지력 함정에서 벗어나라

소득 향상과 좀더 나은 직업, 정기적인 운동과 금연, 다이어트, 그리고 결혼생활 개선에 이르기까지 당신의 개인 및 사회적 삶에서 '무엇이든' 변화시킬 수 있다고 단언하는 책들은 응당 신중하고 철저한 과학적 연구에 기반을 두고 있어야 한다. 이를테면 소수점 세자리까지 표시된 완벽한 보고서가 수반되어야 한다는 얘기다. 그리고 무엇보다 거기서 제안되는 모든 해결책은 지능이 떨어지는 설치류나 유인원이 아니라 평범한 인간을 대상으로 한 꼼꼼하고도 정확한 연구에서 비롯되어야 한다.

우리는 이 같은 사실을 가슴 깊이 새긴 채, 인간의 습관을 다룬 진지한 과학적 연구결과로 무장하고 개인의 성공 열쇠를 찾아 나설 것이다. 이 특별한 연구는 유타 주 워새치 산기슭에 위치한 체인지애니씽 연구소에서 실시되었다. 그곳에서 우리는 실험을 수행하고, 현대의 사회과학 이론을 샅샅이 분석하고, 우리가 변화자Changer라고 부르는 사람들과 이야기를 나누었다. 변화자란 한때 거대한 개인적 도전에 직면하였으되 고전분투 끝에 그 문제를 해결하고 그 후로 최소 3년 동안 성공을 유지한 이들을 가리킨다. 변화자와 그들에 관한 연구는 우리에게 단순한 변화를 넘어 그 변화를 영원히 유지하는 데 필요한 과학적인 결과와 실용적인 조언을 제공해주었다.

어느 날 우리 체인지애니씽 연구소는 매우 흥미로운 실험에 착수했다. 연구소의 한 방에 카일러라는 이름의 네 살짜리 꼬마 남자아이가 홀로 앉아 있다. 우리는 소년이 유혹에 저항하는 능력을 측정하고 있었고, 소년의 잔뜩 굳은 표정을 보건대 아무래도 아이는 이 치열한 전투에서 밀리고 있는 듯 보였다. 우리는 카일러의 만족 지연 능력을 평가하기 위해 거의 무적의 상대 앞에 아이를 앉혀 놓았는데, 바로 맛있고 탐스러워 보이는 마시멜로였다.

50여 년 전 저명한 심리학자 월터 미셸Walter Mischel은 다음과 같은 사실을 증명한 바 있다. 마시멜로를 코앞에 두고도 15분이나 참고 먹지 않는 아이들이 날름 집어먹는 충동적인 아이들보다 거의 모든 분야에 걸쳐 뛰어나다는 것이다. 물론 이때 아이들은 분명 먹지 말라는 지시를 받았다.

미셸은 그 후 20년 동안 이 연구주제에 매달렸고, 만족을 지연시킬 수 있는 아이들이 학력평가에서도 100점 이상 높은 점수를 기록했음을 알아냈다. 그들은 대인관계를 맺는 능력이 뛰어나고 직장에서의 승진도 순조로웠으며 행복지수 또한 높았다. 미셸은 만족 지연 능력이 실제로 매우 중요한 능력임을 입증한 것이다.

절대 의지력을 탓하지 마라

그런데 불행히도 대부분의 사람들은 미셸의 연구에서 잘못된 결론을 이끌어낸다. 바로 '의지력 함정'에 빠지는 것이다. 그들은 다른 수많은 요소들은 간과한 채, 만족을 지연시킬 수 있는 아이들이 다른 아이들보다 더욱 나은 결과를 창출할 수 있는 원인을 '오직' 의지력에서만 찾는다. 그래서 그들이 내리는 결론 또한 뻔하다. 유혹을 견뎌낸 아이들은 그렇지 않은 아이들보다 배짱이 두둑하고 투지도 강해 어른이 되어 성공과 행복을 누리는 것이 당연하다는 것이다. 왜냐하면 그 아이들은 정신력이 강인하기 때문이다.

이는 우리가 나쁜 습관을 변화하는 데 실패했을 때 가장 먼저 내세우는 변명이기도 하다. 술을 끊었다가 다시 마시기 시작했을 때, 백화점에서 신용카드를 긁어낼 때, 직장 동료에게 갑자기 성질을 부릴 때, 맡은 업무에 늑장을 부릴 때, 혹은 거침없이 음식을 탐닉할 때, 우리는 늘 의지력이 부족함을 탓한다. "난 아직 진짜로 절실한 게 아닌가봐" "정신적으로 너무 약해서 나 자신을 한계까지 밀어붙이지 못하잖아"라며 말이다. 물론 성공을 거두었을 때에는 자신의 의지를, 투지를, 끈기를, 굳건한 정신력을 자랑하며 으스댄다. 어느 쪽이든 간에 우리의 행동과 사고, 이해에 대해 결과적으로 비난을 받거나 공을 차지하는 것은 언제나 하나, 우리의 의지력이다.

그러나 이런 단순한 대답은 사실이 아니다. 틀려도 단단히 틀려먹었다. 거의 비극적이라고 해도 될 정도다. 그것이 잘못된 이유는 그 대답만으로는 불완전하기 때문이다. 그것이 비극적인 이유는 우리가 나쁜 습관이나 삶을 향상시키려고 노력할 때 다른 가능성을 봉쇄해버리기 때문이다. 훌륭한 선택이란 오직 의지력에서만 나온다고 믿을 때, 그리고 의지력은 선천적으로 타고나는 것이라고 믿을 때, 사람들은 처음부터 모든 시도와 노력을 포기하고 만다. 따라서 의지력 함정은 변화를 일구고 싶다는 애초의 영웅적인 결심을 천천히 침식하고 매몰시켜 결국에는 옛 버릇으로 되돌아가는 우울하고 실망스러운 결과를 가져온다.

그러다 나쁜 습관이 야기하는 고통이 도저히 참을 수 없을 만큼 극심해져 다시 한번 용기를 내어 변화를 향한 욕구를 불태워보지만, 돌아오는 것은 또다시 실패뿐이다. 우리는 우리가 정상을 향해 올라가고 있다고 믿지만 실제로는 한없이 돌아가는 러닝머신 위를 뛰고 있을 따름이다. 아무리 힘겹게 노력해도 앞으로 나아갈 수가 없다. 그것이 바로 의지력의 함정이다.

다행히도 미셸의 연구는 우리 같은 평범한 이들의 생각보다 한층 더 깊이 파고든다. 만족 지연 실험을 행하고 몇 년 후, 미셸과 심리학계의 또 다른 거두인 앨버트 반두라는 매우 중요한 질문을 던진다. 혹시 인간의 '의지력'처럼 보이는 것이 실은 내적 '기술'의 기능은 아닐까? 두 학자는 유혹을 견딜줄 아는 아이가 그렇지 않은 아이보다 더 큰 내적 동기를 지닌 것이 아니라 단지 그런 '능력'을 지니고 있는 것은 아닌지 의심했다. 어쩌면 이 아이는 그러한 기술을 후천적으로 배운 것인지도 모른다.[1]

이는 대단히 중요한 문제였다. 만일 미셸과 반두라의 가설이 옳을 경우 충동을 억제하는 능력은 선천적으로 결정되는 것이 아님을 의미하기 때문이다. 성격과 기질은 유전적으로 타고날지 몰라도 기술은 실질적으로 학습이 가능하다. 이 같은 가설은 우리 모두에게 희망을 안겨주었다. 그래서 체인지애니씽 연구소에서는 카일러를 비롯해 스물일곱 명의 네 살배기 아이들을 대상으로 실험을 했다. 우리는 편안히 앉아 의지력 복권에 당첨되기를 기다리느니 아이들에게 만족을 지연시키는 기술을 적극적으로 가르칠 수 있는지 여부를 밝혀내고 싶었던 것이다.

미셸과 반두라의 가설을 증명하기 위해 우리는 그들의 실험을 그대로 반복했다. 우리는 아이들에게 마시멜로를 주고 15분 동안 그것을 먹지 않는다면 나중에 마시멜로를 두 개 주겠다고 약속했다. 예상했던 대로 통제집단의 아이들은 1962년 실험에서 피험자들이 보였던 것과 똑같은 행동양상을 보였다. 약 3분의 1가량의 아이들이 15분 동안 꾹 참아낸 데 비해 나머지 3분의 2는 눈앞에 놓여 있는 과자의 유혹을 참지 못했다.

실험집단, 즉 카일러와 다른 네 살배기 열세 명을 실험에 참가시키자 상황은 더욱 복잡해졌다. 우리는 카일러가 속한 집단에 통제집단과 똑같은 조건을 내걸었지만, 동시에 그들이 마시멜로에 대한 욕구를 참고 싶을 때 사용할 수 있는 기술을 가르쳐주었다. 단순히 앉아 있으라고 지시한 것이 아니라 행동에 영향을 미칠 수 있는 거리두기와 주의 분산 기술을 가르친 것이다.

자, 정말로 흥미로운 장면은 이제부터다. 실험이 시작된 지 6분이 되자 카일러가 눈살을 찌푸렸다. 마치 저 통통한 마시멜로가 자신의 혓바닥과 닿는 순간 어떤 맛이 날지 상상하고 있는 듯하다. 카일러가 서서히 유혹의 손길에 굴복하려던 찰나, 우리가 카일러에게 가르친 기술이 효과를 발휘하기 시작했다. 아이는 자신을 끊임없이 유혹하는 적으로부터 몸을 돌리더니 부모님이 매일 밤 잠자리에서 읽어주던 동화를 중얼거리기 시작했다. 부족한 의지력을 메우기 위해 아이는 최대한 자신의 관심을 다른 곳으로 돌리려 애쓰고 있었다.

몇 분 뒤, 카일러는 양손에 마시멜로를 하나씩 든 채 의기양양한 발걸음으로 우리 연구실을 떠났다. 성공한 것이다. "나 잘했죠!" 아이는 입 속에 마시멜로 두 개를 쑤셔 넣으며 말했다. 주의 분산 기술을 배운 집단에서 50퍼센트가 넘는 아이들이 두 개의 마시멜로를 상으로 받는 데 성공했다. 개인적인 성공을 가로막는 가장 큰 장애는 용기나 투지, 또는 의지력의 부족이 아니다. 오히려 의지력이 변화의 열쇠라는 잘못된 믿음이야말로 우리가 이 책에서 타파해야 할 대상이다.

무작정 참고 견디지 마라

카일러와 이 아이들로부터 무엇을 배울 수 있는가? 유혹을 이겨내기 위해서는 단순히 '개인적 동기부여'만으로는 부족하다는 것이다. 행동의 변화라는 측면에 있어 기술은 그에 못지않게 중요하다. 그것은 우리에게 익숙한 인간행동의 모델 즉 자신의 나쁜 습관을 변화시킬 방법을 알아내기 위해 행하는 모든 것들이 실제로는 끔찍하리만큼 미흡한 수준에 그치고 있음을 의미한다. 간단하고 편리하지만 불완전한 '참고 견뎌라' 모델에 의지함으로써 우리는 우리에게 유리하게 또는 불리하게 작용하는 수많은 영향력 요소들을 무시하고 있는 것이다. 개인적 능력도 그중 하나다. 앞으로 차차 알게 되겠지만 우리에게는 항상 수많은 힘들이 작용하고 있다.

어쩌면 당신도 의지력 함정에 빠진 적이 있을지 모른다. 이를테면 술이나 담배, 또는 약물을 끊고 싶을 때 가장 쉽고 간단한 방법은 칼로 자르듯 하루아침에 손을 떼는 것이다. 가족들에게 성질을 부리고 최신형 전자기기에 집착하는 버릇을 고치거나 자기계발을 위해 매일 아침 일찍 일어나는 버릇을 들일 때에도 마찬가지다. 그저 마음을 굳게 먹고 행동에 옮기기만 하면 될 일이다. 그렇지 않은가?

이때 문제는 자신의 변화를 성취하기 위해서는 무엇보다 의지력이 중요하다고 믿으면 안 된다는 것이다. 의지력이 우리의 선택에서 중요한 역할을 하고 있다는 데에는 분명 의심의 여지가 없지만, 오직 '참고 견뎌라' 모델에만 의지하면 안 된다는 것이다. 그렇게 되면 변화를 가로막는 다른 수많은 요소들을 무시하는 잘못을 저지를 수 있기 때문이다.

가령 라스베이거스나 마카오의 카지노를 생각해보라. 그곳에 발을 들여놓은 순간부터 당신은 당신의 주머니에서 다음 달 집세를 노리는 다양한 영향력 요소들의 공격을 받게 된다. 예를 들어 호텔 접수대가 카지노 저 안쪽 깊숙한 곳에 자리 잡고 있기 때문에 호텔 방을 잡으려면 끊임없이 유혹의 손길을 내미는 카드게임 테이블과 번쩍거리는 슬롯머신의 미로를 뚫고 지나가야 한다. 게다가 산더미처럼 쌓인 칩도 있다. 사회과학자들에 따르면 사람들은 현금보다 칩을 사용할 때 돈을 더욱 헤프게 쓰는 경향이 있다고 한다. 카지노에서 굳이 칩을 사용하는 이유도 바로 그 때문이다.[2] 게다가 누군가 잭팟을 터뜨렸다고 터져나오는 박수 소리와 팡파르를 외면할 수 있는가? 그 순간 분명 당신은 대박을 꿈꾸며 발길을 카지노로 돌릴지도 모른다.

사실 이런 수법들은 쉽게 알아차릴 수 있다. 하지만 이보다 더 정교하고 미묘해 알아차리기 힘든 게 많으니 늘 조심해야 한다. 어쨌든 카지노의 목적은 오직 한 가지, 당신에게서 돈을 빼앗는 것이다. 카지노 설계자들은 배경 음악에서부터 방의 크기와 형태, 슬롯머신 손잡이의 길이, 바닥에 깔린 양탄자의 색깔과 무늬에 이르기까지 모든 것을 신중하게 결정한다. 예를 들어, 양탄자 무늬의 경우 의도적으로 신경에 거슬리는 디자인의 양탄자를 바닥에 깔아 사람들이 고개를 들고 슬롯머신을 보게 한다. 이처럼 사람들의 심리에 영향을 미칠 수 있는 방법들은 무수히 많다.

우리의 일상, 즉 먹고 마시고 동료와 이야기를 나누고 쇼핑을 하는 등의 행위를 할 때 좀더 나은 일상을 살도록 도와주는 책들은 도서관에 넘쳐난다. 그러니까 당신에게는 비만과 지방간, 이혼, 파산 등을 안겨주고 자기네들은 수십 억 달러의 부를 가져가는 책들 말이다.

예를 들어 사람들이 가장 즉각적으로 관심을 보이는 소리 중 하나가 어린아이의 웃음소리라는 것을 아는가? 특히 갓난아이의 웃음소리가 들리면 사람들은 누구나 본능적으로 뒤를 돌아본다. 소리 전문가들은 이 사실을 잘 알고 있고, 그래서 이를 광고에 활용한다.[3] 그랜드 캐니언 노스림 로지 호텔에서는 레스토랑의 대기 줄이 길어지면 오르간 연주자가 갑자기 신나는 음악을 연주하기 시작한다. 자리에 앉아 있는 손님들이 빠른 속도로 음식을 해치우고 원래 계획했던 것보다 더 빨리 식당을 나서게 하기 위해서다.[4] 과연 손님들은 자신들이 빠른 배경 음악에 채찍질 받아 생각만큼 느긋하게 식사를 즐기지 못하고 급하게 식당을 빠져 나갔다는 사실을 깨닫고 있을까? 글쎄, 심히 의심스럽다.

우리가 개인의 변화라는 주제에 있어 가장 먼저 동기부여의 미흡함을 탓하는 것도 같은 이유에서다. 우리의 가장 큰 문제는 나약함이 아니다. 바로 눈이 멀어 똑바로 보지 못한다는 데 있다. 나아가 장기적인 습관의 경우에는 우리가 보지 못하고 놓치는 것이야말로 실질적으로 우리를 통제할 가능성이 높은 것들이다.

우리는 얼마나 많은 요소들이 내게 불리하게 작용하고 있는지 모르기에, 확실히 알고 있는 단 한 가지 요소만을 비난하는 경향이 있다. 바로 우리 자신 말이다. 이 특정한 영향력 요소는 분명하고 확실하며, 손가락질하기에 쉽고 간편하다. 더구나 우리의 문제가 개인적 동기부여의 미흡함에서 기인한다면 이는 모든 것이 우리 자신에게 달려 있다는 말과도 같다. 나 자신에게 보다 강력한 동기부여라는 채찍을 휘두른다면 어떻게든 변화를 일궈낼 수 있는 것이다. 적어도 잠시 동안은 말이다.

당신의 대응방식이 문제

과식을 하고, 감정적으로 과잉반응하고, 돈을 낭비하고, 너무 자주 빈둥거리고, 고주망태가 되도록 마시고, 늦잠을 자고, 하루 종일 비디오게임만 하도록 부추기는 무수한 힘들과 전투를 벌이는 일에 있어서만큼은 다행스럽게도 의지력이 부족하다는 대답으로 일관하지 않는다. 우리 역시 행동 변화에 영향을 미칠 수많은 방법들을 시도한다. 자전거를 타고, 금연 패치를 붙이고, 종이에 결심을 써 벽에 붙이고, 도움을 받을 수 있는 전문 프로그램에 등록한다. 이는 매우 바람직한 일이다.

하지만 여기서 반드시 알아야 할 게 있다. 우리는 자신에게 영향을 미칠 이런 도구들을 한 번에 하나씩만 사용하는 경향이 있다는 것이다. 그래서 결국엔 별로 쓸모가 없다. 우리에게 부정적인 영향을 미치는 요소들은 정말 많다. 그것들은 한꺼번에 서로 결합하여 영향을 미치며, 따라서 개인적인 문제를 해결하는 일에 있어 사람들은 그것들이 너무나도 많다는 사실을 쉽게 깨닫지 못한다.

변화를 원하는 대부분의 사람들이 처한 상황을 설명하자면 대략 이런 식이다. 당신이 모는 거대한 SUV 차량이 주유소를 바로 지척에 둔 채 기름이 떨어져버렸다. 그것도 하필 오르막길에서 말이다. 당신은 이 괴물 같은 자동차를 주유소까지 밀고 가기로 결심하지만, 이 녀석은 혼자서도 쉽게 움직일 수 있는 조그맣고 깜찍한 딱정벌레 차가 아니라 사커맘soccer mam(자녀를 스포츠, 음악 교습 등의 활동에 데리고 다니느라 여념이 없는 전형적인 중산층 엄마 – 편집자)들이 자랑스럽게 몰고 다니는 셔먼 탱크(2차 세계대전 기간 동안 사용된 미국이 주력 전차 – 편집자)에 가깝다. 그래서 당신은 지나가는 크고 건장한 사람들에게 도움을 청한다. 그들은 모두 최선을 다한다. 두 팔을 걷어붙이고 온 힘을 다해 이 거대한 자동차에 매달려 끙끙거린다. 단, 모두가 한꺼번에 힘을 쓰는 것이 아니라 한 번에 한 사람씩만 말이다. 당신의 SUV는 꼼짝도 하지 않고, 자동차 앞 그릴마저 히죽거리며 비웃는 표정을 짓고 있는 듯하다.

자, 이것만으로도 기가 막힌데 이야기는 여기서 끝이 아니다. 여러 명이 서로 따로따로 번갈아가며 힘을 쓰는 것도 모자라 자동차 반대쪽에서는 낯선 사람들 여섯 명이 당신의 차를 언덕 아래쪽으로 밀어 붙이고 있다. 이제 당신은 어째서 변화를 꾀할 때마다 그토록 속수무책으로 당했는지 이해할 수 있을 것이다. 문제는 우리가 오직 한 번에 하나의 영향력 요소만 사용할 뿐만 아니라 맞은편에서 우리를 반대쪽으로 밀고 있는 이들이 있다는 데서 비롯된다.

우리가 개인적인 변화를 시도할 때 자주 실패하는 이유는 바로 이 때문이다. 우리의 오랜 습관을 지탱하는 영향력 요소는 여러 개인데 이 거대한 연합체계를 상쇄시키기 위해 우리가 사용하는 전략은 하나뿐이다. 그러다 우리의 미약한 아이디어가 실패하면 우리는 충격을 받은 양 그것을 생각해낸 '게으름뱅이'만을 탓한다. 즉 우리 자신 말이다. 정말이지 빠져나갈 길이 전혀 보이지 않는, 암울한 덫에 빠진 것이다.

똑바로 알면 보인다

그렇다면 어떻게 시야를 넓히고 우리 편의 숫자를 늘릴 수 있을까? 카일러를 비롯해 마시멜로의 유혹에 저항한 아이들이 열쇠다. 몇 가지 간단한 기술을 배운 뒤 실험에 참가한 아이들은 50퍼센트 이상의 확률로 유혹을 참아냈다. 이미 존재하는 의지력에 약간의 기술을 보태자 성공 가능성이 놀랍도록 상승한 것이다. 성인들에게도 이런 법칙을 적용할 수 있지 않을까? 우리 안에 있는 개인적 악마와 싸우고자 할 때, 다양한 요소에 맞서 영향을 끼치는 또 다른 다양한 요소와 적절히 연결시킨다면 성공할 수 있지 않을까?

이러한 질문에 답하기 위해 체인지애니씽 연구소로 돌아가보자. 이번에 우리는 하이럼Hyrum이라는 10대 청소년 전문가와 손을 잡았다. 그는 10대들이 성인들처럼 영향력 요소들을 쉽게 보지 못하고 그것을 압도하는 요소가 그들 주위에 더 많은지 어떤지 알고 싶었다. 그의 연구팀은 6학년 학생들을 여섯 가지 영향력 요소에 노출시키고 그것이 그들의 행동에 어떠한 영향을 미치는지 관찰했다. 또한 연구진은 아이들에게 무슨 일이 일어났는지를 스스로 인식하고 있는지 물었다.

다양한 영향력 요소들의 위력을 규명하기 위해 연구진은 많은 어른들에게서 쉽게 찾아볼 수 있는 일반적 행동을 실험대상이 된 아이들에게 적용했다. 안정적인 앞날을 위해 저축을 하길 바라면서도 파산을 할 만큼 돈을 물 쓰듯 하는 버릇이었다. 어느 토요일 아침, 부모들은 불안감을 숨기지 못한 채 폐쇄회로 TV를 통해 어린 자녀들을 지켜보았다. 그들은 어느 집단에 속해 있는지에 따라 연구진이 아이들에게 돈을 낭비하거나 또는 아끼도록 부추길 것임을 알고 있었고, 그래서 초조한 마음으로 자식들을 지켜보았다. 과연 내 아이는 책임감 있게 돈을 아껴 쓸까? 아니면 멋도 모르고 몽땅 낭비해버릴까? 부모들은 궁금해했다.

아이들이 한 명씩 연구실에 들어올 때마다 하이럼은 간단히 실험 내용을 설명했다. 모든 아이는 10분 동안 네 개의 간단한 과제를 수행하는 '업무'를 할당받을 것이며 각각의 과제를 수행할 때마다 10달러를 지급받는다. 다시 말해 정확하게 지시를 수행할 경우, 아이들은 최대 40달러까지 벌 수 있었다. 또한 하이럼은 아이들에게 실험 도중 주어진 돈을 쓸 기회가 있을 것이며, 그런 유혹에 저항하고 싶다면 집에 간 뒤 40달러로 무엇을 할 수 있을지 상상해보라고 말했다.

아이들은 돈이 생기면 무엇을 할 것인지 열심히 떠들기 시작했고, 분명 각자 가슴 벅찬 계획을 갖고 있는 듯했다. 그들은 모두 유혹에 넘어가지 않고 참을성을 발휘할 동기를 가지고 있었다.

드디어 아이들이 업무에 착수해야 할 시간이 다가왔다. 피험자들은 돈을 벌기가 너무 쉽다는 데 깜짝 놀랐다. 첫 번째 과제는 주어진 사탕을 좋아하는 순서대로 분류하는 것이었다. 누구라도 할 수 있는 일이었다. 두 번째 과제는 장난감을 알파벳 순서대로 배치하는 것이었다. 이보다 더 쉬운 일이 어디 있겠는가?

과제가 하나씩 완료될 때마다 하이럼은 피험자들에게 10달러를 주고 체인지애니씽 상점을 둘러보게 해주었다. 가게에는 싸구려 과자와 장난감이 가득했다. 아이들의 눈에 가장 먼저 띈 것은 이곳의 상품들이 모두 원래 가격의 다섯 배에서 열 배의 가격표를 달고 있다는 사실이었다. 이를테면 스키틀즈가 한 봉지에 8달러인 식이었다. 터무니없이 비싼 가격이었고 아이들 역시 그 사실을 잘 '알고' 있었다.

자, 상황은 이렇다. 어린이 피험자들은 보상으로 받은 돈을 어떻게 쓸 것인지 거창한 계획을 가지고 있었다. 한편 그들이 마주하고 있는 유일한 유혹은 바가지요금이 붙은 과자와 장난감이다. 우리가 알고 싶은 것은 여섯 가지의 서로 다른 영향력 요소가 아이들의 선택에 영향을 미칠까 하는 것이었다. 그리고 만약 그러할 경우 피험자들은 그 사실을 알아차릴까?

첫 번째 질문, 즉 '그들의 소비 행동에 영향을 미칠 것인가?'의 대답은 두말할 필요도 없이 '그렇다'였다. 첫 번째 집단에 속한 열다섯 명의 아이들은 40달러 가운데 평균 13달러 미만을 가지고 연구소를 떠났다. 심지어 몇몇 아이들은 터무니없이 비싼 상품들만 한 아름 안은 채 빈털터리가 되어 연구소를 나갔다.

지나치게 흥분한 한 아이는 그곳에서 번 돈을 파티용 스프레이 깡통을 사는 데 모조리 써버렸다. 후에 그 소년의 어머니는 아이가 품 안에 담긴 스프레이 깡통을 서글픈 표정으로 바라보며 이렇게 중얼거렸다고 보고했다. "난 정말 바보야! 40달러나 있었는데! 이제 나한테 남은 건 이 바보 같은 스프레이뿐이잖아!"

그러나 모든 아이들이 흥청망청 써버린 건 아니었다. 똑같이 열다섯 명으로 구성된 두 번째 집단은 40달러 가운데 평균 34달러를 수중에 남기는 데 성공했다. 이들은 첫 번째 집단과 같은 방에서 같은 과제를 수행했고, 같은 물건을 같은 가격에 판매하는 같은 상점에 들렀지만 첫 번째 집단보다 2.5배나 더 많은 돈을 집에 가져갈 수 있었다! 도대체 무슨 일이 일어난 것일까? 특별히 강한 의지력을 타고난 아이들이 한데 모이기라도 했단 말인가? 아니면 자신을 유혹하는 힘들을 알아차리고 그것을 거부하기로 결심하기라도 한 것일까?

그렇다면 이제 커튼을 걷고 정확하게 무슨 일이 벌어지고 있는지 살펴보자. 먼저 첫 번째 집단의 사고방식을 탐색해보자. 우리는 각각의 피험자들에게 어째서 그렇게 비싼 물건을 샀느냐고 물어보았다. 그들은 상품의 원래 가격을 알고 있었고, 스스로 바가지 상품에 돈을 낭비했음을 충분히 인식하고 있었다. '그러나 아이들은 돈을 낭비하게 만든 보이지 않는 힘을 눈치채지 못했다'. 대신 그들은 스스로를 비난함으로써 의지력 함정에 빠지고 말았다. 자신의 행동에 당황한 한 소년은 이렇게 말했다. "뭐가 어떻게 된 건지 모르겠어요. 그게 진짜로 갖고 싶었나봐요."

무엇이 그들을 덮쳤는지 모르는 것은 돈을 쓴 피험자들만이 아니다. 돈을 쓰지 않은 아이들 역시 무엇이 그들을 낭비로부터 막아주었는지 알지 못했다. 터무니없이 비싼 물건에 돈을 써버린 아이들이 지나치게 자책하는 것과 마찬가지로, 돈을 쓰지 않은 아이들 역시 지나치게 스스로를 의기양양해하는 경향이 있었다. 그들은 자신이 정신적으로 강하고, 강한 동기를 가지고 있으며, 목표 지향적이기 때문에 더욱 큰 자제력을 보여주었다고 짐작한다.

둘 다 틀렸다.

여섯 가지 영향력 요소란 무엇인가

	동기부여	능력
개인적	1	2
사회적	3	4
구조적	5	6

그럼 그들의 소비 패턴에 영향을 미친 것은 실제로 무엇이란 말인가? 체인지 애니씽 연구진은 여섯 가지 영향력 요소를 조작하여 피험자들의 행동에 영향을 미쳤다. 하루 24시간 동안 당신에게 영향을 미치는 장본인도 바로 이것들이다. 첫 번째 집단(소비집단)의 경우 이 여

섯 가지 영향력 요소는 소비를 증진하도록 사용되었으며, 두 번째 집단(절약집단)의 경우에는 절약을 부추기는 데 활용되었다.

그렇다면 이 여섯 가지 영향력 요소는 어떻게 작용하는 것일까? 우리는 이미 앞에서 이 가운데 두 개의 영향력 요소에 관해 논한 바 있다. 개인적 동기부여와 개인적 능력이다. 우리는 카일러와 다른 아이들에게 개인적 동기부여와 더불어 거리두기와 주의 분산 기술을 가르침으로써 마시멜로를 먹지 않고 참을 수 있게 도와주었고, 그 결과 그러한 기술들이 보다 확고한 변화 계획과 결합된다면 상당한 도움이 될 수 있음을 알았다.

개인적 동기부여와 개인적 능력에 이어 지속적인 영향을 미치는 그 다음 두 요소는 비교적 쉽게 발견할 수 있는데, 바로 당신의 습관에 동기를 부여하거나 실행을 가능케 하는 주변인들이다. 가령 당신은 담배를 끊고 싶지 않다고 해도 배우자가 그것을 원한다면 당신은 심히 부담감을 느끼게 될 것이다. 또는 당신은 간절히 담배를 끊고 싶은데 동료 직원이 끊임없이 담배를 권하며 쉬는 시간에 함께 담배를 피우러 가자고 조를지도 모른다. 이렇게 주변에 널린 강력한 사회적 힘은 우리의 모델에 두 개의 영향력 요소를 제공한다. 사회적 동기부여와 사회적 능력이다.

나머지 두 요소는 그보다 훨씬 미묘하고 정교하다. 변화 공식에서 인간을 제외한다고 해도 당신을 둘러싼 물리적 세계는 여전히 당신을 자극하고 부추길 수 있다. 좋은 쪽으로든 나쁜 쪽으로든 말이다. 이를테면 자전거 운동기구 옆에 있는 커다란 냉장고와 그 안에 가득한 탄산음료는 당신의 식습관을 바꾸는 데 하나도 도움이 되지 않는다. 번쩍거리는 TV 광고 또한 근검절약하는 생활습관과는 궁합이 맞지 않는다. 방마다 공간을 차지하고 있는 대형 평면 TV는 직장인 강좌에서 내준 숙제를 하지 못하도록 방해할 것이다. 반면에 숨 가쁘게 이쪽저쪽으로 뛰어다니게 만드는 독특한 새 비디오게임은 당신의 운동 계획에 도움이 될 수도 있다. 자, 이쯤이면 다들 이해했으리라 믿는다. 주변의 모든 '사물'은 날마다 당신에게 영향을 미친다.

이러한 구조적 동기부여와 구조적 능력, 그리고 개인 및 사회적 요소들을 결합시킴으로써, 우리는 당신이 왜 무엇 때문에 그러한 행동을 하는지 알게 되었다. 인간행동에 관한 완벽한 모델을 완성했다는 것이다. 하지만 여기에 소개하는 여섯 가지 영향력 요소는 당신을 도울 수도 있고 당신을 방해할 수도 있다는 것을 꼭 기억하도록 하라.

여섯 가지 영향력 요소를 어떻게 활용했는가

이 여섯 가지 영향력 요소가 실제로 어떻게 작용하는지 살펴보기 위해 아이들을 대상으로 한 절약실험으로 돌아가보자. 연구진은 여섯 가지 영향력 요소를 다음과 같은 방식으로 조작했다.

첫 번째 요소: 개인적 동기부여
먼저 우리는 피험자가 현재 갖고 있는 욕망과 욕구를 자극했다. 사

	동기부여	능력
개인적	**1**	2
사회적	3	4
구조적	5	6

탕을 분류하는 과제 도중 우리는 아이들에게 가장 좋아하는 사탕을 먹어보도록 권했다. 입맛을 자극하기 위해서였다. 한편 그와는 대조적으로 유혹에 저항한 집단의 경우에는 나중에 40달러로 무엇을 할 수 있을지 떠올려볼 것을 제안했다. 여기서 우리가 사용한 변화 방안은 결정적 순간에 목표를 상기함으로써 충동을 억누르면 성공 가능성을 극적으로 증가시킬 수 있다는 것이다.

	동기부여	능력
개인적	1	**2**
사회적	3	4
구조적	5	6

두 번째 요소: 개인적 능력

우리는 절약집단에게 종이를 나눠주고 얼마나 많은 돈을 벌고 또 소비했는지 계산하고 기록하는 기술을 가르쳤다. 두 번째 집단의 모든 아이들은 이를 쉽게 해냈지만 이러한 기술을 배우지 못한 첫 번째 집단은 '지금 빨리 사자'는 전략에 함몰되고 말았다. 여기서 우리가 사용한 변화 방안은 일관적이고 지속적인 습관을 키우기 위해서는 새로운 기술을 배워야 한다는 것이다.

	동기부여	능력
개인적	1	2
사회적	**3**	4
구조적	5	6

세 번째 요소: 사회적 동기부여

다음으로 우리는 사회적 영향력을 활용했다. 실험 도중 소비집단에 속한 아이들은 세 명의 다른 아이들과 합류하게 되었다. 우리 연구진의 지시를 받은 이들 세 '동료'는 마치 내일이 없는 양 돈을 펑펑 쓰며 피험자들에게도 그들처럼 행동하도록 부추겼다. 절약집단의 아이들 역시 세 명의 공모자들과 만났는데 그중 둘은 돈을 마구 써대는 반면 나머지 한 명은 최대한 돈을 아끼면서 피험자에게도 그렇게 행동하도록 격려했다. 여기서 우리가 사용한 변화 방안은 나쁜 습관은 거의 언제나 사회적 질병이며, 만약 주변인들이 나쁜 행동을 하거나 조장한다면 우리는 거의 언제나 거기에 동조하고 만다는 것이다. '방해자'를 '친구'로 만들면 성공 가능성은 3분의 2나 증가한다.[5]

	동기부여	능력
개인적	1	2
사회적	3	**4**
구조적	5	6

네 번째 요소: 사회적 능력

우리는 실험 공모자들을 시켜 피험자들이 좋거나 나쁜 선택을 하도록 만들었다. 절약집단의 피험자들은 '친구'로부터 이 가게에서 판매하는 물건들이 황당할 정도로 비싸며 10분만 기다리면 훨씬 싼 가격에 똑같은 물건을 구입할 수 있다는 충고를 들었다. 한편 소비집단의 아이들은 그 같은 정보를 얻지 못했다. 여기서 우리가 사용한 변화 방안은 몸속 깊이 밴 습관을 바꾸기 위해서는 반드시 주변의 도움과 정보, 그리고 진정한 지지와 격려가 필요하다는 것이다. 당신을 도울 코치가 옆에 있다면 훨씬 수월하게 변화를 성취할 수 있다.

	동기부여	능력
개인적	1	2
사회적	3	4
구조적	**5**	6

다섯 번째 요소: 구조적 동기부여

마침내 우리는 '사물'을 이용했다. 절약집단의 아이들은 손으로 만질 수 있는 진짜 현금을 지급받았고, 그래서 물건을 살 때마다 그것이 자신의 손에서 빠져나가는 것을 실감할 수 있었다. 반대로 소비집단의 아이들은 돈을 은행계좌에 입금해줄 것이라는 이야기를 들었다. 그들의 돈은 관념적으로만 존재하는 보이지 않는 바구니에서 마법처럼 조금씩 줄어갔고, 따라서 그들은 돈을 쓸 때 아무런 고통도 느끼지 않았다. 적어도 부모님의 자동차를 타고 집으로 향할 때까지는 말이다. 여기서 우리가 사용한 변화 방안은 당신이 원하는 새로운 습관에 단기적인 보상과 처벌을 직접적으로 적용하라는 것이다. 그러면 계속해서 성공의 길을 걸을 수 있을 것이다.

	동기부여	능력
개인적	1	2
사회적	3	4
구조적	5	6

여섯 번째 요소: 구조적 능력

마지막으로 소비집단의 아이들은 감질나게 하는 과자와 사탕 그림이 잔뜩 붙어 있는 방에서 과제를 수행했지만, 절약집단 아이들이 실험을 수행한 방에는 그러한 사진이 붙어 있지 않았다. 여기서 우리가 사용한 변화 방안은 주변 환경에 사소한 변화를 가하는 것만으로도 선택에 지대한 영향을 미칠 수 있다는 것이다. 가령 목표에 전념하도록 돕는 몇 가지 시각적 신호를 더한다면 행동을 신속하게 변화시킬 수 있다.

영향력을 통제한 아이

이 같은 실험을 통해 뚜렷하게 알 수 있듯이, 여섯 가지 영향력 요소는 사람의 행동에 지대한 영향을 미칠 수 있다. 돈을 소비하도록 조장하고 또 그것을 가능케 하는 힘에 노출된 통제집단은 그들이 번 돈의 68퍼센트를 소비했는데, 이는 그들이 대부분의 돈을 저축하겠다고 엄숙하게 선언한 지 10분도 채 안 되어 벌어진 일이었다. 반면에 아이들이 돈을 쓰지 않도록 격려하기 위해 고안된 영향력 요소에 노출된 절약집단의 아이들은 과제를 수행하여 번 돈의 단 15퍼센트만을 소비했다.

　그러나 만약 커튼 뒤에서 무슨 일이 벌어지고 있다는 걸 누군가 눈치챘다면 어떻게 될까? 만일 누군가 우리 연구진이 조작하고 있던 요소들을 알아차렸다면? 한 소년이 이를 해냈다. 소년의 이름은 아이작이었다. 그는 40달러 가운데 30달러를 집에 가져가는 데 성공했는데 이는 절약집단이 기록한 평균 액수와 비슷한 수준이다. 그러나 여기서 주목할 점은 아이작은 절약집단에 속해 있지 않았다. 그는 소비집단에 속해 있었다. 여섯 가지 영향력 요소는 분명 아이작에게 돈을 소비하게 하려는 목적으로 제시되었다. 그럼에도 불구하고 아이작은 아주 조금밖에 쓰지 않았다. 이 소년은 도대체 누구이며, 어떻게 이처럼 난공불락이 될 수 있었던 것일까?

아이작의 비결을 알아내기 위해 우리는 비디오 영상에 매달렸다. 우리는 실험과정을 모두 영상으로 녹화해 두었으므로 독자 여러분도 체인지애니씽 홈페이지ChangeAnything.com에 접속하여 아이작의 행동을 한번 눈여겨보기 바란다.

아이작은 눈 하나 깜짝하지 않고 침착한 태도로 여섯 가지 영향 요소를 모두 자신에게 유리하게 활용했다. 소년은 동기를 제어하고 기술을 활용해 능력을 향상시켰으며, 사회적 환경을 변화시키고 주변의 물리적 환경을 조작했다. 어떻게 그럴 수 있었을까?

비디오 영상 속에서 아이작은 같은 집단에 속한 다른 피험자들에 비해 보다 신중한 태도로 가게에 접근한다. 후에 그는 수많은 유혹이 손짓하는 장소를 향해 걸어가는 도중에도 실은 실험이 끝난 뒤 그 돈으로 살 비디오게임에 대해서만 생각하고 있었다고 실험 연구진에게 털어놓았다. 아이작은 그런 방법을 통해 애초부터 돈을 쓰게 하려는 우리 팀의 시도를 물리칠 수 있었다.

다음으로 아이작은 절약집단의 아이들이 사용한 기술을 이용했다. 그는 물건을 사기 전에 자신의 계좌에 돈이 얼마나 남았는지 머릿속으로 계산했다. 종이와 펜은 없었지만 어차피 아이작에게는 별로 상관이 없었다. 소년은 암산이라는 개인적 능력을 갖추고 있었기 때문이다.

또한 영상을 보면 아이작이 도움이 되지 않는 방해자들로부터 의도적으로 거리를 두고 있다는 사실을 알아차릴 수 있다. 소년은 다른 아이들로부터 약간 떨어진 곳에 서서 시선을 다른 데 두고 있다. 나아가 같은 집단의 다른 아이들에 비해 판매대로부터 멀리 떨어져 있는 경향을 보인다. 다른 아이들은 물건이 전시되어 있는 탁자 주위에 마치 회오리바람처럼 몰려들어 있는데 말이다.

인터뷰 도중 아이작은 그 누구보다도 이 책의 전제를 잘 요약해주었다. 연구진이 피험자들이 돈을 소비하도록 최대한 노력했음에도 불구하고 어떻게 돈을 쓰지 않고 버틸 수 있었느냐는 질문에 소년은 이렇게 대답했다. "무슨 일이 일어나는지 알았거든요. 그래서 조심했어요."

이 실험은 우리에게 무엇을 가르치는가? 전반적으로 여섯 가지 영향력 요소는 분명 피험자들에게 커다란 영향을 미친다. 돈을 소비하도록 영향력을 조작하자 아이들은 돈을 소비했다. 돈을 아끼도록 영향력을 조작하자 아이들은 돈을 쓰지 않았다. 그러나 모든 실험대상이 똑같은 영향을 받은 것은 아니다. 그중 한 소년은 무슨 일이 벌어지고 있는지 깨닫고 그러한 영향력에 저항했다. 아이작은 똑바로 볼 수 있었고, 주변의 다수에게 압도당하지도 않았다. 그래서 소년은 실패하지 않았다. 아이작이 선택을 통제할 수 있었던 것은 선택을 결정하는 영향력 요소들을 통제할 수 있었기 때문이다. 어떻게 성공할 수 있었느냐는 질문에 아이작은 강인한 정신력이나 인내력을 꼽지 않았다. 간단히 말해 그는 의지력 함정에 빠지지 않았던 것이다.

당신도 아이작이 마음에 들 것이라 믿는다. 아니 그보다 우리 모두 아이작이 되어야 한다.

당신을 확 바꿀 개인 성공의 과학 원리

그렇다. 바로 이것이 이 책의 목적이다. 우리는 아이작 같은 사람들이 자연스럽게 할 수 있는 행동들을 의도적으로 실천하는 방법을 배워야 한다. 우리가 늘 실패하는 목표를 성취하는 이들과 우리의 다른 점은 단순히 의지력의 유무가 아니다. 그들은 영향력 요소들을 본능적 또는 의식적으로 유리하게 활용하는 방법을 안다. 우리의 상상보다 훨씬 효과적으로 결과를 창출할 수 있게 도와주는 개인 성공의 과학 원리가 존재하는 것이다.

우리는 일단 우리에게 어떠한 힘들이 작용하고 있는지 파악하고 나면 더 이상 그에 좌지우지되지 않게 된다. 다시 말해 효과적인 변화 계획을 세울 수 있고, 더 이상 우연의 법칙에 따라 움직인다는 좌절감도 느낄 필요가 없다는 것이다. 삶의 모든 분야에서 변화를 일구는 능력을 향상시킬 수 있는 것이다.

예를 들어 마시멜로 실험의 경우, 개인적 능력을 아주 약간 보완한 결과 절반 이상의 아이들이 만족을 지연시킬 수 있었다. 뒷부분에서 보게 되겠지만 당신의 삶 속에 존재하는 몇몇 '방해자들'을 진정한 '친구'로 만들기만 해도 성공 확률은 60퍼센트 이상 증가한다. 이게 끝이 아니다. 우리는 전 세계 곳곳에서 체중감량, 직장에서의 성공, 중독 치료, 부정적인 사고의 탈피, 적자 생활에서 흑자로 바꾸기 등등 힘든 도전을 마주한 5000명 이상의 변화자들이 개인적인 변화를 창출하기 위해 어떠한 노력을 기울였는지 자세히 연구하고 분석했다. 그 결과 성공 또는 실패로 끝난 모든 시도에는 언제나 뚜렷한 패턴이 존재하고 있다는 것을 알게 되었다.

일례로 2006년에 체인지애니씽 연구소는 MIT의 〈슬론 경영대학원 리뷰〉에 대단히 의미심장한 실험 결과를 발표한 바 있다. 변화 계획에 여섯 가지 영향력 요소를 활용한 이들은 그렇지 않은 사람들보다 열 배 이상 성공 확률이 높았다는 것이다.

자, 이제 흥미가 생기는가? 1000퍼센트라니! 듣기만 해도 입이 딱 벌어지는 통계치가 아닌가. 그렇지만 물론 여기에도 어두운 부분은 존재한다. 제대로 영향력 요소를 보지 못하며 주변에 압도당한 이들은 성공할 가능성이 거의 없다는 사실이다. 이 책은 이제껏 당신의 발목을 붙든 요소들을 알려주고, 앞으로 계속해서 나아가게 돕는 최고의 사회과학 이론을 제공할 것이다.

당신은 이 책을 통해 당신에게만 꼭 맞는 성공과학을 배울 수 있다. 그 과정에서 당신은 적합한 원리원칙을 배우는 것은 물론 그러한 이론을 개인에 맞게 변형하여 성공을 거둘 수 있었던 훌륭한 변화자들을 만나볼 것이다.

이를테면 마이클 V는 이 같은 영향력 전략 덕분에 지난 수십 년간 벗어날 수 없었던 알코올 중독을 떨칠 수 있었다. 멜라니 R은 같은 전략을 사용해 인사고과의 리스크를 극복하고 올바른 성공가도를 달릴 수 있었다. 패트리샤 S는 파국으로 치닫던 결혼생활을 극복했고, 마이클 E는 다이어트에 성공했을 뿐만 아니라 벌써 수년째 같은 체중을 유지하고 있다.

이들이 변화에 성공할 수 있었던 이유는 한 가지 또는 두세 가지가 아닌, 여섯 가지 영향력 요소를 모두 골고루 결합하여 사용했기 때문이다. 이들은 모두 두 눈을 크게 뜨고 주변을 신중하게 관찰했다. 이들은 자신들이 얼마나 강인한 의지력으로 이 모든 것들을 극복했는지 떠들어대지도 않는다. 대신 어떻게 주변인들을 친구로 감화시켰는지, 물리적 환경을 어떻게 활용했는지, 그리고 어떠한 훈련을 받았는지를 들려줄 것이다.

또한 이들은 당신에게 어떻게 의지력 함정에서 벗어났고, 탄탄한 과학 원리를 어떻게 의도적으로 잘 적용해 변화를 일굴 수 있었는지 알려줄 것이다.

당신 자신의 연구를 시작하기 전에 먼저 우리에게도 원칙이 있음을 경고하고자 한다. 우리의 목적은 변화에 관한 책을 쓰는 것이 아니다. 당신이 변화를 일굴 수 있도록 돕는 것이다.

지금 당신의 손에 들린 책은 절대 일회성 책이 아니라 새로운 세계로 가는 관문이다. 체인지애니씽 홈페이지에 들어와 인연을 맺으면 더욱 좋지만, 여건상 어려울 경우 이 책의 내용만 잘 습득하고 실천해 나아가도 당신의 삶은 큰 변화를 얻을 것이다. 개인의 변화를 확실히 바꾸어주는 성공과학이 있기 때문이다.

스스로 과학자이자
실험대상이 되라

우리 저자들 중 한 명의 절친한 친구인 팀 F는 이 책을 읽은 뒤 여기서 배운 개념들을 활용해 다이어트를 해보기로 결심했다. 지난 몇 년간 그는 간단하고 신속한 체중감량을 약속하는 새로운 비법이 나올 때마다 다이어트를 시도했지만, 신중하고 종합적인 계획을 세워본 적은 한 번도 없었다. 여섯 가지 영향력 요소를 한꺼번에 조합해 사용해본 경험도 없었다. 그리고 팀은 이제껏 단 한 번도 살을 빼는 데 성공하지 못했다.

그래서 팀은 이 책에서 제안하는 조언들을 수집하고 여섯 가지 영향력 요소와 관련된 각각의 전략들을 실천했다. 예를 들어 그는 개인적 동기부여를 강화하기 위해 몸에도 좋고 입맛에도 맞는 음식을 찾아냈다. 맛대가리 없는 간 스테이크도, 브로콜리 푸딩도 더는 먹지 않기로 했다. 개인적 능력을 향상시키기 위해서는 칼로리 계산법을 배웠다. 팀 자신의 말을 빌리자면 칼로리 표를 보지 않고도 오늘 내가 얼마나 먹었는지 거의 정확하게 계산할 수 있는 수준까지 말이다.

"내 주변의 사람들도 공략했지." 팀은 말을 이었다. "우리 집사람은 평소에 냉장고를 기름진 음식으로 가득 채워놓는데다 찬장에도 항상 간식거리가 쌓여 있거든. 그런데 아이러니한 게, 집사람은 다 날 위한답시고 그런 거란 말이야. 그런 음식이 얼마나 몸에 안 좋은지는 별로 상관을 안 하는 거지. 그래서 집사람이랑 긴 대화를 갖고 다음부터는 과자 대신 몸에 좋은 것들을 먹기로 했어. 그리고 또 내가 조금이라도 살을 빼면 그때마다 함께 축하 행사를 벌이기로 했고. 이게 꽤 도움이 되더라고."

사회적 동기부여와 능력을 강화한 팀은 이번에는 보상 구조로 관심을 돌렸다. 처음에 그는 경제적으로 부담이 없으면서도 몸에 좋은 음식을 먹기 위해서는 무엇을 어떻게 해야 할지 몰라 당황했지만, 자신이 싫어하는 단체에 돈을 기부한다는 전략을 읽고는 매달 목표를 달성하는 데 실패할 때마다 그가 혐오하는 단체에 돈을 보내기 시작했다.

"정말이지 정신이 번쩍 들더라고." 팀은 계속해서 말했다. "내가 경멸하는 일을 하는 데 도움을 주고 있다는 생각을 하니 얼마나 끔찍하던지."

마지막으로 팀은 물리적 환경을 활용했다. 그는 벽에 포스터를 붙이고, 몸무게의 변화 과정을 그래프로 그려 벽에 붙였으며, 컴퓨터를 이용해 휴대전화에 경고 알람을 보내고, 간식거리를 지하실로 옮겨 놓았다. 배가 출출하면 지하실까지 귀찮게 내려가야 했기 때문에 군것질 횟수가 줄었다.

그것은 정말 멋진 계획이었다. 그렇지만 불행히도 효과는 없었다. 아니 정확하게 말하자면 몇 킬로그램을 빼는 데에는 성공했다. 그렇지만 한 달도 안 돼 그는 계획을 포기했고, 몸무게는 다시 제자리로 돌아왔다. 더구나 추가로 2킬로그램이나 더 불었다. "이 책에서 말하는 방법이 효과적이라는 건 나도 알아." 팀은 실패를 경험한 뒤 우리에게 말했다. "결국은 내가 문제인 거지."

팀은 다시금 의지력 함정에 빠진 것이다.

실패하는 이유를 찾아라

짐작하겠지만, 오래된 습관을 바꾸는 데 애를 먹는 것은 비단 팀 한 사람뿐만이 아니다. 지속가능한 변화에 있어서 실패는 결코 예외가 아니라 필수적인 법칙이다. 다음 통계 수치를 보라.

• 결혼 상담을 통해 실질적인 도움을 받는 부부는 다섯 쌍 가운데 한 쌍 이하이다.[1]
• 우리 중 85퍼센트는 상사의 요구에 맞춰 업무실적을 향상시키기

위해 변화를 시도했으나 실패한 경험이 있다.[2)]

- 우리들 가운데 98퍼센트는 나쁜 습관을 고치려다 실패한 경험이 있다.[3)]

- 신용카드 대금을 지불하기 위해 가계자금 대출 또는 다른 형태의 대출을 받은 미국인 중 70퍼센트가 2년 이내에 똑같은 액수 또는 그 이상의 빚을 진다.[4)]

- 과거에 비만 경력이 있는 다이어트 시도자들 가운데 다이어트에 성공하고 1년 이상 그 체중을 유지하는 사람은 스무 명 중 한 명 꼴에 불과하다.[5)]

자, 그렇다면 팀의 문제를 어떻게 해결할 수 있을까? 그는 어째서 실패한 것일까? 사람들이 개인적인 목표를 달성하는 데 실패하는 이유는 대개 무엇이 자신의 행동에 영향을 미치는지 정확하게 알지 못하기 때문이다. 하지만 팀은 눈이 멀어 있었던 것도 아니고 주변에 압도되어 있지도 않았다. 그는 모든 데이터를 종합하여 스스로 훌륭하다고 생각한 계획을 세웠다. 여섯 가지 영향력 요소를 모두 고려하고 각각의 항목에 해당하는 방안도 고안해냈다. 그렇다면 그는 왜 다른 사람들과 마찬가지로 실패한 것일까?

이 질문에 답하기 전 최근에 나온 매우 흥미로운 연구결과를 살펴보자.[6)] 스탠퍼드 대학에서 한 무리의 학자들이 미국에서 가장 널리 이용되는 다이어트 프로그램 네 가지를 검토하고 그중 효과적인 것과 그렇지 않은 것을 분류했다. 여기 그들이 발견한 사실들을 보라.

1. 네 개의 다이어트 프로그램은 모두 효과적이었다.
2. 만일 사람들이 그 프로그램을 실천한다면.
3. 그러나 사람들은 그것을 실천하지 않았다.

이것이 바로 팀의 문제점이다. 그에게는 계획이 있었다. 그것도 스스로 꽤 마음에 든 계획이었다. 그러나 그것은 겨우 잠깐 동안만 효과가 있었을 뿐 시간의 검증을 통과하지 못했다. 그렇다면 훌륭한 변화 계획을 생각해내고 그것을 실제로 실행하고 지속하려면 무엇을 해야 할까?

자기 자신을 분석하라

대답을 알려준 것은 우리의 변화자들이었다. 변화를 성취하고 그것을 유지하는 데 성공한 이들에게서 가장 먼저 눈에 띄는 점은 다음 두 가지다.

1. 비록 성공을 거두긴 했으나 그만큼 많은 실패와 좌절을 겪었다.
2. 그들의 성공 계획에는 그들에게만 해당되는 독특한 특색이 있다.

우리의 변화자들은 시행착오라는 과학적 과정을 통해 자기 자신에게 효과적인 방법을 발견했다. 단번에 성공한 사람은 아무도 없었다. 지긋지긋할 정도로 끈질긴 습관을 한 번에 떨쳐낼 수 있는 사람은 거의 없다. 사람들은 두 걸음 전진했다가도 일보 후퇴하고 때로는 아예 거꾸로 걷기도 했다. 그렇지만 그들은 실패를 거울삼아 배우는 기술을 갈고 닦으면서 찬찬히 계획을 발전시켜 나갔다. 여기를 조금 잘라내고 저기에 조금 덧붙이고, 새로운 방법을 시도하고 관찰하고 배우고, 또다시 시도했다. 하루하루, 한 주가 지나고 한 달이 지나면서 그들은 앞으로 나아갔고 그러던 어느 날 그들의 계획이 자신만의 독특한 도전에 맞춘 듯이 들어맞게 되었을 때 비로소 성공을 거둘 수 있었다. 변화 계획을 내게 꼭 맞게 재단하기 위해서는 이처럼 목표 지향적인 실험과정을 거쳐야 한다.

이런 과학적인 시행착오 전략이 어떤 효과를 발휘하게 될지 살펴보자. 가령 당신도 팀처럼 살을 빼고 싶어 한다고 하자. 이는 곧 섭취하는 열량보다 더 많은 양의 열량을 소비해야 한다는 것, 즉 식생활을 개선하고 운동량을 늘려야 한다는 것을 뜻한다.

물론 적게 먹고 많이 움직이는 방법에 대해서는 각양각색의 충고와 방법론이 제기될 수 있다. 사람들은 다이어트 책과 체육관을 권하고, 트레이너를 고용하고 약을 복용하거나 아이폰에 다이어트 애플리케이션을 설치하고 영양사를 고용하라고 말할 것이다. 이것들이 바로 당신의 계획을 무너뜨리는 범인이다. 좋은 의도를 지닌 사람들이 적극적으로 권하는 충고들은 언제 어디선가 어떤 사람들에게는 좋은 결과를 가져올 수도 있지만 당신의 특정한 목표와 필요에는 그다지 적합하지 않은 것이 대부분이다. 학자들은 당신에게 다이어트의 과학적 논리를 설명해줄 수는 있다. 예를 들어 1칼로리는 1그램의 순수한 물을 해수면 높이에서 1도 덥히는 데 필요한 에너지라고 말이다. 하지만 그들은 당신의 덜렁거리는 뱃살에서 칼로리를 빼내기 위해 개인적으로 무엇을 해야 할지는 알려주지 못한다.

당신에게 필요한 것은 다이어트의 과학적 개념이 아니다. 당신에게는 다이어트에 관한 사회과학적 응용이 필요하다. 다시 말해 당신 자신과 당신만의 독특한 생활 방식, 주변 환경, 그리고 개인적인 특성 등에 대한 깊은 연구와 분석이 필요하다는 의미다.

물론 아무도 당신을 연구하거나 분석해주지 않는다. 아니 그보다 당신 이외에는 아무도 당신을 분석할 수 없다. 전문가들은 전반적으로 통용되는 유전적 특질에 대해서는 이야기해줄 수 있지만 이 같은 종류의 조언은 시간이 지나면 퇴색하는 것은 물론, 소수에게만 도움이 될 뿐이다. 그래서 당신은 자기 자신을 실험대상으로 삼는 사회과학자가 되어야 한다. 그것만이 시간의 검증을 극복할 수 있는 유일한 방법이다.

변화의 성공 확률을 높이기 위해 당신이 아는 성공한 변화자와 대화를 나눠보는 것도 좋은 방법이다. 그의 성공 스토리에도 똑같은 충고가 숨어 있을 것이다. 그들은 당신에게 이런 말을 해줄 것이다. 다이어트를 시작한 첫 달에 같은 회사에서 일하는 '콜레스테롤 클럽' 사람들과 어떻게 따로 점심을 먹게 되었는지, 변화 계획을 시작한 지 넉 달째가 되자 침실 서랍 속에 있는 초콜릿 민트가 그 어느 때보다도 커다란 목소리로 자신의 이름을 부르고, 여덟 달째가 되었을 때에는 출장을 갈 때마다 결심이 약해져 계획이 무산되었다는 것 등을 말이다. 그렇게 조금씩 마치 현미경을 들여다보듯 그들은 자기 자신을 분석하고 결국 세상에서 가장 소중한 피험자, 바로 자기 자신에게 맞는 완벽한 계획을 완성한다.

우리의 제안이 별로 마음에 들지 않을지도 모르지만, 당신에게는 달리 선택의 여지가 없다. CEO가 되고 싶은 CFO에게나 어울리는 조언을, 인사고과 점수는 괜찮지만 월급은 인상되지 않는 식료품가게 점원에게 해준다면 얼마나 우스꽝스럽겠는가? 남편이나 아내의 약물 중독 때문에 파경을 앞둔 중년부부에게 충고랍시고 갓 결혼한 신혼부부에게나 알맞은 제안을 하는 경우는 또 어떻고?

우울할 때면 폭식하는 습관을 지닌 60세 우울증 여성의 다이어트 프로그램이 사무실 책상 앞에서만 일하다가 순식간에 10킬로그램이나 불은 30대 남성에게도 효과가 있을 거라고 생각하는가? 당연히 아니다! 물론 양쪽 모두 칼로리 섭취량보다 소비량을 늘려야 한다는 점에서는 일치하지만 목표를 달성하려면 두 사람은 서로 완전히 다른 계획을 짜야 한다.

그러므로 성공을 거두고 싶다면 당신도 성공한 변화자들이 했던 일을 하라. 일부 똑똑한 사람들이 고안한 실험계획의 대상이 되어 쉽게 변화를 얻겠다는 생각은 버리라는 것이다. 당신은 스스로가 과학자이자 실험대상이 되어야 한다. 다시 말해 자기 자신을 변화시킨다는, 세상에서 가장 중요한 사회과학적 연구과제를 탐색하라는 것이다.

당신을 변화시킬 당신만의 사회과학

행동 변화를 연구하는 훌륭한 사회과학자들은 유명 잡지의 표지에 실리는 모든 아이디어들을 따라해 보려고 몸부림치지 않는다. 대신 그들은 특별한 과학적 연구를 활용한다. 여기서 우리의 변화자들이 비틀거리더라도 아래로 고꾸라지지 않고 어떻게 앞으로 나아가는지를 간단히 살펴보도록 하자.

첫째, 당신이 언제 어디서 충동에 굴복하고 말았는지 떠올려보라. 이것이 바로 팀의 첫 번째 실수였다. 팀은 자신이 직면하고 있는 그만의 '특별한' 도전을 분석하기도 전에 흥미롭고 재미있어 보이는 전략을 선택하는 실수를 저질렀다. 그는 우리가 '결정적 순간'이라고 부르는 것을 먼저 검토했어야 했다. 결정적 순간이란 그때의 선택이 결과에 있어 가장 중요한 영향을 미치는 상황이나 시간을 뜻한다.

팀은 자동차 열쇠를 잃어버린 뒤 단순히 가로등 아래가 더 밝다는 이유 때문에 열쇠를 잃어버린 장소가 아니라 가로등 아래를 뒤지는 사람과 비슷하다. 다시 말해 팀은 그에게 가장 효과적인 방법이 아니라 가장 그럴싸하고 편리해 보이는 방법을 선택했다.

일단 자신의 약점을 알아내고 나면 자기에게 가장 잘 맞는 변화 계획 또는 가설을 세워야 한다. 변화 계획은 결정적 순간에 충동에 저항하고, 충동을 제거하고, 또는 그것을 다른 형태로 전환하기 위해 무엇을 할 것인지에 관한 내용으로 구성된다.

마지막으로 앞에서 세운 계획을 실천하고, 그 결과를 관찰하고,

효과적인 것과 그렇지 않은 것을 바탕으로 계획을 수정한 다음, 성공을 거둘 때까지 같은 과정을 반복한다.

그렇다면 우리의 용맹한 변화자 A.J. W의 경험담을 통해 이러한 과정이 실제로 어떻게 진행되는지 살펴보자. 먼저 확실히 해 둘 것이 있다. A.J.는 자신이 사회과학자라고 생각하지 않는다. 그녀는 텍사스 주 오스틴에 거주하고 있는 서른한 살의 간호사로, 한 남자의 부인이자 자녀들을 키우는 어머니이다. 그러나 그녀는 생각지도 못했던 사건을 계기로 자신의 행동을 관찰하고 분석하는 데 흥미를 갖게 되었다.

A.J.는 하루에 담배 두 갑을 피우는 골초다. 그녀는 중환자들을 돌보는 전문 간호사인데, 그녀가 일하는 병원의 경영진은 간호사들이 환자들에게 담뱃재를 떨어뜨리는 것을 대단히 싫어했기 때문에 A.J.는 드물게 짬이 날 때면 몰래 흡연구역으로 빠져나가 담배를 피우곤 했다.

A.J.가 담배를 끊기로 결심한 것은 어느 날 8층에 있는 병실에서 환자가 죽어가고 있다는 호출을 받은 날이었다. 호출을 들었을 때 그녀는 하필 1층에 있었다. 응급 상황에서는 그 무엇도 기다려서는 안 된다는 병원 수칙에 따라 A.J.는 엘리베이터를 포기하고 계단을 올라가기 시작했다. 3층에 이르렀을 때, 그녀는 가쁘 숨을 몰아쉬고 있었다. 그리고 4층에 도달했을 때에는 다리가 풀려 주저앉고 말았다. 다행히도 다른 팀이 먼저 8층에 도착해 환자를 살려냈지만, A.J.는 얼굴을 붉힌 채 콘크리트 바닥에 앉아 숨을 몰아쉬며 이

제 변화를 일으켜야 할 때라고 결심했다.

과학적 전략 1: 결정적 순간을 확인하라

새로운 도전을 마주한 A.J.는 그녀가 삶에서 마주하는 순간 하나하나가 모두 동등한 것은 아니라는 사실을 깨달았다. 그녀는 근무 시간 동안 워낙 바쁘게 뛰어다녀야 하기 때문에 대부분의 시간에는 담배를 피우고 싶다는 생각을 하지 않았다. 적어도 '아주' 절실할 정도는 아니었다. 담배가 간절하게 당기는 순간은 실제로 별로 많지 않았다.

이는 어떤 나쁜 습관도 마찬가지다. 하루 종일 충동을 억누르고 있는 사람은 드물다. 예를 들어 포르노 중독으로 고통을 겪고 있는 청소년이라고 해도 조부모와 한 방에 있을 때에는 그런 유혹을 심하게 느끼지 않는다. 생각해보라. 회사에서도 승진에 큰 영향을 미칠 프로젝트를 진행할 때에는 게으름을 피우거나 느슨하게 일을 처리하는 일이 없지 않은가? 수입과 지출이 어느 정도 균형을 맞추고 있다면 백화점에서 마구 쇼핑을 하고 싶다는 충동도 덜하다.

내가 무슨 말을 하는지 알아들었으리라 믿는다. 개인적인 변화를 추구한다고 해서 항상 스스로를 한계까지 밀어붙일 필요는 없다는 얘기다. 유혹에 넘어갈 위험이 최고조에 달하는, 하루에 몇 번 안 되는 그 중요한 순간에 초점을 맞춰라. 우리는 이런 특별한 순간을 '결정적 순간'이라고 부르는데, 이때 당신이 올바른 행동을 취할 수만 있다면 당신은 원하는 결과를 창출할 수 있다.

결정적 순간을 구분하는 가장 좋은 방법은 참을 수 없는 유혹을 느끼는 상황을 찾는 것이다. 이를테면 당신은 괴상한 요청을 하는 고객을 만나면 무시하고 싶은 충동을 느낄 것이다. 스트레스를 받을 때면 배우자에게 차갑고 냉정하게 구는 사람도 있을 테고, 살짝만 콧물을 훌쩍거려도 체육관에 가는 것을 포기할 수도 있다.

결정적 순간을 구분할 때에는 그것이 어떠한 특정한 '시간', 특정한 '장소', 특정한 '사람들'과 연관되어 있는지, 또는 당신의 어떠한 특정한 '신체적' 또는 '감정적' 상태와 맞물려 있는지 곰곰이 생각해보라. 인간은 서로 다른 상황에서 서로 다른 형태의 영향을 받는다. 어떠한 상황과 조건이 당신의 변화에 중요한 영향을 미치는지는 오직 당신만이 알 수 있다.

과학적 전략 2: 핵심 행동을 결정하라

일단 자신의 결정적 순간을 확인했다면 다음에 할 일은 유혹을 느낄 때 준수할 행동 규칙을 세우는 것이다. 관련 연구에 의하면 어려운 도전에 직면하기 전에 미리 규칙을 마련해놓으면 실제로 결정적 순간이 찾아왔을 때 행동을 변화시킬 확률이 훨씬 높아진다고 한다.[7] 사건이 닥칠 때마다 새로운 선택을 내리는 것이 아니라 어떻게 반응할지 미리 경우의 수를 정해놓는다면 계획에 맞춰 행동할 수 있다는 것이다.

이처럼 개인적인 변화를 추구할 때에는 애매모호한 지침이 아니라 당신이 원하는 결과로 이끌어줄 확고한 규칙이 필요하다. 그것이 바로 우리가 그런 행위들을 '핵심 행동'이라고 부르는 이유다. 결정적 순간은 당신이 언제 위험에 처하는지를 알려줄 것이고, 핵심적 행동은 당신이 무엇을 해야 할지 알려줄 것이다.

핵심 행동이 변화 계획에서 어떤 역할을 하는지 알고 싶은가? 그렇다면 뉴욕 대학 피터 골비처Peter Gollwitzer 교수의 흥미로운 연구를 살펴보기 바란다. 골비처 교수는 약물 중독 완치는 물론 정상적인 직업을 간절히 원하는 회복 중의 헤로인 중독자 21명을 실험대상으로 삼아 연구했다. 그는 우선 그들이 당장 직면하고 있는 문제부터 살펴보았다. 그것은 그들이 극복해야 할 도전 과제이기도 했는데, 바로 지독한 근육통과 경련, 오한, 감정 폭발, 높은 열과 설사였다. 헤로인 중독자의 경우 약을 끊은 뒤 48시간 안에 찾아오는 증상이었다.

골비처는 어떻게 중독자들이 고통스러운 증상을 극복하고 '또' 직장을 얻을 수 있게 도와주었을까? 먼저 피험자들은 취업 활동을 위해 자기소개서를 쓸 것을 권유받았다. 상상해보라. 머릿속에서는 끊임없이 마약을 달라고 부르짖고 있는데 그 와중에 자기소개서를 쓰라니.

피험자들은 지시를 받은 지 일곱 시간 이내에 자기소개서를 완성시켜야 했다. 그중 절반의 피험자들은 곧장 과제에 착수했고, 다른 절반은 글을 쓰기 전에 다른 간단한 과제를 끝마쳐야 했다. 바로 다음 일곱 시간 동안 대면하게 될 결정적 순간을 정의하고 그 순간이 찾아왔을 때 어떻게 반응할 것인지 핵심 행동을 결정하는 것이었다.

이를테면 피험자가 '속이 울렁거려 화장실에 갔다가 다시 방으로 돌아와 자기소개서를 계속 써야지'라고 생각한다면 속이 울렁거릴 때가 '결정적 순간'이고, 자기소개서를 계속 쓰는 게 '핵심 행동'인 셈이다. 이처럼 이들은 커다란 유혹을 느끼게 될 신체적 상태를 정의하고 그러한 문제가 닥칠 경우 어떻게 해결할 것인지 규칙을 세웠다. 반면 통제집단은 아무런 방안도 사용하지 않았다.

이 혁신적인 연구결과는 대단히 놀라웠다. 첫 번째 집단은 단 한 명도 자기소개서를 완성하지 못했다. 반대로 결정적 순간과 핵심 행동을 미리 결정해놓은 집단은 80퍼센트가 과제를 달성하는 데 성공했다.[8]

골비처 교수의 사례는 이쯤에서 마치고, A.J.가 어떻게 결정적 순간을 식별하고 핵심 행동을 실행에 옮기면서 금연에 성공할 수 있었는지 살펴보자. 그녀는 하루 종일 환자를 보살폈고, 그러는 동안에는 아무런 문제도 없었다. 아침에는 하루를 시작할 준비를 하느라 바빴기 때문에 담배에 불을 붙일 시간이 없었다. 심지어 점심 시간에도 그녀는 담배를 거의 피우지 않았다. 왜냐하면 비흡연자들과 함께 시간을 보냈기 때문이다.

A.J.는 자신이 언제 가장 쉽게 유혹에 굴복하는지 곰곰이 생각해본 결과, 두 개의 결정적 순간이 있음을 깨달았다. 첫 번째는 집에서 전화기를 붙잡고 가까운 지인들과 수다를 떨 때였고, 두 번째는 자동차를 몰고 출퇴근을 할 때였다. 두 경우 모두 그녀는 습관처럼

무심코 담배에 불을 붙이곤 했다.

A.J.는 자신에게 알맞은 핵심 행동이 무엇일지 생각해보았다. 처음 몇 달 동안 그녀는 최대한 전화 통화를 하지 않으려고 노력했다. A.J.는 휴대전화를 이용하는 대신 이메일이나 문자 메시지를 이용했다. 또 출퇴근을 할 때에는 평소와 다른 길을 택했다. 익숙하지 않은 도로를 운전하다보면 저도 모르게 운전을 하는 데에만 신경을 쏟게 되고 그러면 자동적으로 담배를 꺼내들지 않을 것 같았기 때문이었다.

A.J.의 계획이 얼마나 과학적인가 보라. 먼저 그녀는 가설을 세웠다. 다시 말해 자신의 결정적 순간과 핵심 행동에 대해 꼼꼼하고 정확한 추측을 했다는 의미다. 그런 다음 그녀는 사회과학의 영역을 활용했다. 팀처럼 최근에 유행하는 방법을 따르기보다 자기 자신만의 독특한 환경에 어울리는 맞춤 전략을 세운 것이다.

물론 A.J.는 첫 시도만으로 금연 계획이 완벽하게 성공하리라고는 기대하지 않았다. 그녀는 계속해서 실험을 발전시켜 나갔다. 결정적 순간을 찾고, 핵심 행동을 실천하고, 효과가 있는 것과 그렇지 않은 것을 구분하고, 계획을 수정하고, 그리고 이 모든 과정을 다시 반복하고 또 반복했다.

과학적 전략 3: 여섯 가지 영향력 요소를 모두 활용하라

예를 들어 당신은 회사에서 인사고과 점수를 향상시키기 위해서는 중요한 프로젝트를 준비하는 마무리 단계야말로 결정적 순간이라는 결론을 내렸다. 원래 당신은 프레젠테이션이나 프로젝트, 리뷰, 보고서 등의 형식적인 부분에는 그리 많은 시간을 투자하지 않았다. 형식보다는 내용이 더 중요하다고 생각하기 때문이다. 하지만 당신은 그런 사고방식 때문에 이제껏 많은 것을 희생해왔음을 깨닫게 되었다. 이제 당신은 새로운 '핵심 행동'을 통해 당신이 무슨 능력을 갖고 있는지 상사에게 보여주어야 한다. 그러므로 당신은 앞으로 중요한 서류를 작성해야 할 때면 최소한 두 가지 단계를 거치기로 결심했다.

다음으로 해결해야 할 문제는 그 계획을 실천하는 일이다. 이는 결코 쉬운 일이 아니다. 금요일 오후 4시 반, 온몸은 파김치가 되었고, 당신은 방금 서둘러 완성한 서류를 이제 이메일로 보내려는 참이다. 그때 머릿속에서 누군가가 말을 건다. '이런 걸 뭐하러 두 시간이나 걸려서 예쁘게 만들어?'

이제는 생각을 넘어 행동으로 옮겨야 할 때다. 결정적 순간과 핵심적 행동을 결정했다면 이제 그것들을 행동으로 옮기기 위한 변화 계획을 세워야 한다. 하지만 어떻게 해야 할까? 앞에서 우리는 이미 이 질문에 답한 바 있다. 항상 당신이 똑같은 실수를 저지르도록 부추기는 저 넓은 세상과 맞서 싸워 이기는 유일한 길은 여섯 가지 영향력 요소를 골고루 조합하여 사용하는 것뿐이다.

다시 A.J.의 이야기로 돌아가보자. A.J.가 담배를 끊지 못하는 이유는 여섯 가지 영향력 요소가 모두 그녀에게 불리하게 작용하고 있기 때문이다. 이 사실을 알게 된 그녀는 시간과 공을 들여 그것들을 모두 자신에게 유리한 방향으로 전환시키는 데 성공했다. 그녀가 어떤 방법을 사용했는지 알아보자.

	동기부여	능력
개인적	1	2
사회적	3	4
구조적	5	6

먼저 개인적 동기부여 부분을 보자. A.J.는 핵심 행동을 유지하기 위해 개인적 동기를 강화했다. 가령 그녀는 결정적 순간이 닥칠 때마다 간호사로 일하면서 자주 목격한 장면들을 떠올렸다. 그녀는 환자들이 흡연으로 인한 증상 때문에 문자 그대로 숨을 못 쉬어 사망하는 장면을 몇 번이나 지켜본 경험이 있었다. 담배를 피우고 싶다는 욕구가 생길 때마다 그녀는 그런 환자들과 환자 가족들의 반응을 떠올리며 자신의 미래를 상상했다. 더불어 그녀는 거울에 인상적인 인용구를 붙여 놓고 마음이 약해질 때마다 그것을 들여다보며 스스로를 격려했다. 하지만 A.J.는 곧 이런 동기강화 전략만으로는 충분치 못하다는 사실을 깨달았다. 그녀의 문제는 단순히 동기부여가 부족하기 때문이 아니었다. 그녀는 능력을 키워야 했다.

개인적 능력 부분을 보자. A.J.는 행동 수정 요법을 배워야 한다는 사실을 깨달았다. 무수한 자료를 읽은 그녀는 의지력 기술을 강화하는 주의 분산 전략에 초점을 맞추기로 결심했다. 결정적 순간에 그녀가 해결해야 할 도전은 손이 자꾸만 입으로 간다는 것이었다. 이 익숙한 행동은 그녀의 마음을 진정시키는 역할을 하고 있었

	동기부여	능력
개인적	1	2
사회적	3	4
구조적	5	6

기 때문에 A.J.는 담배 대신 빨대를 사용하기로 했다. 손이 저도 모르게 저절로 입으로 움직일 때면 A.J.는 빨대를 집어 들고 담배 대신 빨대를 입에 물었다. 실제로 그녀는 빨대를 한 모금 길게 빨고 내쉬면 긴장이 누그러지는 효과가 있다는 사실을 발견했다!

그와 더불어 A.J.에게는 새로운 습관을 뒷받침하기 위한 새로운 기술이 필요했다. 그녀는 책을 좋아했고, 그래서 수많은 책을 읽으며 도움이 될 만한 이야기들을 수집했다. 일례로 그녀는 자신의 감정을 구분하려면 더 많은 기술이 필요하다는 사실을 배웠다. 담배가 신체적인 것을 넘어 심리적인 중독성을 가지고 있다는 사실도 알았다. 시간이 지날수록 그녀는 스트레스가 주는 신호에 좀더 민감해졌으며, 자기 자신에게 집중하고 감정을 누그러뜨리는 기술을 의도적으로 연습하기 시작했다. 그러한 훈련은 담배를 피우고 싶다는 욕구를 훨씬 다루기 쉽게 해주었다.

	동기부여	능력
개인적	1	2
사회적	3	4
구조적	5	6

이번에는 사회적 동기부여와 능력 부분을 보자. 다음으로 A.J.는 주변 사람들로 관심을 돌렸다. 그녀는 변화 유발 대화를 이용해 흡연을 장려하는 방해자들을 금연 계획을 돕는 친구로 전향시켰다.

구조적 동기부여 부분을 보자. 금연

	동기부여	능력
개인적	1	2
사회적	3	4
구조적	**5**	6

계획은 그 자체로 구조적인 동기부여를 지니고 있었다. A.J.는 하루에 두 갑을, 그녀의 남편은 하루에 한 갑의 담배를 피웠다. 담배 한 갑이 4.5달러니 이를 계산하면 두 사람이 한 달에 담뱃값으로만 400달러를 쓴다는 결론이 나온다. A.J.는 이렇게 설명했다. "사실 담뱃값이 비싸다는 게 큰 원인이었어요. 담배를 끊고 나니 경제적으로 엄청나게 긍정적인 변화가 생기더라고요."

	동기부여	능력
개인적	1	2
사회적	3	4
구조적	5	**6**

구조적 능력 부분이다. 마지막으로 A.J.는 주변의 물리적 환경을 변화시켰다. 그녀는 출근길을 변경해 담배를 피우고 싶다는 욕구를 불러일으키는 장소들을 의도적으로 피했다. 또 혹시나 무심코 담배를 찾게 될 경우 자신이 금연 중이라는 사실을 잊지 않도록 집에 있는 재떨이를 모두 치워버렸다.

이 모든 것들은 A.J.가 스스로를 연구하고 분석하여 담배를 끊기 위해서는 무엇이 필요한지 파악하는 과정에서 실전에 응용한 몇몇 방안의 예시에 불과하다. 다시 말해 마지막 종착지가 아니라 출발점이라는 점을 명심하라. A.J.는 전에도 담배를 끊으려고 했다가 실패한 적이 있었다. 하지만 이번에 그녀는 단순히 실험대상이 되는 데 그치지 않고 스스로 연구하고 분석하는 과학자가 되었다. 즉 자신의 실수와 실패를 귀중한 자료로 활용할 수 있었을 뿐더러, 자책에 빠지는 것이 아니라 그러한 정보를 이용해 변화 계획을 수정하고 향상시킬 수 있었던 것이다.

과학적 전략 4: 실패도 데이터로 활용하라

A.J.는 자신의 결정적 순간과 핵심 행동을 처음부터 전부 알고 있었을까? 핵심 행동을 실천하는 데 필요한 여섯 가지 요소를 모두 알고 있었을까? 천만의 말씀이다.

A.J.는 지금 이 책을 읽고 있는 다른 모든 사람들과 마찬가지로 효과가 있는 것과 그렇지 않은 것들을 구분하는 조정 과정을 거쳐야 했다. 가령 그녀는 예전에는 생각조차 하지 않았던 것들이 실제로는 자신에게 불리하게 작용하는 영향력 요소라는 사실을 발견했다. 불행히도 그중 하나는 바로 그녀의 아버지였다. A.J.와 그녀의 남편은 토요일마다 그녀의 친정아버지와 함께 저녁식사를 했는데, A.J.의 아버지는 가히 전설적인 골초였다. 아버지의 집에서 아버지와 함께 그 편안한 흡연 공간 속에 있노라면 A.J.는 담배를 피우고 싶은 충동을 참을 수가 없었다.

하지만 A.J.는 아버지와 함께 담배를 피우고 나중에 죄책감을 느끼는 유형이 아니었다. 그녀는 아버지와 함께 있을 때면 무슨 일이 생기는지 재빨리 눈치채고 이 정보를 오히려 유리하게 활용했다.

그녀는 변화 계획을 수정했다. A.J.는 더 이상 친정집을 자주 방문하지 않았고, 담배로부터 보다 안전한 환경에서 아버지를 만나려고 애썼다. 변화 계획을 수정함으로써 실패를 훌륭한 데이터로 변환시킨 것이다.

이 같은 시정 과정을 이해하는 것은 대단히 중요하다. 당신의 초기 변화 계획이 얼마나 훌륭하든 당신이 장기적인 습관을 도전 과제로 삼고 있다면 계획은 곧 통하지 않게 될 것이기 때문이다. 물론 잠시 동안은 어느 정도 효과가 있을지도 모른다. 그러나 언젠가 결정적 순간을 마주한 순간, 당신은 너무나도 간단하게 유혹에 몸을 던져버릴 것이다. 일진이 나쁜 날은 꼭 있기 마련이니까.

이때가 바로 당신의 진짜 테스트가 시작되는 순간이다. 비참한 실패를 맛보는 순간, 당신은 의기소침해지거나 호기심이 일게 된다. 자괴감에 빠지면 의기소침해지고 좌절감을 느끼며 자포자기하여 나쁜 습관에 아예 몸을 내던지고 만다. 그 결과는 사태를 악화시키고 자존감에 상처를 입힐 뿐이다. 한편 호기심을 느낀다면 한 발짝 물러나 데이터를 검토하고, 새로운 것을 배우며, 그것을 이용해 계획을 변경한다. 그러므로 결국 모든 것은 당신의 선택에 달려 있다. 당신은 새로운 장애물에 부딪쳤을 때 좌절한 나머지 모든 것을 때려치울 수도 있고, 똑같은 경험을 하고도 호기심을 발휘해 실패를 훌륭한 데이터로 변환시킬 수도 있다.

일터에 변화의 과학 적용하기

앞에서 우리는 다이어트와 금연의 사례를 살펴보았다. 그렇다면 이 네 개의 과학적 전략으로 일터에서 겪는 문제들을 해결할 수도 있지 않을까? 예를 들어 당신이 번번이 승진에 탈락하고 있다고 치자. 어떻게 하면 개인적인 변화 계획을 고안하고, 테스트하고, 발전시켜 이 문제를 해결할 수 있을까?

결정적 순간을 확인하라

먼저 직장 내에서 자신의 행동양식을 분석하고 회사에서 중요 인물로 인정받는 데 가장 큰 장애물이 무엇인지 찾아보라. 가령 당신은 회사의 입장에서 볼 때 별로 중요하지도 않는 업무에 자꾸만 정신이 팔려 있는지도 모른다. 실제로 당신에게 주어진 우선적 업무는 조직의 성공에 대단히 중요하지만, 당신은 늘 목표와는 상관없는 사소한 일들에 시간을 투자하고 있다. 스스로에게 질문을 던져보라. '내가 중요하고 우선적인 목표에 집중하지 못하도록 가로막는 결정적 순간은 무엇인가?' 당신은 곧 동료들이 새로운 일을 부탁할 때마다 차마 거절하지 못한다는 것이 당신의 가장 큰 문제점임을 깨닫는다. 아무도 실망시키고 싶지 않은 여린 마음 때문이다. 당신의 결정적 순간은 '누군가 다른 업무를 부탁했을 때 거절하면 안 된다고 생각할 때'이다.

핵심 행동을 결정하라

다음으로 할 일은 당신의 핵심 행동을 생각해내는 것이다. 그러니까 결정적 순간에 당신은 어떤 행동을 취해야 할까? 친구들과 대화를 나눠보자. 그리곤 늘 긍정적으로 말하려고 애쓰지 않는 사람들을 분석하라. 당신의 '핵심 행동'은 순간적으로 확답을 주지 않고, 충분히 생각한 뒤 24시간 이내에 답을 주는 것'이 될 수 있을 것이다. 이 핵심 행동은 앞으로 당신이 따를 규범이 된다. 그때그때마다 판단을 내릴 필요가 없이 미리 정한 규칙에 따라 행동하면 되는 것이다.

여섯 가지 영향력 요소를 모두 활용하라

가장 명백히 드러나는 영향력 요소들부터 시작한다. 당신은 거절하는 데 익숙지 않기 때문에 거절의 기술을 발전시켜야 할 필요가 있다. 그러므로 적극성 훈련을 받고 그와 관련된 책을 읽어라. 더불어 상사에게 당신의 문제를 상의한다면 그는 당신이 보다 중요한 업무에 집중할 수 있도록 도움을 주겠다고 약속할 것이다. 이제 든든함이 느껴진다.

실패도 데이터로 활용하라

이제 당신은 2주일 동안 중요한 업무에 집중한다. 때때로 다른 업무를 도울 수도 있지만 오직 당신의 일정에 여유가 있거나 실질적인 성과를 내다볼 수 있을 때에만 해당된다고 다른 사람에게 못을

박아라. 그런데 어느 날 누군가 찾아와 당신이 지금 하는 일과 별 연관성이 없는 업무를 도와줄 것을 요청한다. 이를 도와준다면 그는 당신의 상사가 흡족해할 것이라 덧붙인다. 그리곤 만약에 손을 빌려주지 않는다면 동료들 사이에서 평판이 나빠질 것이라는 암시를 슬그머니 내비친다. 결국 당신은 그를 도와주기로 하고, 그 결과 당신이 책임지고 있던 중요 업무의 진행이 늦춰지고 만다. 처음에 당신은 애초부터 그런 잘못된 요청을 승낙한 스스로를 탓할 테지만 그보다는 잘못을 바로잡는 것이 낫다는 점을 곧 깨닫게 될 것이다.

다음에 이와 비슷한 일이 생길 경우에는 당신의 핵심 행동에 대해 주변 사람들의 지지를 확보하라. 사회적 능력을 높이라는 것이다. 당신보다 높은 지위에 있는 사람이 부탁을 하더라도 이를 당신의 직속 상사에게 보고함으로써 상사가 대신 결정하게 하라. 이렇게 당신은 실패를 데이터로 활용하고, 계획을 꾸준하게 실천하고 또 시정함으로써 인사고과에서 더 나은 점수를 얻을 수 있다.

이제 우리는 다이어트를 위해 발버둥치는 우리의 친구 팀에게 무슨 충고를 해야 할지 알게 되었다. 좋은 소식은 팀이 여러 개의 영향요소를 함께 조합하여 활용해야 한다는 점을 알고 있다는 것이다. 그러나 그는 과학적 절차의 중요한 부분을 간과했다. 성공을 원한다면 그는 단순히 최신 유행하는 방법을 따르거나 또 다른 열혈 친구의 충고에 따르기보다는 자기 자신의 특성에 맞는 특별한 맞춤 계획을 세워야 한다. 그런 다음 스스로 과학자 겸 실험대상이 되어 계획을 실천하고 결과를 분석하고 실패를 데이터로 활용하고, 목표를 달성할 때까지 이 같은 과정을 계속해서 반복해야 한다. 이 것이 바로 해결이 불가능해 보이는 문제들을 필연적인 해결책으로 변모시키는 방법이다.

모든 것의 시작은 기록이다

개인적 변화를 일구는 과학적 원리를 탐구할 때에는 당신이 가진 가장 중요한 과학적 도구를 이용하라. 그게 뭐냐고? 바로 연필이 다. 물론 키보드 같은 전자기기로 대용할 수도 있다.

이런 단순하고 초라한 물건이 우리의 변화 계획에서 무슨 중요한 역할을 한단 말인가? 자, 그럼 듣고 놀랄 준비를 하라. 뉴욕 대학의 한 연구진이 공부를 미루는 버릇 때문에 성적이 나오지 않는 대학 생들을 대상으로 연구조사를 실시했다. 한 집단에게는 학습 습관을 개선할 수 있는 정보를 제공했고, 다른 한 집단에게는 똑같은 정보 와 함께 종이와 연필을 제공하며 '다음 주에 언제 어디서 공부를 할 것인지 학습 계획을 종이에 써라'라고 주문했다.

학습 계획을 종이에 쓴 집단은 그렇지 않은 집단보다 최소한 두 배는 더 많은 시간을 공부에 투자했다.[9] 그와 비슷한 다른 연구들 역시 계획을 단순히 기록하는 것만으로도 성공 확률이 30퍼센트 이 상 증가한다는 사실을 보여준다.[10]

그러므로 지금 당장 시작하라. 종이 한 장을 꺼내 머릿속에만 들어 있는 당신의 결정적 순간들을 적어라. 그런 다음 결정적 순간에 당신에게 최대한 도움이 될 핵심 행동들을 고안해내라. 정 힘들면 체인지애니씽 연구소 홈페이지에 들어와 도움을 요청해라.

2부에서 읽게 될 여섯 가지 영향력 요소를 어떻게 이용할 것인지 당신의 계획을 그리고 또 기록하라. 효과적인 것과 그렇지 않은 것들을 구분해 계획을 수정하고 변경하라. 당신의 계획을 끊임없이 발전시키다보면 똑같은 실수를 피하고 매번 새로운 실수를 저지르게 될 것이다. 명심하라. 우리의 목표는 완벽함이 아니라 발전과 향상이다. 계획을 실제로 기록함으로써 당신은 실천 능력을 증대하고 변화 동기를 강화하며, 나아가 그 과정에서 자기 자신에 대해 배우고 적응하는 능력을 확장시키게 될 것이다.

자기 변화를
이끌어내는
여섯 가지 영향력 요소

하기 싫은 것을 좋아하라

동기부여	능력
개인적 1	2
사회적 3	4
구조적 5	6

지금쯤이면 자기 변화를 이끌어내는 최상의 방법이 여섯 가지 영향력 요소 전략임을 깨달았을 것이다. 이 가운데 특히 우리에게 불리하게 작용하는 요소들을 다스리는 방법을 알아내야 한다. 그렇지 않으면 거기에 압도당해 결국 내 불운을 탓하게 될 것이기 때문이다. 그러므로 가장 먼저 첫 번째 요소인 '개인적 동기부여'가 초보 변화자에게 무엇을 도와줄 수 있는지 살펴보자.

자기 변신의 가장 큰 도전 과제는 변화를 일구기 위해 해야 하는 일들이 하나같이 지루하거나 불편하고 심지어는 고통스럽기까지 하다는 데 있다. 따라서 우리는 그런 일들을 하기를 싫어한다. 아니 정확히 말하자면 그건 사실이 아니다. 우리는 하고 싶다. 단지 그런 마음이 현실이 아니라 머릿속에서만 존재한다는 게 문제다. 우리는 '지금 당장'이 아니라 '언젠가' 막연한 미래에 그 일들을 하고 싶은 것이다.

심리학자 대니얼 리드Daniel Read의 쇼핑 목록 실험을 예로 들어보자. '지금 당장 먹고 싶은 것'의 쇼핑 목록을 작성하라고 하자, 피험자의 74퍼센트가 몸에 좋은 과일보다 초콜릿을 택했다. 물론 이건 그다지 신기한 일이 아니다. 이번에는 리드가 피험자들에게 '일주일 뒤에 먹을 것'을 쇼핑하라고 하자, 70퍼센트의 사람들이 과일을 선택했다.[1] 우리는 언젠가는 옳은 일을 하고 싶어 하는 것이다.

리드의 실험에서 알 수 있듯이 우리는 미래의 계획을 너무 많이 세우고 있다. 일찍 일어나기, 초콜릿 버리고 건강 음식 먹기, 활기차게 운동하기, 머리는 나쁘지만 경력을 쌓기 위해 중요한 학술 논문 공부하기, 욱하는 성격 죽이기 등등 말이다. 그러고는 당장 내일 시작할 것처럼 기세가 등등하다.

오늘 당장 즐겁게 할 방도만 찾아낼 수만 있다면 그놈의 내일 타령은 하지 않아도 된다는 생각을 해본 적은 없는가? 우리는 좋아하는 일이라면 즐겁게 잘 할 수 있다. 만약 변화에 도움이 될 일을 즐길 수만 있다면 우리는 단기적인 충동에 '저항'할 필요가 없다. 그런 충동을 피하거나 제거할 필요도 없다. 물론 이는 결코 쉬운 일이 아니며 때로는 불가능할 수도 있지만 말이다. 만약 우리가 싫어하는 것들을 좋아할 수만 있다면 아무것도 우리를 가로막거나 방해하지 못할 것이다. 그렇지만 하기 싫은 것을 좋아하라니, 그게 가당키나 한 소리인가?

당신이 싫어하는 것을 좋아하는 사람도 있다

대다수 사람들이 하기 싫어하는 것을 어떻게 좋아할 수 있는지 알고 싶다면 리우데자네이루에서 과나바라 만까지 뻗어 있는 거대한 지역을 방문해보도록 하자. 그곳에서 우리는 자기가 얼마나 멋진 일을 하는지 신나게 떠들어대는 발터 토스 산토스를 만나볼 수 있다. 발터가 자신의 직업에 대해 하는 이야기를 듣고 있노라면 그가 마치 시간제 직원이 아니라 회사의 홍보 이사라도 되는 것 같다.

"난 여기서 26년 동안이나 일했어요. 내 일에 자부심을 갖고 있고요." 그는 늘 이렇게 말을 시작한다. 그러고는 그와 그의 동료들이 녹색운동의 중심에 몸을 담그고 있고, 세상에서 가장 중요한 일에 종사하고 있다고 열정적으로 설명한다.

그런 다음 발터는 다 해어진 장갑을 조심스럽게 두 손에 끼고 종종거리며 거대한 쓰레기 산으로 다가가 끔찍할 정도로 고약한 냄새를 풍기는 쓰레기 더미를 뒤적거리기 시작한다. 발터는 카타도르, 즉 쓰레기 사냥꾼이다. 그는 세계에서 가장 큰 쓰레기 매립지 자르딤 그라마초에서 2천여 명의 다른 카타도르들과 함께 재활용이 가능한 쓰레기를 모아 판다. 발터와 그의 동료들은 구더기마저 숨이 막힐 듯한 그 지독한 환경 속에서도 그들의 직업에 대해 높은 긍지

와 자부심을 느끼고 있으며 심지어 즐기기까지 한다.[2]

하기 싫은 것을 좋아할 수 있을까

발터와 그의 동료들은 많은 사람들이 혐오감을 느끼는 일을 하면서도 스스로 만족해하는 방법을 알고 있다. 정말 그럴 수가 있을까? 나쁜 습관을 고치려는 노력은 대개 우리가 싫어하거나 스트레스를 받는 일을 해야 한다는 것을 뜻한다. 하지만 그 과정에서 우리도 카타도르처럼 즐겁고 긍정적으로 반응할 수는 없을까?

놀랍게도 우리도 할 수 있다. 우리의 변화자 중 한 명인 루이 C는 10년 동안 심신을 갉아먹는 지독한 쇼핑 중독에 시달린 끝에 마침내 최첨단 기기라면 무조건 재빨리 손에 넣어야 하는 버릇을 타파하는 데 성공했다. 루이가 집에서건 직장에서건 여가 시간에건 할 것 없이 하루 종일 인터넷 쇼핑몰에만 붙어 있었다는 점을 고려하면 대단한 성공이었다. 하지만 이미 그는 심지어 25만 달러라는 어마어마한 카드빚의 수렁에 빠져 있었다. 쇼핑 중독이 정점에 달했을 때에는 헛간에 걸 사슴머리 박제를 사기 위해 어머니의 자동차를 몰래 내다 판 적도 있었다.

그렇다면 루이는 어떻게 인생의 전환점을 만들 수 있었을까? 어머니의 신고로 루이의 집 현관에 경찰들이 나타났을 때, 그리고 판사가 그에게 감옥과 심리상담 중 하나를 택할 것을 명했을 때, 루이는 드디어 변화를 시도해야 할 때가 왔다는 결론을 내렸다. 다른 변화자들과 마찬가지로 루이도 개인적인 변화를 위해 다양한 전략을 이용했지만 그중 하나는 특히 대단히 놀라운 것이었다. 그는 한때 그가 경멸했던 것을 좋아하고 즐기는 방법을 터득했던 것이다. 그의 설명을 들어보자.

"그런 일이 생길 거라곤 상상도 못했어요. 내가 그때 돈을 얼마나 무지막지하게 써댔는지 생각하면 지금도 온몸이 오싹해질 지경이라니까요. 그런데 이상한 건, 요즘엔 통장에 돈이 불어나는 걸 보고 있으면 가슴이 설렌다는 겁니다. 완전히 다른 사람이 된 것 같아요. 이젠 뭔가를 사고 싶다는 충동이 일어도 금방 무용지물이 될 물건들을 사려고 더는 내 미래를 내다 팔지 않을 거라는 사실을 아는 것만으로도 행복해집니다."

미래를 보고, 느끼고, 믿어라

루이의 이야기를 곰곰이 생각해보면 우리의 쾌락중추와 아직 연관되지 않은 일을 즐기는 비결 중 하나는 우리가 누릴 미래를 보고 듣고 믿는 능력에 달려 있음을 알 수 있다. 달리 말하면 나쁜 습관이 주는 즉각적인 쾌감은 종국적으로 그것이 가져올 고통과 연관시킴으로써 제거할 수 있다. 마찬가지로 앞으로 좋은 습관이 가져올 쾌감과 혜택을 떠올린다면 습관 그 자체를 즐거운 것으로 만들 수도 있을 것이다. 여기서 좋은 소식은 만일 우리가 우리의 행동이 가져올 장기적 영향을 숙고한다면 이미 각인된 단기적 편향을 극복

할 수 있다는 점이다. 사고방식을 전환한다는 것은 실질적으로 두 뇌를 재구성하는 것과도 같다.[3]

불행히도 대부분의 사람들에게 있어 사고방식을 단번에 새롭게 뜯어 고친다는 것은 대단히 어려운 일이다. 나 자신의 존재가 현실 속에 굳건하게 존재하는 이상, 다른 미래를 상상하고 그러한 생각을 유지하는 것은 대단히 어렵기 때문이다. 괜히 인간을 근시안적이라고 부르는 게 아니다. 지금은 입 안에 달콤한 초콜릿이 녹고 있지만, 초콜릿을 선택한 결과가 미래에 어떤 영향을 미치게 될지에 대해서는 미지수다. 배우자와 격렬하게 말다툼을 벌일 때에도 지금 하고 싶은 말을 다 쏟아내면 속이 시원해지겠지만, 꾹 참고 사과를 할 때 맞이하게 될 미래는 너무나도 멀리 떨어져 있는 듯 보인다. 따라서 순간의 동기부여 또한 제공받지 못한다.

팀 회의에서 상사가 방금 그가 내린 형편없는 결정이 어떤지 물을 때에도 마찬가지다. 우리는 다른 사람들 앞에서 상사의 의견에 반대하면 어떤 일이 벌어질지 알고 있다. 못마땅하게 흘기는 시선과 책망만으로는 끝나지 않는다는 것을 말이다. 따라서 아예 그 바보 같은 결정 때문에 나중에 어떤 고생을 해야 할지 생각하기를 거부한다.

간단히 말해, 현재를 즐길 것인가 아니면 미래에 대비할 것인가라는 질문 앞에서 우리 대부분은 현재를 선택하는 경향이 있다는 얘기다. 따라서 단기적 이익의 충족을 놓고 고민할 때에는 그로 인해 발생할 불이행의 결과를 보고, 느끼고, 믿는 단계를 반드시 먼저 거쳐야 한다. 여기 미래를 우리의 동맹군으로 바꾸는 다섯 가지 전술을 소개한다.

방안 1: 불이행의 결과를 예측하라

지금 이 순간에도 8초마다 미국의 베이비붐 세대가 65세에 이르고 있으며, 그중 절반 이상이 퇴직 후에는 연금과 점점 줄어드는 머리숱만으로 버텨야 한다. 45세 이상 미국인들 가운데 노후를 위해 5만 달러 이상을 저축해둔 이들은 그다지 많지 않다.[4] 한때 황금기를 누렸던 많은 이들이 이제부터는 경제적인 고통을 겪게 될 것이다. 왜냐하면 그들은 월급을 받지 못하면 어떻게 될지 미리 생각하기를 거부했기 때문이다. 아니, 단순히 거부하는 삶을 넘어 미련할 정도로 무지하게 살아갔기 때문이다.

만약 당신이 단기 희생에 대한 동기부여 부족으로 이와 비슷한 운명을 마주하고 있다면 여기 해결책이 있다. 당장 오늘 당신의 불이행의 결과를 예측하면 된다. 불이행의 결과란 당신이 지금과 같은 행동을 계속해서 유지할 경우 미래에 당신이 살게 될 삶을 의미한다. 하지만 당신은 지금 당장은 그렇지 않다는 이유 하나만으로 변화를 위한 동기를 스스로에게 부여하지 못하고 있다.

아주 약간만 상상력을 발휘한다면 당신이 최근에 내린 결정들이 필연적으로 야기하게 될 달갑지 않은 미래를 떠올릴 수 있다. 가장 간단하고도 강력한 방법은 당신의 불이행의 결과로 하루 정도 여행을 떠나는 것이다. 이와 같은 경험을 실제로 하면 당신이 과거에 시도했다가 효과를 얻지 못한 격려나 죄책감 부추기기 같은 방식의 느낌을 완전히 바꾸어 새로운 선택을 할 수 있을 것이다.

가령 재정적 문제의 경우, 얼마 전 국민연금만으로 근근이 살아가고 있는 지인과 우연히 마주쳤던 일을 떠올려보라. 어쩌면 당신도 나이 들어 그렇게 될지 모른다. 아니면 지금처럼 돈을 마음껏 쓰다가 퇴직 후에는 어떻게 살아가야 할지 한번 계산해보라. 그런 다음 한 달만 그렇게 살아보라. 그러고는 당신의 불이행의 결과를 예측하는 것이다. 미래에 당신이 먹을 음식을 맛보고, 미래에 당신이 갖고 있을 가구들을 만져보고, 미래에 당신이 갖고 있을 자동차 운전석에 앉아보라. 어쩌면 그 경험이 당신의 인생을 180도 바꿔버릴지도 모른다.

미래를 내다보는 데 무능하면 누구나 예견할 수 있는 사건들이 분명히 발생한다는 확신을 할 수 없기에 특히 골치 아프다. 실제로 발생했을 경우 그 결과를 알 수 없기 때문이다. 이런 상황이라면 당신에게 일어날 모든 가능성을 직접 검토해보는 게 무엇보다 시급하다.

우리의 변화자인 제이콥 L은 20대 초반에 인터넷 포르노에 중독된 적이 있다. 그는 그것에 너무 탐닉한 나머지 여가 시간은 물론 소득의 대부분을 포르노에다 쏟아 부었다.

"그래봤자 별로 해가 되지는 않을 거라고 생각했죠." 제이콥은 말했다. "그러던 어느 날 포르노 중독자이자 직장 동료인 친구가 손에 수갑을 차고 끌려 나가는 걸 보게 됐어요. 알고 보니 녀석이 자기 이웃집에 사는 여자아이의 사진들을 몰래 찍어서 컴퓨터에 저장해 놨더라고요. 속옷 차림이라든가 옷 갈아입는 사진 같은 거요. 회의 중에 실수로 노트북 화면에 띄웠다가 누가 신고하는 바람에 체포된 거죠."

제이콥은 계속해서 말했다. "겁이 덜컥 났어요. 내가 그런 짓을 한 것도 아닌데 꼭 나도 같이 수갑을 차고 있는 느낌이었죠. 마치 내 미래의 모습을 보고 있는 것만 같았어요. 얼마나 충격을 받았던지."

최악의 시나리오를 경험한 사람들은 대부분 단순히 잘못된 습관을 고치는 것을 넘어 삶의 여러 분야에서 변화를 꾀하게 된다. 예를 들어 건강에 좋은 습관인 자전거 타기를 생각해보자. 만약에 헬멧을 쓰지 않고 자전거를 탄다면 어떨까? 물론 실제로 사고가 발생할 가능성은 적지만 그럼에도 머리에 심각한 부상을 입을 가능성이 존재한다는 사실 자체는 부인할 수 없다. 그렇다면 부상을 입을 가능성이 현저하게 낮은데도, 시원한 바람에 머리카락이 날리는 상쾌한 느낌을 포기해야 하는데도, 왜 그 불편한 헬멧을 고집하는 걸까?

이를 알고 싶었던 우리 저자 중 한 명은 이웃에 사는 응급실 간호사에게 자전거나 오토바이를 탈 때 얼마나 많은 응급실 직원이 헬멧을 착용하는지 물어보았다.

"한 사람도 빠짐없이 다 써요!" 그녀는 소리쳤다. "우린 '응급실'에서 일한다고요. 우리는 사람이 자동차나 트럭에 치이면 어떻게 되는지 가장 처음으로 적나라하게 보는 사람들이에요. 그게 얼마나 무서운지 아세요? 이쪽 바닥에선 심지어 오토바이를 '장기기증기' 라고 부른다니까요. 헬멧을 안 쓰면 머리가 그냥 날아가요. 그러면 우리는 나머지 장기를 모아서 다른 사람들에게 이식하죠."

응급실 직원들은 우리와 다른 '경험'을 하고 있기 때문에 헬멧에 대해 일반 대중과는 확연히 다른 감정을 지니고 있다. 그들은 헬멧을 쓰지 않으면 어떤 결과가 야기될지 알고 있다. 우리는 우리 자신의 안전과 건강, 바람직하지 못한 습관과 관련해 우리가 경험하기 전에 미리 실현 가능한 최악의 시나리오를 살펴볼 필요가 있다. 의도적으로 데이터를 무시하기보다 그것을 직시함으로써 너무 늦기 전에 우리를 올바른 방향으로 이끌어야 하는 것이다. 불이행의 결과를 예측하는 것은 이를 위한 가장 강력한 방법 중 하나다.

방안 2: 완전하고 생생한 스토리를 들려주라

아마도 이 책을 읽는 많은 이들이 이미 불이행의 결과를 예측하고 지금처럼 건전하지 못한 길을 계속 따라간다면 어떤 일이 생길지 숙지하고 있을 것이다. 문제는 우리가 그것을 진심으로 실감하지 못하고 있다는 데 있다. 그리고 우리가 그것을 실감하지 못하는 이유는 그렇게 하지 못하도록 스스로를 정신적으로 기만하고 있기 때문이다. 우리는 편리하게도 항상 진실의 일부만을 고려한다. 가령 무언가가 실제로는 '거의 확실하다'는 사실을 알면서도 '그럴지도 모른다'고 말하는 것이다. 우리는 우리의 운명이 자연법칙보다 운에 좌우될 것이라고 믿으며, 무엇보다 현재의 경험만을 중요시함으로써 닥쳐올 미래를 간과한다. 간단히 말해 우리는 진실 속에 거대한 공백과 빈틈을 만들고, 그 안에 추하고 불쾌한 세부 사항을 채워 넣기를 거부한다.

하지만 변화자들은 다르다. 그들은 유혹을 마주했을 때 완전한 스토리를 들려주기 위해 노력한다. 전과자이자 한때 알코올 중독자였지만 지금은 우리의 훌륭한 변화자가 된 마이클 V를 보라. 마이클은 아주 어렸을 때부터 술을 마시기 시작했는데 순식간에 술에서 마약으로 옮겨갔고, 급기야는 약을 구할 돈을 마련하기 위해 범죄에 손을 대게 되었다. 몇 년 동안 가택 침입과 약물 남용을 일삼은 끝에 마이클은 부인과 가족, 재산과 대부분의 친구들, 그리고 마침내 자유를 잃고 감옥에 수감되었다.

앞으로 이 책에서 계속 보게 되겠지만, 마이클은 자신의 삶을 되찾기 위해 여섯 가지 영향력 요소를 활용한 전략들을 모두 실천에 옮겼다. 그는 첫 번째 요소인 개인적 동기부여에 있어 완전한 스토리를 들려주는 것이 자신에게 얼마나 훌륭한 효과를 발휘했는지 설명한다.

"텔레비전을 틀면 사람들이 피아노 바에서 칵테일을 마시는 광고가 흘러나오죠. 그런 광고를 보면 난 아직까지도 위험한 생각을 하게 됩니다. 자연스럽게 '나도 저럴 수 있는데'라는 생각이 드는 거죠. 물론 나는 지금 알코올 중독 치료 중입니다. 하지만 친구들과 만나서 한두 잔 즐기는 정도야 나쁠 거 없잖습니까? 크게 해가 되는 것도 아니고요.

그렇지만 그건 나한테는 해당되지 않는 얘깁니다. 완전한 이야기도 아니고요. 내 이야기는 전혀 다르죠. 만약에 내가 저 피아노 바에 간다면 난 칵테일을 마실 거예요. 그리고 다음 날도 저기 가겠죠. 그땐 칵테일이 아니라 양주를 마실 거고요. 처음엔 한두 잔이겠지만 곧 술잔을 헤아릴 수 없을 만큼 계속 들이켜게 될 거고, 종국에는 아침에 내 토사물 속에서 눈을 뜨거나 아니면 심지어 감옥에 가게 될 수도 있어요. 나한테 그건 '일어날 수 있는 일'이 아니에요. 언젠가는 '반드시 일어날 일'이죠."

아마도 당신은 마이클이 단순히 전체적인 그림을 넘어 구체적인 단어를 사용해 매우 생생하게 상황을 묘사하고 있음을 알아차렸을 것이다. 그는 간단하게 술을 마시면 안 된다고 말하는 것이 아니라 앞으로 어떤 일이 일어날지 아주 세세한 부분까지 구체적으로 설명한다. 이 같은 마이클의 '꼬리표 붙이기labeling'는 그에게만 해당되는 것이 아니다. 실제로 이것은 탄탄한 과학 이론에 기반을 두고 있다. 예를 들어 현재 진행 중인 연구에 의하면 일반적인 '장기 저축' 계좌를 가지고 있는 사람은 '집수리 대책'의 일환으로 은행계좌를 가지고 있는 사람보다 납입금을 빠뜨릴 확률이 크다고 한다.[5] 의미심장하고 특정한 낙인은 특정한 결과로 이어지고, 따라서 일반적인 경우보다 훨씬 큰 동기를 부여한다는 것이다.

그러므로 항상 전체적이고 완전한 스토리를 말하라. '건전하지 못한' 또는 '바람직하지 못한' 같은 애매한 단어가 아니라 '파산', '해고', '이혼', '폐기종' 같은 구체적이고 생생한 단어를 사용하라. 동화책에나 나올 법한 이야기나 예쁜 단어들, 반쯤 거짓말이 섞인 표현으로 스스로를 속이지 마라.

당신이 옳은 일을 했을 때 발생하는 일을 묘사할 때에도 생생하고 구체적인 표현을 사용해야 한다. 가령 당신은 단순히 건강해지는 것이 아니다. 당신은 거실 바닥에서 손자손녀와 함께 장난을 칠 수 있게 될 것이다. 당신은 넉넉한 노후자금을 마련하는 것이 아니라 크루즈를 타고 지중해 여행을 즐길 수 있을 것이다. 바람직한 행동과 그렇지 못한 행동을 구분할 때 당신은 오직 진실만을, 거짓이 섞이지 않은 완전하고 생생한 진실만을 고려해야 한다.

방안 3: 가치 있는 단어를 사용하라

이 새로운 방안을 알아보기 위해 지구상에서 가장 매혹적인 식당 겸 재활원을 방문해보자. 그곳은 바로 캘리포니아 주 샌프란시스코에 있는 딜런시 스트리트Delancy Street이다. 그곳에서 우리는 세상에서 가장 성공적인 갱생 시설의 창시자이자 천재인 미미 실버트Mimi Silbert를 만날 수 있다. 딜런시 스트리트는 미미와 1500명의 입주자들에 의해 운영되는데, 놀랍게도 이들은 평균 전과 18범을 자랑하는 범죄자들이다. 딜런시 스트리트는 범죄자들과 약물 중독자들을 받아들여 그중 90퍼센트를 건실한 시민으로 탈바꿈한다.

갱생률이 평균 5퍼센트에 그치는 경우가 태반인 이 바닥에서 거의 완벽에 가까운 기록이라니, 당신은 실버트 박사의 마법이 여섯 가지 영향력 요소에 기반하고 있음을 확신할 수 있으리라. '하기 싫은 것을 좋아하라'는 첫 번째 요소의 경우, 미미는 전직 마약 판매상들과 도둑, 갱단 두목, 그리고 창녀들에게 그들이 가장 중요하게 여기는 가치와 행동을 연관시키는 방법을 가르쳤다고 말한다.

"우리는 항상 가치에 대해 이야기합니다. 심지어 코카인 중독자인 새 입주자에게 식탁 차리는 방법을 가르칠 때에도 포크와 나이프에 대해 말하지 않아요. 우리는 자부심을 이야기합니다. 식탁에 앉을 사람들 하나하나에게 존중심을 보여줘야 한다고 말합니다. 단순히 식탁에 포크와 나이프를 놓는 것이 아니라 팀의 일원으로서 당신 몫의 일을 하고 있는 거라고요. 그러니 다른 사람을 실망시키지 맙시다. 믿을 수 있는 사람이 됩시다. 언제나 중요한 건 가치, 가치, 가치입니다. 어떤 경우에도요."

지금 미미는 단순히 가치의 '의미'에 대해 말하는 것이 아니다. 진정으로 중요한 것은 당신의 행동과 희생 뒤에 존재하는 보다 중요한 동기를 마음속에 새기는 것이다. 이를테면 브라질의 자르딤 그라마초에 사는 카타도르들은 그들의 직업을 좋아한다. 그들은 쓰레기를 뒤지는 행위를 구역질 나는 불쾌한 요소가 아니라 그들이 지닌 가치와 연관시키기 때문이다. 그들은 자신이 지구를 살리는 데 일조하고 있다고 믿는다. 하루가 멀다 하고 지구가 오염되고 병들어가는 이 시대에, 그들은 진정한 '환경지킴이'들이다.

개인적인 도전에 임할 때에도 이와 똑같은 기쁨을 맛볼 수 있다. 변화를 일구기 위해 해야 하는 일의 부정적인 부분에 집착하기보다는 그 일의 '가치'에 초점을 맞춰라. 당신이 하는 일을 묘사하는 데 어떤 단어를 사용하느냐에 따라 결정적 순간의 경험에 깊은 영향이 미칠 수 있다. 가령 저칼로리 식단으로 다이어트를 한다면 당신의 선택을 '굶기'라든가 '버티기'라고 묘사하지 마라. 당신은 지금 단순히 열량을 조절하는 것 이상의 행동을 수행 중이고, 건강해지고 있고, 자기 자신에게 한 약속을 지키고 있고, 나중에 손자손녀들과 놀 때 거뜬한 체력을 유지할 수 있도록 지금 이 순간을 희생하고 있는 것이다. 이런 언어적 표현이 대수롭지 않게 느껴질지도 모르지만, 언어는 중요하다. 당신이 하는 일의 긍정적인 또는 부정적인 면에 정신을 집중하게 만들기 때문이다.

가치 있는 단어의 위력에 대한 흥미로운 사례는 스탠퍼드 출신의 심리학자 리 로스Lee Ross의 연구에서 볼 수 있다. 그는 피험자들에게 협력 또는 경쟁을 필요로 하는 게임을 하게 했는데, 피험자는 한 라운드가 끝날 때마다 돈을 나눠 가질 것인지 아니면 자기 혼자 가질 것인지 결정할 수 있었다. 피험자 중 절반은 이것이 '공동체 게임'이라는 정보를 받았고, 나머지 절반은 '월스트리트 게임'이라는 말을 들었다. 두 집단은 실제로 똑같은 게임을 했지만 두 번째 집단은 첫 번째 집단에 비해 서로의 것을 훔치고 거짓말을 하거나 속임수를 쓰는 일이 훨씬 빈번했다. 그들은 '월스트리트'에 대한 이미지를 게임에 반영시킴으로써 악당처럼 행동하는 데 편안함을 느끼고 그래도 된다고 생각했던 것이다. 월스트리트의 이미지가 이렇다는 게 참으로 불행할 따름이다. 반면에 '공동체'라는 단어를 사용한 이들은 보다 적은 돈으로도 만족하는 경향을 보였는데 '공동의 선'을 위해 스스로를 희생했다고 여겼기 때문이었다.[6]

당신은 실버트 박사와 로스에게서 필요한 것을 배워야 한다. 당신의 핵심 행동을 묘사하는 단어들을 신중하게 고르라는 것이다. 당신은 단순히 당신이 좋아하는 것을 포기하는 것이 아니다. 당신은 스스로에게 한 약속을 지키고 있는 것이다. 그저 단순하게 계단을 오르는 것이 아니라 건강한 삶을 선택한 것이다. 간단히 말해 당신은 당신의 가치를 지키기 위해 행동하고 있는 것이며 그러한 사고는 커다란 만족감을 안겨줄 것이다.

방안 4: 재미있는 게임으로 만들어라

잠시 뉴질랜드로 눈길을 돌려보자. 각각 열세 명으로 구성된 두 팀의 남자들이 고작 가죽공 하나를 빼앗기 위해 온몸을 던져 서로 밀치고 당기고 걷어차고 있다. 대체 저 사람들은 뭘 하고 있는 거지? 그들은 럭비 경기를 하고 있다. 그것도 재미로 말이다. 그들은 이런 야만적인 행위를 진심으로 즐긴다. 왜냐하면 그들은 상대방을 몸으로 들이받는 단순한 행위를 승자와 패자, 점수, 유니폼, 그리고 상금이 걸려 있는 진지한 시합으로 여기고 있기 때문이다.

개인적인 도전을 마주한 많은 성공적인 변화자들이 귀찮고 하찮아 보이는 일들을 게임으로 전환시킴으로써 개인적 동기부여를 강화했다. '게임'의 중요한 세 가지 구성 요소는 '제한된 시간' '작은 도전' '점수'다.

가령 토론토 외곽에 살고 있는 피터 K는 박사논문을 일종의 게임으로 받아들임으로써 박사학위를 따낼 수 있었다. 그는 수년 동안 180쪽에 달하는 이 방대한 논문을 미루고 또 미뤄왔다. 지도교수의 협박도, 서류를 내지 못해 계류 중인 승진 제안도, 그리고 사랑하는 사람들의 설득과 애원도 그에게는 아무런 소용도 없었다.

그러던 어느 날 피터는 논문 쓰기를 하나의 게임으로 만들기 시작했다. 가장 먼저 그는 스스로에게 90일이라는 마감 시한을 부여했다. 시간과 다투게 될 때, 과제는 게임이 된다. 두 번째로 피터는 90일을 하루 단위로 쪼개 매일 두 쪽의 논문을 쓴다는 계획을 세웠다.

"하루에 두 쪽이면 물구나무를 서서도 할 수 있어요." 피터는 말했다. 피터는 벅차 보이는 도전을 그가 감당할 수 있는 크기로 알맞게 수정함으로써 계획의 실천 가능성을 증가시킬 수 있었다. 하루에 논문을 두 쪽씩만 쓴다면 그는 쉽게 '승리할' 수 있었다. 거대한 목표를 작게 쪼개는 방식은 피터에게 커다란 동기를 부여해주었고, 하나의 원대한 목표가 아니라 90개의 작은 승리를 안겨주었다.

다음으로 피터는 박사 가운을 빌려 입고 사진을 찍었다. 그는 사진을 90개의 조각으로 잘게 자른 다음, 매일 두 쪽의 논문을 끝마칠 때마다 사진 조각을 하나씩 보태 퍼즐을 완성시켜나갔다. 이 게임을 시작한 지 3주일이 지났을 때, 피터는 수줍게 고백했다. "제 사진이 조금씩 완성되는 걸 보는 게 얼마나 기분이 좋았는지 말하기가 좀 창피하네요. 어쨌든 그걸 풀로 붙이는 게 하루 중에 제일 신나는 일이었지요."

커다란 목표를 작게 쪼개고 마감 시한을 부여하고 점수를 매기는 방안을 개발함으로써, 피터는 지겹고 넌더리가 나는 일을 재미있는 것으로 만들어 동기를 자극했다. 그가 박사학위를 수여받자 그의 고용주는 연봉을 1만 달러나 인상해주었다. 자, 이게 바로 진짜 재미라는 거다.

어렵고 힘든 일을 게임으로 바꾸면 싫어하는 일을 좋아하기가 얼마나 쉬워지는지 설명할 필요도 없을 것이다. 어린 당뇨병 환자들에게서 하기 싫은 것을 좋아하는 법을 배워보자. 당뇨병 진단을 받은 열한 살짜리 소녀가 지독히도 아픈 주사를 하루에 여섯 번이나 맞아야 한다고 치자. 물론 주사 맞는 것을 좋아할 사람은 없다. 그렇지만 다행히도 오늘날의 어린 환자들은 이런 투약 처방을 순순하게 받아들인다. 장기적 건강관리라는 목표를 재미있는 게임으로 바꾼 덕분이다.

하루에도 여러 차례 아이들은 측정기에 핏방울을 떨어뜨리고 '점수'를 얻는다. 아이들은 건강한 혈당 수치인 60~120이 나오면 자신들이 이긴다는 것을 알고 있다. 즉 그들은 지금 게임을 하고 있는 것이다. 몇 시간마다 해야 하는 '시간제한'이 있고, 혈당 수치 60~120 유지라는 '작은 도전'을 성취해야 하고, 검사 결과는 계속해서 '점수'를 얻는 과정이라고 볼 수 있기 때문이다.

이러한 세 가지 요소는 그들의 건강 상태에 대한 장기적 우려를 흥미롭고 동기부여적인 게임으로 돌변시킨다. 물론 우리는 당뇨병에 걸린 어린 환자들이 한 시간 동안 닌텐도를 가지고 노는 것보다 혈당 테스트 게임을 더 좋아한다고 말하는 것이 아니다. 다만 질병 관리라는 이런 지속적인 과정을 작은 목표로 쪼갤 경우, 아이들은 기존과는 다른 경험을 하게 되고[7] 끝이 보이지 않아 애매했던 무언가(건강관리)를 단기적으로 통제할 수 있는 것으로 만들 수 있게 된다. 단기적 목표에 초점을 맞추고 과제를 게임으로 변모시킴으로써 길고 건강한 삶을 영위해 장기적 성공을 거둘 수 있는 것이다.

방안 5: 당신만의 동기부여 선언문을 작성하라

이번에는 로즈마리 C의 경험담을 들어보자. 그녀는 한때 매춘과 마약 거래, 헤로인 중독으로 점철되어 있던 삶을 살았으나 이제는 건강하고 건실한 시민으로 거듭난 뛰어난 변화자다. 로즈마리가 이 모든 것을 해낼 수 있었던 것은 격렬한 충동이 밀려올 때마다 열심히 되뇌었던 그녀의 동기부여 선언문 덕분이었다. 어려움에 처할 때마다 로즈마리는 간단하지만 동시에 매우 강력한 동기부여 선언문을 중얼거리며 마약에서 벗어난 자신의 건강한 모습을 떠올렸고, 유혹을 느낄 때마다 미래의 비전을 되새겼다.

이 모든 것은 로즈마리가 마침내 길거리 생활을 청산하고 늘 꿈꾸던 평범한 사무직에서 일하게 되면서 시작되었다. 어느 날 그녀는 어려운 직무를 예상보다 일찍 완료하고 상사에게 자랑스럽게 보고했다. 그녀가 사무실을 나가려고 등을 돌린 순간, 상사가 잘 정리된 보고서를 들여다보더니 로즈마리를 바라보며 말했다. "믿음직하게 일해줘서 고마워요."

'믿음직하다고?' 그녀는 이제까지 믿음직하다는 말을 들어본 적이 없었다. 그녀 또한 한 번도 자기 자신을 그렇게 생각해본 적이 없었다. 로즈마리는 언제나 창녀나 마약상, 마약 중독자였지 결코 믿음직한 사람이 아니었다.

상사의 그 한마디가 로즈마리의 버팀목이 되어주었다. 그 뒤로 2년 동안 로즈마리는 자신의 꿈과 포부를 포기하고 싶은 결정적 순간이 올 때마다 결정을 내리기 전에 항상 이렇게 속으로 되뇌었다. '난 창녀가 아니야. 난 마약이나 파는 사람이 아니야. 난 마약 중독자가 아니야. 나는 다른 사람이 믿고 기댈 수 있는 믿음직한 사람이야.' 이는 별로 거창한 말도 아니었지만 로즈마리는 그때마다 결심이 굳건해지는 것을 느꼈다. 그것은 그녀의 결정에 대한 태도를 변화시켰다. 충동은 더 이상 절실하게 느껴지지 않았고, 옳은 일을 하는 것이야말로 무엇보다 만족스러운 선택처럼 보였다.

지금 로즈마리는 어떻게 되었을까? 그녀는 막 석사학위를 땄고, 진정 믿음직한 사람이 되었다. 그러므로 길에서 벗어나 휘청거릴 때면 로즈마리를 기억하라. 운동 계획을 유지하고 가계부 예산을 맞추거나 매일 새벽에 일어나 승진에 도움이 될 공부를 할 때, 또는 무엇이든 도전적인 일을 할 때 결정적 순간을 맞닥뜨리게 된다면 동기부여 선언문을 활용해 올바른 선택을 하라.

훌륭한 선언문은 당신의 미래를 보여준다. 당신이 간과할 수도 있는 전체적이고 생생한 이야기를 들려준다. 나아가 훌륭한 동기부여 선언문은 반드시 가치 있는 단어로 구성되어야 한다.[8] 당신의 동기부여 선언문을 쓰는 가장 간단한 방법은 믿고 신뢰하는 친구에게 동기부여 인터뷰를 해달라고 부탁하는 것이다. 동기부여 인터뷰는 단순한 대화로 시작되는 매우 강력하고 단순한 과정이다.

이런 특별한 대화가 얼마나 효과적인지 알아보기 위해 다시 응급실로 돌아가보자. 하지만 이번에 우리가 이야기할 대상은 헬멧과 장기 이식이 아니라 고주망태로 취한 열네 살짜리 소년이다.

당신은 밤새도록 술을 마시다 쓰러진 한 10대 소년을 간호하고 있다. 더욱 나쁜 사실은 이 소년이 혼자 술을 마시고 있었다는 점이다. 그것은 이 아이가 알코올 중독의 전조를 보이고 있음을 의미한다. 하지만 당신은 사회복지사가 아니다. 당신은 그저 간호사일 뿐이다. 소년은 술에서 깨어났고 밖에서는 부모가 아이를 집으로 데려가려고 기다리는 중이다. 당신이 변화하고 싶다는 소년의 동기를 자극하기 위해 사용할 수 있는 시간은 15분~20분이 고작인데, 이렇게 심각한 문제를 해결하기에는 턱없이 부족하다.

최근의 몇몇 연구들은 이와 비슷한 상황에서 응급실 직원들에게 환자들과 동기부여 인터뷰를 갖게 했는데, 이 짧은 대화가 커다란 영향을 미친다는 사실이 밝혀졌다. 또한 이 대화로부터 도움을 얻은 환자들은 인터뷰가 끝나고 오랜 시간이 지난 뒤에도 변화를 일

굴 가능성이 훨씬 높았다.[9]

도우미들은 환자의 부상을 치료한 뒤 앞으로 그들이 어떤 삶을 살고 싶은지 그리고 어떻게 그러한 삶을 성취할 것인지에 대해 15분~20분 간 대화를 나누었고, 결과적으로 환자들은 자신의 불이행의 결과와 원하는 미래에 대한 비전을 넘어 원하는 것을 얻기 위한 구체적인 계획을 세우게 되었다. 지금 여기서 변화하지 않을 경우 어떠한 미래가 그들 앞에 놓여 있을지 상상함으로써 단 몇 분이라도 삶을 개선할 방도를 찾게 되는 것이다.

우리가 지금까지 말한 다섯 가지 방안들을 하나씩 돌아보고 당신에게 무엇이 가장 적절할지 생각해보라. 하나 또는 그 이상의 방안들을 당신의 변화 계획에 짜 넣도록 하라. 첫 번째 영향력 요소와 관련된 방안들은 모두 현재와 미래에 대한 당신의 인식을 다루고 있기에 서로 긴밀하게 연관되어 있다. 따라서 금세 자유자재로 활용할 수 있을 것이다. 그러나 명심하라. 우리는 지금까지 오직 첫 번째 영향력 요소를 검토했을 뿐이다. 변화를 성취하려면 하나의 방안만으로는 부족하다. 그러므로 계속해서 읽어나가라. 여섯 가지 영향요인의 모든 방안들을 배우고 이를 적절히 조합하여 신중하게 사용하라. 장난감 총으로 전쟁에 임할 수는 없는 노릇 아닌가.

요약

하기 싫은 것을 좋아하라

변화에 성공하기 위해 평생 동안 자기 부정을 하며 살아가야 한다는 생각은 억측에 불과하다. 당신은 불이행의 결과에 대해 보다 구체적이고 생생한 묘사를 함으로써 긍정적인 선택과 부정적인 선택에 대한 감정을 단계적으로 변화시킬 수 있다. 다시 말해 하기 싫은 것을 좋아하는 법을 배울 수 있다는 얘기다. 그렇게 하기 위해서는 항상 다음 방안들을 머릿속에 새겨두라.

불이행의 결과를 예측하라

앞으로 당신이 겪게 될 미래의 삶을 뚜렷하게 내다볼 수 있는 방법이 있을까? 지금의 당신과 비슷한 과거를 지닌 사람들의 삶을 살펴보라. 보다 구체적이고 생생한 모습을 볼수록 더욱 큰 효과를 얻을 수 있을 것이다.

완전하고 생생한 스토리를 들려주라

지금 현재 당신의 처지 또는 당신이 향하고 있는 곳을 가장 정확하게 묘사하는 단어는 무엇인가?

가치 있는 단어를 사용하라

당신은 지금 희생을 치르고 있다. 그렇지만 어째서 그런 일을 하고 있는가? 당신은 어떤 원칙에 따라 행동하고 있는가? 어떠한 자질을 개발 중이며 어떠한 기준을 따르고 있는가?

재미있는 게임으로 만들어라

크고 원대한 목표를 성취하기 위해 보다 작은 목표를 설정하거나 시한을 정할 수 있는가? 그러한 노력을 격려해줄 사람이 주변에 있는가?

당신만의 동기부여 선언문을 작성하라

동기부여 선언문을 작성해 결정적 순간에 핵심 행동을 해야할 타당한 원인을 만들어라. 당신의 불이행의 결과를 예측해보라. 전체적이고 생생한 이야기를 하라. 가치 있는 단어를 사용하여 간결하게 묘사함으로써 절실한 순간 당신의 감정을 통제하라.

두 번째 요소
할 수 없는 것을 하라

	동기부여	능력
개인적	1	2
사회적	3	4
구조적	5	6

개인적인 목표를 향해 전진해가던 중 지난날을 돌이켜보았다. 그도 그럴 것이 당신은 이미 스스로를 절제하기가 힘들었다. 이럴 때 미래의 당신 모습에 대해 어떻게 생각할까? 대부분의 사람들과 별반 다를 게 없다면 당신은 비참한 기분에 빠졌을 것이다. 하지만 당신의 실망감은 오래가지 않았다. 만약 당신이 평범한 사람이라면 당신은 그런 기분을 툭툭 털어버리고 금방 원위치로 올 것이기 때문이다. 그리고는 나약한 자신을 한없이 비난할 것이다. 당신이 세운 계획을 완수하기 위한 개인적 동기를 부여하지 못했기 때문이다.

자, 사람들은 왜 동기부여 부족을 자기 탓으로 돌리며 자기 자신을 비난할까? 그게 맞는 것 같기 때문이다. 지난날의 실패를 생각해보라. 유혹에 직면했을 때 당신은 유혹에 지고 말았다. 배우자가 무심히 한 행동에 당신의 뇌는 이미 빈정거리는 말로 가득 찼을 것이다. 그러고는 본의 아니게 신경세포를 타고 당신의 입 밖으로 그 말들이 나오고 말았다. 그때 경거망동을 삼가고 잠시 망설임의 시간을 가졌다면 좋았겠지만, 모든 게 한순간에 벌어졌다. 입만 틀어막았어도 이틀 동안의 냉전은 벌어지지 않았을 텐데 말이다. 이러니 당신의 의지력 부족 이외에 무엇을 탓하겠는가?

사실을 말하자면 범인으로 지목할 것은 많다. 그때 당신에게는 최소한 다섯 가지의 힘이 작용하고 있었기 때문이다. 실제로 의지력 부족이 문제의 주요 원인인 경우는 거의 없다. 개인적 동기부여란 당신의 변화 보급 창고에서 '크고 멍청한 것'이다. 그것은 문제를 훨씬 쉽고 현명하게 해결할 수 있는 간단한 해결책이 존재할 때조차도 넓은 자리를 차지하고 앉아 다른 모든 가능성을 가로막는다. 이번에 당신은 의지력이라는 단순한 대답을 벗어나 당신의 노하우를 향상시키는 보다 영리한 전술을 배우게 될 것이다. 당신의 약점을 극복하는 기술을 배워보자.

지식과 기술의 중요성

옳다고 여기는 일을 실행하는 데 실패하는 이유는 대개 필요한 지식을 갖추지 못했거나 기술이 부족하기 때문이다. 변화 프로그램에 있어 지식과 기술은 의지력만큼이나 중요하다.

예를 들어 날마다 탄산음료를 한 캔씩 마신다면 1년에 약 7킬로그램의 체중이 불게 된다. 이러한 지식은 비밀도 아니고 특별히 계산하기 어려운 것도 아니다. 그러나 연구조사에 따르면 비만 어린이와 그 부모들은 유난히 이러한 정보에 무지하다.[1] 그들에게는 지식의 격차가 있는 것이다.

신용카드 미납액이 있으면 부채는 4년마다 두 배로 증가한다. 마찬가지로 이는 어떤 이들에게는 매우 잘 알려진 사실이지만 막상 개인파산 신청을 해야 하는 사람들은 이 같은 정보를 잘 알지 못한다.[2] 천식에 걸린 아이를 응급실로 데려오는 흡연자들은 자신의 자녀들이 간접흡연을 하고 있으며 그것이 천식발작을 일으킬 수도 있다는 사실을 이해하지 못한다.[3] 우리의 연구조사에 따르면 상사가 자신의 직무 수행 능력에 만족하지 못하고 있다는 사실을 알고 있는 직원 가운데 70퍼센트가 자신이 무엇을 잘못하고 있는지 또는 어떻게 변화를 꾀해야 하는지 알지 못하고 있다.[4]

여기서 알 수 있는 사실은 명백하다. 우리가 지닌 많은 개인적 문제들이 실제로는 필요한 일을 실행하지 못하는 우리의 '무능력'에 기반을 두고 있지만, 정작 우리 자신은 그렇게 생각하지 않는다는 것이다. 왜냐하면 우리는 나 자신의 기술 또는 지식이 얼마나 부족한지 간과하고 있기 때문이다. 따라서 이런 경우에는 단순히 개인적 능력을 향상시키는 것만으로도 엄청난 변화를 야기할 수 있다. 상황 판단 능력 또는 행동과 관련된 기술을 향상시킴으로써

'할 수 없는 일을 하는 법'을 배운다면 쉽고 빠르게 변화를 성취할 수 있다.

가령 우리의 변화자 A.J. W를 생각해 보자. 그녀는 원래 담배를 끊고 싶었는데, '건강의 회복과 유지'라는 목표를 달성하기 위해서는 다이어트에도 손을 대야 했다. 변화 계획을 세우기 위해 결정적 순간을 짚어보던 그녀는 자신의 미묘한 감정 상태를 정확하게 판단하는 것이 관건임을 깨달았다. A.J.는 성인이 된 뒤 불쾌한 감정에는 무조건 '배고픔'이라는 이름을 붙이고 과자를 우걱거리거나 담뱃불을 붙였던 것이다.

그녀는 다양한 단어를 사용해 감정을 묘사함으로써 미묘한 감정의 종류와 강도를 구분하고 각각에 반응하는 방법들을 고안해냈다. 그 결과 A.J.는 배고픔과 지루함, 슬픔과 불안감을 구분할 수 있게 되었다. 그런 다음 그녀는 그런 기분을 느낄 때마다 냉장고로 가는 대신 감정적으로 보다 충실한 대응을 하기로 마음먹었다.

이를테면 그녀는 심심할 때 간식거리를 찾기보다 사람들과 대화를 나누거나 책을 읽었다. 불안하고 걱정이 될 때면 음식에서 위안을 찾기보다 그러한 감정 상태에 적절한 행동을 취했다. 이렇게 감정에 보다 다양하고 숙련된 방식으로 반응함으로써 그녀는 예전보다 훨씬 쉽게 밤참과 담배를 끊을 수 있었다. 올바른 기술을 배우고 익힌 덕분에 더 이상 의지력에 의존할 필요가 없어진 것이다.

그럼 기술 습득을 위한 구체적인 방법을 살펴보자.

방안 1: 어떤 기술을 가졌는지 점검하라

당신 안의 악마와 맞서 싸울 때 당신에게 부족한 지식이나 기술은 무엇인가? 이 질문에 답하기는 아마 생각보다 어려울 것이다. 여기서 변화자 마이클 V를 소개한다. 그는 범죄와 악으로 점철된 삶을 살아가는 데 필요한 숙련된 기술을 상당히 많이 가지고 있었다. 약물 중독자로서 비범한 재능을 지닌 그는 생전 처음 와본 곳이라 해도 단 몇 분이면 금세 마약을 구할 수 있었다. 시간이 지나면서 그는 솜씨 좋은 도둑이 되었고, 세계적 수준의 부랑자가 되었다. 쓰레기통 뒤지기에도 전문가였다. 비록 이력서를 쓸 때에는 아무 쓸모도 없었지만 이 모든 재능들은 마이클이 세상을 살아가는 데 커다란 도움이 되어주었다.

그러나 불행히도 마약 중독 범죄자에서 평범한 시민으로 변신을 꾀하던 마이클은 그에게 다른 능력들이 크게 부족함을 깨달았다. 그것은 바로 법을 준수하고 건실한 삶을 살아가는 능력이었다. 그는 자제력과 감정조절 분야에 있어서는 백지나 다름없었다. 따라서 감정적 폭발은 곧 음주로 이어졌다. 또한 유혹의 손길에도 지나치게 나약했다.

한때 쇼핑광이었던 우리의 변화자 사라 D는 또 어떨까? 그녀는 신용카드를 만들어 남편 몰래 흥청망청 써댄 다음 그럴듯한 변명을 지어내는 데 천부적인 재능을 지니고 있었다. 하지만 쇼핑을 좋아하는 그녀의 친구들에게 "안 돼"라고 말하는 것은, 글쎄, 그건 사라에게 최첨단 우주선을 발사하는 것만큼이나 어려운 일이었다.

사라가 적절하고 깔끔하게 지출 계획을 짤 줄 알거나 소비하는 방법을 배우기 전까지 그녀는 자신의 행동을 그럴듯하게 꾸며대는 능력을 가지고 있었다. 그것은 현명하게 소비하는 능력을 능가하는 것이었다. 친구들의 기분을 상하지 않게 하면서 동시에 쇼핑까지 거절하는 대본을 미리 쓰고 그것을 실천하는 법을 배우기 전까지 사라는 '백화점에 가자'는 친구의 말을 절대 거절할 수 없었다.

사라는 쇼핑 욕구를 통제하기 위해 자기주장을 강화하는 연습이나 훈련이 필요할 것이라고는 꿈에도 생각하지 못했다. 하지만 현실은 늘 생각과 다른 법, 그녀는 결정적 순간을 확인했다. 그중 하나는 가장 친한 친구에게 "안 돼"라고 말하는 것이었다. 그녀는 개인적으로 좋아하는 사람의 '제발, 제발 같이 가자'는 끝없는 공습을 꿋꿋이 방어하는 능력을 키우지 않는다면 언제까지고 자신이 빚더미에 짓눌려 있을 것임을 깨달았다. 사라는 쇼핑에 있어서는 박사 학위 감이었지만 또래 집단의 압력에 대항하는 능력은 초등학생 수준이었던 것이다. 변화 계획을 실현하려면 이처럼 한쪽으로 치우친 기술들을 동등하게 발전시켜야 할 필요가 있었다.

당신도 마찬가지다. 변화 프로젝트에 앞서 자신이 어떠한 기술을 가지고 있는지 검토하라. 무엇을 알고 있고 또 모르는지, 무엇을 할 수 있고 무엇을 할 수 없는지 알아보라. 처음 시작할 때에는 기대보다 훨씬 어렵기 때문에 당신보다 앞서 변화의 여정을 떠난 이들에게 도움을 요청하는 것이 좋다. 체인지애니씽 홈페이지를 방

문하여 당신과 같은 문제를 해결하는 데 성공한 사람들의 이야기를
들어보라. 그들이 어떤 기술을 배워야 했고, 변화를 일구기 위해서
는 당신에게 무엇이 필요한지 살펴보라. 그와 더불어 새로운 방안
과 관련 기사, 책, 세미나 등 당신이 할 수 없었던 일들을 도와줄
다양한 서비스를 발견할 수 있을 것이다.

방안 2: 의도적인 훈련을 도입하라

할 수 없는 일을 하는 법을 배울 때, 심신을 약화시키는 공포증을
가진 사람들만큼 새로운 행동을 배우는 데 어려움을 겪는 이들도
없을 것이다. 예를 들어 뱀공포증이 있는 사람들을 생각해보라. 뱀
을 상상하기만 해도 온몸이 얼어붙을 것이고, '스르륵'이라는 단어
를 보기만 해도 온몸에 소름이 돋을 것이다.

그렇다면 이런 공포증을 다스리기 위해 뱀 다루는 법을 가르치는
학원에 등록해야 할까? 의자에 앉아 목과 어깨에 거대한 보아뱀을
얹는 졸업시험을 치르면 다 해결될까?

사실 이것은 1960년대 중반 저명한 심리학자인 앨버트 반두라가
직면했던 도전이기도 하다. 프로이트파 학자들이 뱀공포증을 가진
사람들을 소파에 눕혀 놓고 까마득한 어린 시절의 이야기를 털어놓
게 하면 그들이 뱀을 두려워하는 이유를 파악할 수 있다고 믿던 시
절 말이다.

실제로 반두라는 대화치료에 의존하는 동료들에게 진저리가 나

있었다. "오, 그러니까 어머니께서 뱀을 싫어하셨군요?" 반두라는 그보다도 더 간단한 지름길이 있을 것이라 여겼다. 그래서 그는 환자들로부터 원초적인 기억을 들춰내기보다 뱀을 다루는 실용적인 방법을 훈련시켰다. 간단히 말해 그는 환자들에게 그들이 할 수 없는 일을 하게 만들었던 것이다.

반두라는 수십 년 동안 아무 효과도 없는 대화치료를 받아온 환자들을 실험실로 데려갔다. 그는 피험자들이 뱀을 눈으로 보고, 가까이 접근하고, 마침내 유리 수족관에서 들어 올려 아무런 보호 장비도 없이 목과 어깨에 얹도록 단계별로 조금씩 강도를 높여가며 훈련시켰다. 그들이 통과해야 할 최종단계는 아무도 없는 방 안에 홀로 앉아 어깨와 목 위에 뱀을 두르는 것이었다. 반두라는 환자들을 보다 효율적으로 변화시키기 위해 뱀에게 친숙해진다는 커다란 목표를 보다 쉽고 간단한 과제들로 잘게 쪼갰다.

이들은 뱀을 너무 무서워한 나머지 심리치료를 받으러 자진해서 스탠퍼드 대학 심리학과 건물 지하실에 걸어 들어온 사람들이었다. 이들에게는 다음과 같은 과제가 주어졌다. 뱀 수족관이 들어 있는 방의 손잡이 만지기, 가이드와 팔짱 끼고 뱀이 있는 방에 들어가기, 그런 다음 천천히 걸어 나오기, 보호 장비를 입고 뱀이 들어 있는 유리 수족관에 접근하기 등.

실험 참가자들은 짧은 간격을 두고 각각의 단계들을 통과했고 그때마다 코치로부터 피드백을 받았다. 이처럼 짧은 시간 안에 기술을 익힘으로써 피험자들은 100퍼센트 전원 어깨에 뱀을 감는 단계를 통과하고 졸업장을 받을 수 있었다. '의도적인 훈련'이라고 불리는 이 과정에서 정말로 놀라운 부분은 바로 여기다. 이 모든 과정을 거치는 데 걸린 시간은 겨우 두 시간이었다![5]

그럼, 이번에는 당신이 선택해보라. 첫 번째, 당신은 당신의 개인적 도전을 두고 친구, 동료, 사랑하는 사람과 끝없이 토론을 할 수 있다. 두 번째, 당신은 '의도적인 훈련'[6]이라고 알려진 괜찮은 신기술 개발 도구를 사용할 수 있다. 어떤 도전이든 이 훈련은 기술을 연마하는 가장 빠른 길일 것이다. 적어도 패트리샤 S에게는 분명 그랬다.

늘 활달하고 에너지가 넘치는 응급실 간호사이자 간호 교육자이기도 한 미네소타 출신의 패트리샤는 매우 흔한 문제에 직면해 있었다. 결혼생활이 삐거덕거리고 있었던 것이다. 자신이 지닌 기술들을 뒤돌아본 패트리샤는 그녀가 민감한 대화를 나눌 때면 남편인 조나단에게 마치 기관총을 휘두르는 양 사납고 급하게 군다는 사실을 깨달았다. 반면 조나단은 늘 어울리는 표현을 찾지 못해 고심하고, 대화의 결론에 다다르기 위해서는 충분한 시간을 필요로 하는 성격이었다. 조나단이 마침내 하고 싶은 말을 찾아냈을 즈음이면 패트리샤는 이미 그보다 세 배나 많은 말을 쏟아낸 뒤였다.

패트리샤는 결혼생활 개선을 위해서는 그녀가 아니라 남편의 속도에 맞춰 대화하는 기술을 익혀야 한다는 사실을 깨달았다. 그녀는 인내심을 배워야 했다. 또 그녀는 어린 시절 집에서 연마했던 기술들, 즉 무작정 결론을 내리고 상대방을 공격하는 기술을 사용하기보다 남편의 말을 귀 기울여 듣고 질문을 던져야 했다.

패트리샤와 조나단은 함께 훈련에 착수했다. 먼저 패트리샤는 직장에서 동료들의 말에 귀를 기울이는 연습부터 시작하기로 했다. 그것은 패트리샤가 지닌 또 다른 문제점이기도 했다. 패트리샤와 조나단은 그녀가 연마해야 하는 경청 기술을 몇 개의 작은 요소로 쪼갠 다음 직장에서 동료들과 대화를 나눌만한 몇 가지 주제를 골라냈다. 그런 다음 패트리샤는 대화를 연습했고, 조나단은 그녀에게 상세한 충고와 피드백을 해주었다. 이때 그들의 대화시간은 10~15분 정도로, 그 이상은 절대 초과하지 않았다.

예를 들어 패트리샤는 심호흡을 하면서 상대방의 말을 듣고 깊게 고려해보는 버릇을 들였다. 그녀는 질문을 던지는 법을 연습했고, 조나단은 그녀가 너무 거칠게 반응하거나 신랄한 대답을 할라치면 재빨리 신중하게 지적해주었다. 그러면 조나단의 세세한 피드백을 받은 패트리샤는 다시 훈련에 돌입했다.

패트리샤는 책보다 의도적인 훈련이 의사소통 기술을 개선하는 데 도움이 되었다고 말한다. 그녀는 직장에서 경청하는 능력을 향상시켰을 뿐만 아니라 이러한 기술을 남편과의 대화에도 적용할 수 있었다. 사실 그것이야말로 애초에 그녀가 이 기술을 배우고자 했던 원인이었으니 말이다.

'할 수 없는 일을 하는 방법'을 배우는 데 있어 의도적인 훈련을 최대한 활용할 수 있는 방법은 다음과 같다.

연습하고, 연습하고, 또 연습하는 것이다. 결정적 순간에 대비해 철저히 연습하라. 대부분의 사람들은 자신이 무엇을 해야 할지 생각하고, 이야기하고, 그리고 더욱 깊이 생각한다. 그러나 놀랍게도 실제로 코치나 친구들의 도움을 받아 그것을 실천하고 연습하는 사람들은 드물다. 그게 바로 사람들이 저지르는 가장 큰 실수다. 자고로 연습이야말로 성공의 열쇠다. 당신도 예외는 아니다. 연습을 할 때에는 미국풋볼리그의 전설적인 감독인 빈스 롬바르디의 말을 명심하라. '연습이 완벽을 만드는 것은 아니다. 완벽한 연습이 완벽을 만든다.'

어떻게 하면 그런 '완벽한 연습'을 할 수 있을까? 결정적 순간이 그 길을 가르쳐 줄 것이다. 패트리샤는 조나단과 문제를 상의하는 때야말로 그녀의 결혼생활을 더욱 돈독히 하거나 또는 망가뜨리는 순간임을 깨달았다. 다시 말해 그녀는 그런 순간을 위한 기술을 연마해야 했다. 당신의 결정적 순간들을 자세히 뜯어보고 자문하라. 그렇게 위험부담이 높은 상황을 극복하려면 어떻게 해야 할까?

배워야 할 기술을 작게 쪼개고, 각각의 기술들을 짧은 간격을 두고 순차적으로 훈련해야 한다. 패트리샤는 대화를 길게 하는 실수를 피하고 대화가 끝날 때마다 소소한 피드백을 요청했다. 그녀가 대화 중에 저지른 실수는 이미 그녀의 특성이라 할 수 있었기 때문이다. 훈련을 보다 단순히 만들기 위해 패트리샤는 각각의 기술들을 분석하고 보다 작은 목표로 쪼갠 다음 그것들을 개별적으로 연습했다. 패트리샤가 가장 먼저 배운 것은 감정을 조절하는 법이었다. 심지어 상대방이 자신을 비난하고 있다는 느낌이 들 때에도 최대한 감정을 자제해야 했는데, 그녀가 사용한 방법은 타인에 대한 판단을 재고하고 호흡을 가다듬는 것이었다. 그런 다음 패트리샤는 다른 사람의 입장에서 생각하는 기술을 익히고, 다음 단계에서는 무난하고 전략적인 언어를 이용해 자신의 관점을 상대방과 공유하는 법을 배우는 데 주력했다. 즉 그녀는 해야 할 일을 보다 작은 과제로 쪼갬으로써 보다 쉽고 간단하게 만들었던 것이다.

그리고 분명한 기준에 따른 즉각적인 피드백을 받고, 진척 상황을 검토해야 한다. 의도적인 훈련을 거친 패트리샤는 자신이 '제 눈 안의 들보를 보지 못하고 있음'을 깨달았다. 그녀가 생각하는 자기 자신에 대한 이미지는 실제로 겉에서 보는 것과는 전혀 달랐고, 따라서 주변 사람들이 자신을 어떻게 생각하는지 전혀 알지 못했던 것이다. 그런 그녀에게 조나단은 제3자의 입장에서 피드백을 제공해주었다. 조나단이 지적하기 전까지 패트리샤는 자기가 하고 싶은 말을 강조할 때면 상대방을 비난하듯 손가락질을 한다는 사실마저 모르고 있었다.

또 하나, 실패에 대비해야 한다. 조나단은 패트리샤가 결정적 순간의 대화를 미리 준비함으로써 힘들거나 예기치 못한 상황이 닥쳤을 때 신속하게 대응할 수 있도록 도와주었다. 또 그녀는 의도대로 진행되지 않은 대화들을 곱씹어보고 더 나은 대화 기술을 발전시킬 기회로 활용했다.

마지막으로 의도적인 훈련은 상당히 복잡한 개념이므로 한 가지 사례를 더 들어 설명해보겠다. 이번에는 미카 N이 프로젝트 보고서를 작성하는 능력을 향상시키기 위해 어떤 의도적인 훈련을 거쳤는지 살펴보자. 그는 매주 여러 개의 보고서를 작성하는데 그때마다 시간을 너무 많이 잡아먹을 뿐만 아니라 내용도 지루하기 짝이 없었다. 그렇지만 미카는 이 일을 소홀히 할 경우 직장에서 발전을 이루지 못하고 현재의 직책에 발목이 잡힐지도 모른다는 사실을 알고 있었다. 그래서 그는 새로운 목표를 세웠다. 최고 수준의 보고서를 한 시간 내에 작성하는 것이었다.

미카는 '배워야 할 기술을 작게 쪼개고, 각각의 기술들을 짧은 간격을 두고 순차적으로 훈련한다'는 계획을 세웠다. 예를 들어 그가 통과해야 할 단계들은 각각 프로젝트의 목적, 진척 상황, 진행 일정이나 예산안에 차질을 일으킬 만한 위험요소, 그리고 상사의 반대를 무릅쓰고라도 고수해야 하는 결정 등이었다. 먼저 미카는 '프로젝트의 목적'을 시작으로 그 항목에 필수적으로 포함되어야 할 사항들을 작성하고 편집했다.

다음으로 그는 '분명한 기준에 따른 즉각적인 피드백을 받고 일의 진척 상황을 검토'할 방안을 고안해 '프로젝트의 목적'에 응용하고 몇몇 다른 프로젝트 보고서에도 적용해보았다. 미카는 스톱워치를 활용해 하나의 항목을 얼마나 빨리 완성할 수 있는지 시간을 쟀으며, 완성된 내용을 그가 기준으로 삼은 모델과 비교했다. 몇 시간 동안 이런 의도적인 훈련을 거친 결과 미카는 5분 내에 명료하고 간결한 '목적' 항목을 작성할 수 있었다. 이제 보고서의 다른 항목을 대상으로 같은 훈련을 반복할 차례였다.

미카는 실패에 대비하는 것도 잊지 않았다. 몇몇 보고서는 독특한 내용을 담고 있었고, 따라서 다른 평범한 프로젝트 보고서에 비해 많은 시간을 요했다. 하지만 미카는 이런 특화된 보고서에도 의도적인 훈련이 큰 도움이 된다는 사실을 발견했다.

당신도 똑같은 성공을 경험할 수 있다. 연구조사는 의도적인 훈련법을 사용하면 그보다 덜 조직적인 방식을 사용할 때보다 두 세 배 이상 더 신속하게 필요한 기술을 익힐 수 있음을 보여준다.[7]

방안 3 : 의지력 강화 기술을 배워라

당신이 직면한 수많은 문제들이 어렵게 느껴지는 까닭은 그것이 당신의 의지력을 시험하고 있기 때문이다. 이 사실을 모르는 사람은 없다. 그러나 인간의 의지력이 선천적으로 타고나는 것이 아니라 갈고 닦을 수 있는 기술의 일종이라는 사실을 아는 사람은 거의 없다. 의지력은 다른 모든 능력과 마찬가지로 배우고 익힐 수 있는 것이며, 그것을 익히는 가장 좋은 방법은 바로 의도적인 훈련이다.

우리의 변화자인 마사 A의 경우를 보자. 마사는 살을 빼기 위해 고열량의 음식을 끊으려고 노력 중이다. 그녀는 섭취해야 할 음식과 피해야 할 음식 목록을 포함해 신중한 다이어트 계획을 세웠고, 또 유혹에 넘어가기 쉬운 결정적 순간에 대해서도 파악해두었다. 마사의 목표는 이런 결정적 순간에 의지력을 강화하는 것이었다.

이를테면 마사는 커피숍에 갈 때마다 위험을 감수해야 했다. 설탕이나 생크림이 듬뿍 들어간 음료수를 주문하지 않고서는 견딜 수가 없었던 것이다. 5칼로리 커피인 더블에스프레소나 블랙커피를 주문하려고 들어갔다가도 정신을 차리고 보면 손에는 500칼로리나 되는 초콜릿모카 큰 컵이 들려 있었다. 결국 그녀의 원칙은 '커피숍에 들어가지 말자'가 되었다.

그러나 원칙대로 살 수만은 없었다. 마사는 커피를 좋아했고 친구들과 함께 직장 근처의 커피숍에 자주 들르곤 했기 때문이다. 그녀는 가게에 들어가 더블에스프레소를 주문할 수 있는 의지력을 키우고 싶었다. 당당하게 "크림도 설탕도 넣지 말고요"라고 주문하고는 친구들과 수다를 떨고 싶었다. 하지만 마사는 자신에게 그런 힘이 부족하다는 사실을 잘 알고 있었다.

그렇다면 마사는 친구들과 커피숍에 들를 때마다 견딜 수 없는 유혹을 마주하는 위험을 감수해야 하는 걸까? 아니면 아예 유혹을 느끼지 않도록 친구들과 보내는 시간을 포기해야 할까?

친구들과 함께 커피숍에 가서 마시지도 않을 달달한 음료를 말똥말똥 쳐다보고 있을 양이라면 차라리 가게 밖에서 기다리는 편이 낫다. 의지력을 다질 특별한 계획이 없는 한 스스로를 고문하는 것밖에 되지 않기 때문이다.

그래서 마사는 계획을 세웠다. 가장 먼저 한 일은 결정적 순간을 위험한 수준별로 정리하는 것이었다.

• 오전 휴식 시간: 커피는 마시고 싶지만 달콤한 건 별로다. 위험도가 낮다. 대개는 열량이 높은 음료를 마시지 않고 잘 피해갈

수 있다.

- **점심식사를 끝마치고 직장 동료들과 함께 커피숍에 들를 때**: 위험도는 보통이다. 자주 고칼로리 음료를 주문한다.
- **토요일 오전**: 보통 아침을 거른 채 친구들과 커피숍에서 만난다. 위험도가 높다. 500칼로리 이상의 음료에 저항하기 힘들다.
- **일요일 오후에 남편과 함께 커피숍에 들러 데이트를 할 때**: 남편은 생크림이 듬뿍 들어간 음료를 주문하고 내게도 똑같은 것을 사준다. 위험도가 대단히 높다. 남편이 사주는 걸 거절할 용기가 없다.

다음으로 마사는 영향력 요소를 활용하여 결정적 순간에 대비할 준비를 했다. 그녀는 남편과 직장 동료들에게 저열량 음료를 주문할 수 있게 도와달라고 부탁했다. 그런 코치들이 옆에 있다는 것만으로도 그녀는 유혹을 견뎌낼 수 있었다.

또한 마사는 일부러 위험한 상황에 몸을 던지는 의도적인 훈련을 했다. 그녀의 목표는 욕구를 느낄 때에도 그것에 굴복하지 않는 것이었다. 마사는 의지력 강화 기술을 향상시킬 수 있는 도구들을 사용했다. 예를 들어 유혹에 넘어가지 않도록 주의를 분산시키기 위해 다양한 방법을 시도했다. 그녀는 평소 맛있어 보이는 음료를 쳐다보면 속으로 입맛을 다시곤 했지만, 이제부터는 될 수 있으면 시선을 다른 곳으로 돌렸다. 한 발짝 뒤로 물러나 벽에 붙어 있는 포스터를 읽거나 친구들과 이야기를 나누기도 했다. 대기 줄에서 기다리는 동안 스마트폰을 꺼내 이메일을 확인했고, 머릿속으로 그녀의 동기부여 선언문을 떠올리며 단어 하나하나에 감정을 담아 조용히 중얼거렸다.

마사는 주변의 다른 것들로 관심을 돌리면 고열량 음료에 대한 욕구를 현저하게 감소시킬 수 있음을 깨달았다. 또 아무리 강한 충동이라도 15분~20분이면 사라지고 만다는 것도 배웠다.[8] 한마디로 하루 종일 딴생각을 할 필요는 없었던 것이다. 주의 분산 기술은 시간을 지연시키는 데 집중되었고, 시간이 지나면 욕구는 자연히 해소되었다.

다음 단계로 넘어간 마사는 주의 분산기술과 만족 지연 전략을 보다 힘든 상황에 적용시켜보기로 했다. 처음에는 빈속으로, 그 다음에는 그녀에게 마음껏 초콜릿에 대한 환상을 충족시키라고 부추기는 사람과 함께 커피숍에 갔던 것이다. 물론 그럴 때면 유혹에 넘어갈 확률이 극대로 증가하기 때문에 이런 훈련은 오직 코치가 동행할 때에만 가능했다. 이 훈련의 목적은 스스로 '상대적으로' 유혹에 넘어가기 쉬운 상황에 처함으로써 그러한 조건을 극복할 수 있는 기술을 익히는 것이었다.

다만 여기까지 왔을 때에는 늘 신경을 곤두세워야 한다는 점을 잊지 마라. 언제든 유혹을 참지 못하고 넘어가는 상황이 발생할 수 있기 때문이다. 많은 전문가들이 알코올 의존자들은 유혹을 마주했을 때 충분한 의지력을 발휘할 수 없다고 주장하며, 많은 중독자들이 다시는 술집에 발을 들여놓지 않겠다고 맹세한다. 혹자는 아예 집 안에 술을 들여놓지 않기도 한다. 마사는 배가 고플 때, 혹은 구매를 부추기는 친구와 함께 커피숍에 들어가는 것 자체가 자신의 한계를 시험하는 길이라고 여겼다. 그녀는 유혹에 넘어갈 확률과 새로운 유혹을 물리침으로써 얻을 수 있는 혜택을 비교하고 선택했던 것이다. 당신 역시 똑같은 방안을 택해야 한다.

여기서 다행스럽게도 한 가지 점에 있어서만큼은 모든 전문가들이 같은 의견을 가지고 있다. 위험한 상황에서도 안전하고 의도적인 훈련을 성공시킬 수 있는 비결은 바로 가까운 곳에 코치를 두는 것이다.[9] 시간을 지연하고 관심을 분산시킴으로써 의지력을 강화하는 기술을 배우듯, 믿을 수 있는 친구는 유혹의 위험한 손짓 속에서도 당신을 구해줄 수 있다.

요약

할 수 없는 것을 하라

변화 계획을 세울 때 대부분의 사람들은 기술을 향상시키는데 매진하기보다는 의지력에 의존하는 경향이 있다. 어쩌면당신도 충동에 저항하는 가장 좋은 방법이 무조건 참는 것이라고 여기고 있을지 모른다. 대체 무슨 기술이 유혹에서 벗어나게 도와줄 수 있단 말인가?

그러나 성공적인 변화자들을 신중하게 관찰한다면 그들이

결정적 순간을 구분하고 핵심 행동을 결정하고 자신이 가진 기술들을 점검하고 어디서 새로운 기술을 배울 수 있을지 발견하고 그것을 행동에 옮겼음을 알게 될 것이다.

어떤 기술을 가졌는지 점검하라

체인지애니씽 홈페이지를 방문하여 당신과 비슷한 문제를 가진 사람들이 어떤 기술을 배웠는지 살펴보라. 어떤 것들은 상당히 뜻밖일 수도 있다. 당황하지 말고 계속 살펴보라. 변화를 이룩하기 위해 단순히 잘못된 행동을 그만두고 올바른 행동만 하면 된다고 생각하지 마라. 그렇다면 당신은 이제껏 헛고생을 한 것이다. 잘못된 행동을 중단하려면 무엇을 해야 하는가? 올바른 행동을 하려면 어떻게 해야 할까?

의도적인 훈련을 도입하라

당신은 어떤 행동을 해야 할까? 정확하게 어떻게 행동하고 무엇을 말해야 하는지 당신은 아는가? 당신이 배워야 할 기술은 복잡한가? 만약 그렇다면 그 기술들은 무엇으로 구성되어 있는가? 자신의 행동을 어떤 기준으로 판단할 것인가? 피드백을 줄 사람이 있는가?

의지력 강화 기술을 배워라

당신은 어떤 상황에서 가장 심한 유혹을 느끼는가? 그런 상황을 피하려면 어떻게 해야 할까? 그런 상황에서도 도망가고 싶지 않다면 유혹을 어떻게 견뎌낼 것인가? 주의를 분산시키는 방법에는 어떠한 것들이 있을까? 가장 힘든 시기에 당신을 도와줄 수 있는 사람은 누구인가?

방해자를 친구로 만들어라

동기부여	능력
1	2
3	4
5	6

(표 왼쪽 세로 구분: 개인적, 사회적, 구조적)

굳이 사회과학자가 아니더라도 우리가 주변 사람들로부터 어떠한 형태로든 영향을 받는다는 사실은 누구나 알 수 있다. 인간은 사회적 영향력에서 벗어날 수 없다는 수많은 연구결과를 이해하기 위해 별도로 사회심리학을 공부할 필요도 없다. 이를테면 1950년대 초반 솔로몬 애쉬Solomon Asch가 행한 실험이 그렇다. 그는 실험에 공모자들을 투입하여 피험자들의 잘못된 대답을 이끌어냈다. 같은 집단에 속한 여섯 명의 '동료'들이 모두 똑같이 틀린 대답을 하자 피험자들 역시 그것이 틀렸다는 것을 알면서도 동조했던 것이다. 실험대상들은 다른 이들의 시선을 끌게 되자 세 명 가운데 두 명꼴로

'정상'의 범주에서 벗어나느니 확연히 잘못된 대답을 선택했다.[1]

사회적 압박을 행사할 수 있는 사람은 또래 집단뿐만이 아니라 지휘권을 가진 개인들도 있다. 그들이 순진한 피험자들에게 시킬 수 있는 일은 그 끝이 없다. 도저히 잊기 어려운 스탠리 밀그램 Stanley Milgram의 실험을 들여다 보자.

흰색 실험복을 입은 연구진의 지시를 받은 평범한 시민들은 단순히 질문에 틀린 대답을 했다는 이유만으로 타인에게 치명적인 수준의 전기 충격을 가했다. 사회적 영향력이 최대로 가해졌을 때에는 피험자의 90퍼센트가 인간을 죽음에 이르게 할 수도 있는 극심한 전기 충격을 주었다.[2]

절대 당신 혼자만의 문제가 아니다

밀그램의 실험만큼 유명하지는 않지만 시드니 대학에서는 최면의 효과를 측정하기 위해 피험자들을 깊은 최면 상태에 들게 하고 치명적인 독사를 맨손으로 집게 하는 실험을 수행한 적이 있다. 또한 그들은 피험자들에게 산성용액이 들어 있는 통 안에 손을 집어넣으라고 주문했고, 믿기 힘들겠지만 마지막에는 연구진 중 한 명의 얼굴에 산성용액을 들이 부으라고 명령했다. 물론 이 실험은 모두 가짜로 꾸며진 것이었다. 실제로 '독사'는 투명한 유리판 뒤에 있었고, '산성용액'은 후에 몰래 물감을 푼 물과 바꿔치기 되어 있었다. 그러나 겉으로는 모두 진짜처럼 보였으며, 놀랍게도 모든 피험자들은 한 사람도 빠짐없이 연구진의 지시에 따랐다. 최면술의 효과를 입증하는 대단히 인상적인 결과였다. 적어도 연구진은 그렇게 생각했다.

실험 결과를 과학적으로 엄격히 입증하기 위해서는 통제집단의 재검토가 필요하다. 연구진은 비슷한 조건의 피험자들로 구성된 통제집단에게 최면을 걸지 않고 똑같은 실험내용을 적용했다. 최면에 걸린 실험집단이 그렇게 행동한 원인이 최면에 있다는 사실을 증명하기 위해서였다. 그러나 통제집단의 행동을 지켜본 학자들은 할 말을 잃고 말았다. 통제집단 역시 최면에 걸린 실험집단과 '완벽하게 일치하는 행태'를 보였기 때문이다. 최면에 걸리지 않은 피험자들은 모두 한 사람도 빠짐없이 뱀을 집어 들려고 했고, 자신의 손을 '산성용액' 속에 집어넣었으며, 지시받은 대로 '산성용액'을 연구진의 얼굴에 끼얹었다.[3]

체인지애니씽 연구소는 아직도 사회적 압박의 강력한 영향력이 유효한지 확인하기 위해 독자적으로 실험을 수행하기로 결정했다. 뱀 실험은 50년 이상이 흘렀기 때문이다. 아무튼 우리는 최소한 얼굴도 모르는 사람을 고문하거나 스스로의 목숨을 위협하는 행동을 시키기보다는 조금 더 품위 있는 형태로 사회적 영향력을 규명하고 싶었다. 그래서 우리가 선택한 방법은 아이들에게 손을 씻게 하는 것이었다.

우리 연구팀은 아이들에게 협력하여 퍼즐을 완성시키라고 주문했다. 아이들은 퍼즐 하나를 완성하고 나면 그 보상으로 컵케이크를 먹을 수 있었다. 하지만 그러기 전에 아이들이 세면대에 놓인 항균 비누로 손을 씻어야 할 필요성을 갖도록 했다. 사전 조치로 우리들은 "먼저 퍼즐을 만진 아이들 가운데 한 명이 감기에 걸렸어"라고 말해두었다.

그러나 컵케이크에 눈이 먼 아이들은 우리의 당부에도 불구하고 손을 씻는 수고를 하는 대신 곧장 간식을 향해 달려들었다. 아이들이 손을 씻게 하려면 도대체 어떻게 해야 할까? 세균을 강조하는 것만으로는 충분하지 않았다. 비누를 행동과 보다 밀접하게 연관시키는 방법을 사용했지만 역시 효과는 없었다. 퍼즐을 맞추기 전에 손 씻는 연습을 시켰을 때도 마찬가지였다. 다만 컵케이크를 향해 달려가는 친구들 가운데 한 아이가 잠깐 멈춰 서서 "손 씻는 거 잊지 마!"라고 외치자 열두 명 중 열한 명이 손을 씻으러 갔다. 비슷한 연구를 한 지 수십 년이 흘렀음에도 인간은 여전히 인간이었다. 우리는 사회적인 동물인 것이다.

이 말인즉슨, 만일 당신에게 낭비벽이 있다면 당신 혼자만 그렇다는 게 아니라는 의미다. 비디오게임에 중독되어 있다고 해도 그것 역시 사회적인 행동에 불과하다. 당신이 하루 종일 소파에 누워 뒹굴뒹굴하며 텔레비전만 들여다보고 있는 동안, 저 밖에서는 말 그대로 수천 명의 사람들이 당신을 TV 앞에 잡아두기 위해 안간힘을 쓰고 있다.

우리는 당신의 나쁜 습관에 주변 사람들이 어떠한 역할을 하고 있는지 알려줄 것이다. 나아가 목표를 달성하기 위해 그들의 영향력을 활용하는 방법도 알려줄 것이다. 당신의 목표는 동료 집단의 거대한 압박에 맞서 싸우는 것이 아니다. 그들이 가진 사회적 힘을 당신에게 유리하게 이용하는 것이다.

그럼 구체적인 예를 들어보며 하나하나 살펴보자.

방안 1: 친구와 방해자를 식별하라

당신 주변에는 두 부류의 사람들이 있다. 친구와 방해자다. 친구는 당신이 건전하고 행복하고 성공적인 길을 가도록 돕는다. 방해자들은 그 반대다. 그들은 당신이 나쁜 습관에 물들도록 부추기고 선동한다.

어쩌면 당신은 그런 방해자들을 '친구'라고 부르고 있을지도 모른다. 그들과 함께 있으면 즐겁기 때문이다. 그들은 당신의 무분별한 행동을 부추기고 조장한다. 당신의 포부를 뭉개고, 술을 마시게 하고, 최첨단 기기를 사게 하고, 운동을 빼먹게 한다. 그들은 결국 공범에 불과하다.

조금 냉정하게 들릴지도 모르겠지만 이것만은 확실히 해두자. 당신 주위의 방해자들은 사실 방해자가 되고 싶은 것이 아니다. 그들이 방해자인 이유는 나쁜 의도를 가지고 있어서가 아니라 당신에게 나쁜 영향을 끼치기 때문이다.

그러므로 바람직하지 못한 습관을 고치고 싶을 때 거쳐야 할 가장 필수적인 단계 중 하나는 당신 주위를 둘러보고 진정한 친구와 방해자를 구분하는 것이다.

방해자는 누구인가?

먼저 쉽게 알아볼 수 있는 방해자들이 있다. 당신의 나쁜 버릇을 부추기거나 조장하는 사람은 없는지 주변을 둘러보면 금방 알 수 있다. 그중 몇몇은 꽤 간단히 발견할 수 있을 것이다. 가장 쉽게 눈에 띄는 방해자들은 당신이 실패할 때 돈을 벌거나 당신이 성공할 경우 그들의 나쁜 습관에 대해 더 이상 핑계를 댈 수 없는 이들이다. 레스토랑에서 달콤한 디저트를 소개하며 군침 도는 설명을 쏟아내는 매혹적인 직원은 당신의 돈을 원할 뿐 당신의 건강은 안중에도 없다. 새로운 포부를 품고 직장 일에 열성적으로 달려드는 당신을 보고 사장에게 잘 보이기 위한 수작이라고 생각하는 동료는 당신의 성공을 바라는 것이 아니라 당신을 이용하길 원하는 것이다.

알아채기 힘든 방해자들도 있다. 당신이 별로 신경 쓰지 않거나 눈치채지도 못하는 방해자들이다. 하지만 그럼에도 불구하고 그들의 존재는 당신의 선택에 매우 커다란 영향을 미친다. 믿지 않을지도 모르지만 방해자들은 당신의 선택에 단순히 어두운 그림자를 던지는 것 이상으로 많은 영향을 끼친다.

예를 들어 우리의 변화자 중 한 명인 마이클 E는 식습관에 문제가 있었는데, 자신도 모르는 사이 그 강도가 점점 심해지고 있었다. 그의 주변을 둘러싸고 있는 조용하고 알아차리기 힘든 공범들 때문이었다. 마이클은 "몸집이 좀 큰 것에서 비만으로 가는 그 결정적인 선을 넘는 순간을 놓쳤지요"라고 표현했다. 그는 어느 날 사무실에 붙어 있는 게시판에서 정말 심각할 정도로 뚱뚱한 사람의 사진을 보기 전까지 자신이 비만이라는 사실조차 인식하지 못했다. 사진을 들여다보면 들여다볼수록 이상한 기분이 들었는데, 한참 뒤에야 사진 속의 남자가 자기 자신이라는 사실을 깨달았던 것이다.

주변인 가운데 누가 정상인가?

마이클은 어떻게 자신의 몸에 무슨 일이 벌어지고 있는지 까맣게 모를 수가 있었을까? 그의 집에는 거울이 있었다. 체중계도 있었다. 하지만 그는 그와 함께 시나브로 체중이 늘고 있는 친구와 동료들, 그리고 낯선 사람들에게 둘러싸여 있었다. 이처럼 그가 의식하지 못했던 방해자들은 평균과 무난함, 적당함에 대한 그의 인식을 변화시켰고, 따라서 자신이 변화하고 있다는 사실을 미처 깨닫지 못했다.

　하버드 대학의 사회학자 니콜라스 크리스타키스Nicholas Christakis는 이 같은 미묘한 현상을 연구했다. 매사추세츠 주 프래밍엄에 거주하는 1만 2천 명의 주민들로부터 30년에 걸쳐 수집한 데이터를 종합한 결과, 크리스타키스는 비만이 부분적으로 '전염성'이라는 사실을 발견했다. 그들은 마치 비만이라는 증세를 서로 옮고 옮기는 것 같았다. 비만인 친구가 있는 사람은 그 역시 비만이 될 확률이 57퍼센트나 높았다.[4]

이런 놀라운 현상은 어떻게 발생하는 것일까? 가장 그럴듯한 설명은 우리가 만나는 주변 사람들이 '정상'에 대한 우리의 기준을 변화시킨다는 것이다. 마이클의 경우를 보라. 몸무게가 아무리 불어도 '체중이 늘었다'는 생각만 할 뿐 자기가 뚱뚱하다는 생각을 하지 못한다. 왜냐하면 주변 사람들도 자신과 모두 똑같기 때문이다. 즉 옆 사람을 보면 자신은 정상이고, 정상이니까 비만이 아닌 것이다.

불행하게도 우리의 주변인들은 사실을 숨기는 것보다도 더욱 중요한 영향력을 행사하고 있다. 예를 들어 당신의 직장 동료들이 높은 사람들을 경멸하고 야망을 가진 이들을 조소하고 직업 정신보다 사내 정치를 더 중시한다면 당신 주위에서는 이러한 것들이 '정상적인 기준'으로 통용될 것이다. 모두가 다 똑같은 짓을 하고 있는 판에 누가 당신을 손가락질하겠는가? 당연하지만 당신의 친구와 동료, 그리고 사랑하는 이들 역시 당신이 하는 일에 대해 똑같은 '기준'을 가지고 있기에 당신의 행동을 용납할 것이다.

하지만 슬프게도 우리의 그런 인식을 바꾸기 위해 가까운 사람들이 가장 적극적으로 사용하는 대책이라고는 고작 입을 다무는 것뿐이다. 이 숨은 공모자들은 우리가 올바른 길을 계속 가도록 돕고 싶지만 어떻게 손을 내밀어야 할지 알지 못한다.

이를테면 일명 '침묵은 죽음이다'라는 유명한 실험을 연구하는 과정에서 우리 체인지애니씽 연구소 팀은 퉁명스럽고 항상 불평불만만 늘어놓는 한 마취의에 대해 알게 되었다.[5] 그는 알츠하이머병의 전조를 보이고 있었는데, 다른 의사와 간호사들은 차마 그에게 사실을 말해주지 못했다. 수술 중 규정에 따르지 않는 일이 일어나더라도 단순히 다른 곳에 정신이 팔려 있었거나 실수일지도 모른다고 생각했던 것이다. 더구나 그들은 그의 마음을 상하게 하고 싶지 않았다.

결국 그 마취의는 한 아이의 수술 도중 자신이 할 일을 놓치고 말았다. 간호사는 재빨리 다른 마취 담당의를 불러왔고, 그로 인해 진실이 드러났다. 이는 대부분의 사람들은 죽음이 임박해야 말을 하려는 경향이 있음을 보여주는 것이다.

타인의 건전하지 못한 행동을 말없이 지켜보기만 한다는 문제에 관해서라면 유죄판결에서 자유로운 사람은 아무도 없을 것이다. 우리는 입을 꼭 다문 채 불안하게 때로는 고통스럽게 친구들이 말썽의 구렁텅이로 걸어 들어가는 모습을 지켜본다. 그때마다 우리는 아무 말도 하지 않고, 결국 말 없는 방해자가 되고 마는 것이다.

불행히도 우리 자신의 불건전한 행동에 관해서라면 우리 또한 공범들에게 둘러싸여 있기는 매한가지다. 그들이 마음만 달리 먹는다면 우리가 올바른 방향으로 나아가도록 힘을 실어주고 도와줄 수 있을 텐데 말이다.

마지막으로 방해자들은 우리의 포부와 열망을 점점 더 떨어뜨리는 모습으로 다가와 우리 행동에 영향을 미친다. 가령 미시간 대학의 전염병학자인 필리파 클라크Philippa Clarke는 사춘기 시절부터 과체중이었던 40세의 성인들을 연구했는데, 또래 집단의 압박과 몇몇 부정적인 결과 사이에 상관관계가 있음을 발견했다.

19세 이전부터 항상 과체중이었던 이들은 고등학교 졸업 후 서서히 체중이 불기 시작한 이들과 비교할 때 상대적으로 교육수준이 낮고 직업이 없거나 복지수당으로 살아가고 있었으며 독신이었다. 이런 결과를 어떻게 설명할 수 있을까? 클라크에 따르면 만성적 과체중 집단은 대개 어린 시절에 자존감을 낮추는 외모 차별 경험을 한 적이 있으며, 그것이 그들의 향상심向上心을 감소시켰을 수 있다.[6] 좋든 싫든 또래 집단은 정상적인 것을 규정할 뿐만 아니라 발전 가능성마저 결정지을 수 있는 것이다.

규칙을 세우는 주체는 누구인가?

또 다른 방해자 집단은 우리의 삶 속에서 대단히 활발하게 활동한다. 그들은 우리가 고통 받기를 바라는 것은 아니지만 우리의 약점을 공유하고 싶어 하며 이를 노골적으로 털어놓는다. 이들은 이른바 정상의 기준에 대해 수동적으로 소통하는 데서 그치지 않고 정기적인 친목 모임을 통해 무엇이 정상인지를 적극적으로 결정한다. 그렇게 함으로써 우리가 쓸모없는 선택을 하도록 부추기는 '주동자'가 된다.

예를 들어 르네 C는 낭비벽 때문에 골치를 앓고 있었다. 변화를 결심하기 전 그녀는 신용카드를 여덟 장이나 가지고 있었고, 한 달 이자만 280달러를 냈다. 매달 청구서가 날아올 때마다 그녀의 빚은 점점 더 쌓여만 갔고 르네는 한발 한발 파산을 향해 걸어가고 있었다. 그녀는 어쩌다가 이 지경까지 이르게 되었을까?

르네의 친구들은 그녀보다 수입이 서너 배는 많을 정도로 부유했다. 르네는 그런 친구들과 수준을 맞춰 맛있는 음식을 찾아다니고 예쁜 신발을 사고 안락한 온천 여행을 가기 위해 안간힘을 썼고, 이런 생활을 계속한 결과 빚의 수렁에 빠지게 되었다. 당연한 말이 지만 아무도 르네에게 800달러짜리 지미 추 신발을 사라고 강요하거나 값비싼 송로버섯을 먹어야 한다고 우기지는 않았다. 그러나 부자 친구들과 어울리려면 르네는 항상 돈을 써야 했다. 그것도 아주 많이. '친구들'과 즐거운 시간을 보낸다는 것은 많은 돈을 써야 한다는 말과도 같았기 때문이다.

선택에 대한 통제권을 쥐고 싶다면 먼저 그런 선택에 영향을 주는 사회적 사건을 통제할 수 있어야 한다. 만약 당신이 속한 모임이나 사교행사, 점심식사나 그 외에 다른 일들이 당신이 그만두고 싶은 습관을 조장하거나 가능케 한다면 그것들이 어떤 영향력을 미치는지 파악해야 할 필요가 있다. 그러한 조합은 친구들이 아니라 방해자들의 효과를 가중시키기 때문이다.

누가 또는 무엇이 당신의 변화를 방해하거나 어렵게 만드는지 곰곰이 생각해보라. 해답은 두 가지다. 그것들을 통제할 능력을 기르거나 아니면 포기하고 갖다버리거나.

상황은 계속해서 악화될 것이다. 변화가 각별히 어렵다고 느껴질 경우에는 알고 보면 당신이 나쁜 습관에 대항할 수 없도록 적극적으로 방해하는 이들이 주변에 있을 수도 있다.

예를 들어 열일곱 살의 레이첼 L은 그녀의 단짝 '친구'가 그들의 우정보다도 둘이서 함께 저지르는 일탈 행동을 더 중요하게 여긴다는 사실을 알게 되었다. 레이첼은 날마다 중독성 있는 진통제인 바코딘에 취해 있었고, 그 외에도 여러 종류의 약을 먹지 않으면 정상적인 생활을 제대로 할 수조차 없을 정도로 최악의 상황에 처해 있었다. 어느 날 작은 위안을 얻고 싶어 가장 친한 친구인 브린을 찾아간 레이첼은 거의 평생을 알아온 친구에게 속마음을 솔직하게 털어놓았다. 약에서 손을 떼고 싶다는 것, 충동을 억제하고 싶다는 것, 그리고 언젠가는 대학에 가고 싶다는 것 등등. 브린은 말없이 조용히 앉아 있었다. 마침내 레이첼이 말을 마치자 브린은 차가운 눈으로 그녀를 쳐다보며 말했다. "그래서, 그러니까 네가 나보다 낫다는 거야?"

이는 대단히 공격적인 방해자의 반응이다. 어쩌면 강압적이라고까지 불러야 할지도 모르겠다. 간단히 말해 브린은 이제까지 레이첼을 자신의 나쁜 습관에 대한 변명으로 이용하고 있었던 것이다.

처방약 중독을 끊고 싶었던 레이첼이 조심스럽게 변화 계획을 세웠을 때, 그녀가 가장 친한 친구에게 얻을 수 있었던 것은 아이러니하게도 조소뿐이었다. 한때 누구보다도 가까웠던 그녀의 단짝 친구는 그녀를 조롱하고, 협박하고, 유혹하고, 간청하는 등 지난 수년 동안 두 사람이 공유해온 약물 중독에 레이첼을 묶어두기 위해 안간힘을 썼다. 레이첼이 단짝 친구의 부정적인 영향으로부터 벗어날 수 있는 유일한 길은 브린과 멀어지는 것뿐이었다.

이런 방해자들에 관한 이야기는 무엇을 뜻하는가? 사회적 영향력을 활용하고 싶다면 먼저 주변의 방해자들을 골라낼 수 있어야 한다. 교묘하든 노골적이든, 당신에게 옛 기준을 강요하는 권위 있는 사람이든, 문자 그대로 모두를 말이다. 주위를 둘러보라. 당신이 바람직하지 못한 옛 습관을 버릴 때 당신 손을 잡아줄 사람은 누구일까? 당신이 건전하고 새로운 기준을 따르기 시작했을 때 가장 먼저 불평을 해댈 사람은 누구일까? 누가 당신의 선택에 실망하고, 비판을 퍼붓고, 심지어 분노를 내비칠까? 그들이 바로 당신의 방해자다.

격려하고 환호하고 도와주는 사람들

이제 우리의 가장 큰 동맹군을 만나볼 차례다. 이들은 때로는 적극적으로, 그리고 때로는 알아차리지도 못할 만큼 조심스럽게 우리가 계속해서 성공의 길을 갈 수 있게 도와주는 친구들이다. 이들은 좋은 선택이라는 모범을 보여주고, 큰 소리로 말을 걸고, 우리에게 책임감을 심어주고 조언을 건네고 계속해서 나아가라고 격려한다.

아마도 당신 주변에는 이미 이런 역할을 하고 있는 친구들이 있을지 모르겠다. 어떤 이들은 우리에게 규칙을 상기시키고 진척 상황을 주시하며 어떻게 하면 성공할 수 있을지 가르치는 비공식적인 '코치'가 되어줄 것이다. 또 다른 이들은 선 밖에서 우리의 행동을 지켜보며 성공을 거둘 때마다 환호성과 박수를 보내주는데, 이 소중하고 비할 데 없는 친구들은 '팬'의 역할을 수행한다. 이 두 부류의 친구들이 어떻게 당신을 돕는지 살펴보자.

먼저 우리가 관찰한 변화자들은 모두 비공식적인 코치의 도움을 받았다. 샌디 M의 결혼생활은 파국으로 치닫고 있었다. 남편과 의견 차이로 격렬한 다툼을 벌이는 일도 잦았다. 처음에 샌디는 이 모든 문제에 대해 남편을 탓했지만 일단 자신의 행동을 돌아보게 되자 그녀 역시 바람직하지 못한 방식으로 행동하고 있었음을 깨달았다. 옆에서 샌디의 경솔한 행동을 부추기는 데 크게 일조한 것은 몇몇 방해자들의 언행이었다.

샌디는 남편이야말로 결혼생활을 악화시킨 장본인이라는 자신의 말에 맞장구를 쳐주는 사람들과 함께 '멍청한 남편'에 대해 수다를 떠는 버릇이 있었다.

그녀와 직장 동료들은 서로 '멍청한 남편'에 관한 농담을 주고받았다. 한집안 동서들과는 '한심한 남편' 이야기를 떠들어댔다. 물론 방해자들과 아무리 수다를 떨어봤자 문제는 해결되지 않았다. 오히려 그녀의 좌절감만 심해지고 정당화시킬 뿐이며, 그녀를 독선적으로 만들 뿐이었다.

그리고 마침내 방해자들을 숙련된 코치로 대체하기로 결심한 샌디는 결혼에 냉소적인 이들을 멀리하고, 결혼생활의 긍정적 면모를 볼 수 있게 도와주는 상담가와 가깝게 지내기 시작했다. 샌디와 그녀의 남편은 결혼상담가에게 속마음을 털어놓았고, 상담가는 두 사람이 보다 친밀한 관계를 쌓을 수 있는 방법을 조언해주었다. 부부는 다른 사람들에게 서로의 험담을 늘어놓는 것을 그만두었다. 공범을 멀리하고 긍정적인 코치를 가까이함으로써 좋은 효과를 얻은 것이다.

우리가 아는 거의 모든 변화자들이 이와 비슷한 방식으로 코치들을 활용했다. 중독자들은 새로운 삶의 기술을 가르치는 전문 프로그램이나 강좌에 참석했다. 낭비벽이 있는 사람들은 재정적 분야는 물론 행동 변화에 있어서도 전문가들의 도움을 받았다. 경영인들은 개인 코치를 고용하여 대인관계 기술을 배웠다. 그리고 알다시피, 지금도 전 세계 수백 만 명의 사람들이 코치들로부터 몸에 좋은 음식을 섭취하고 올바른 방법으로 운동하는 법을 배운다. 변화를 원하는가? 그렇다면 당신만의 코치를 찾아라.

우리 주위에는 다른 방식으로 도움을 주는 친구들도 있다. 어떤 친구들은 긍정적 코치가 되어 당신을 이끌어주지만, 어떤 친구들은 변화를 실천하는 어렵고 힘든 시기에 당신에게 강력한 동기를 부여하는 팬이 되어주기도 한다. 다른 모든 분야의 열성팬처럼 트랙 옆에 서서 당신의 성공을 격려하거나 실패를 위안해주는 것이다.

가령 비만에서 벗어나기 위해 노력하던 마이클 E는 웹사이트를 이용해 실시간으로 자신의 운동 상황을 체크하며 자부심을 느꼈다. 그 웹사이트는 다른 사람들도 그의 다이어트 진척 상황을 볼 수 있게 사용자들을 서로 연결해주었는데, 매일 새벽 마이클은 저 넓은 세상 어딘가에서 그와 함께 아침 운동을 시작하는 두 사람이 있다는 사실에 커다란 위안을 느꼈다. 마이클이 웹사이트에 접속해 오늘 분의 운동을 마쳤다고 보고할 때마다 그들은 늘 마이클을 지켜보고 있다고 말해주었다.

마이클은 말한다. "날마다 그 사람들이 나를 기다리고 있다는 것만으로도 힘이 되더군요." 그의 친구들은 날마다 그를 방문했고, 그는 날마다 인터넷에 보고해야 한다는 의무감을 느꼈다. 그런 의미에서 인터넷상의 운동 동료들은 동료 코치와 비슷하다. 어쨌든 마이클은 의무감을 넘어 자신의 성공에 대해 그들이 칭찬이나 격려를 보내줄 때마다 성취감과 동료의식을 느꼈다. 그들은 그의 팬이나 마찬가지였다.

점점 더 많은 사람들이 동료들을 팬으로 변신시키는 법을 배우고 있다. 이를테면 케어 프로덕트 인스티튜트Care Product Institute, CPI가 어떻게 팬들을 이용해 당뇨병 환자들의 혈당 관리를 도왔는지 보라.

당뇨병 환자들이 하루에 여섯 번씩 날카로운 핀으로 손가락 끝을 찔러 피를 내야 한다는 사실을 안다면 어째서 그들의 건강을 관리하기가 그토록 힘든지 이해할 수 있을 것이다. 관련 연구에 의하면 당뇨병 환자 중 실제로 날마다 정해진 일정에 맞춰 혈당치를 확인하는 이들은 전체의 3분의 1에도 미치지 못한다. 심지어 그런 태만한 태도가 사지 절단이나 실명, 심지어 사망으로까지 이어질 수 있다는 사실을 충분히 자각하고 있으면서도 말이다.[7]

이처럼 끔찍한 위험으로도 당뇨병 환자들의 행동을 변화시킬 수 없다면 도대체 어떻게 그들을 바꿀 수 있을까?

CPI는 환자들을 친구들에게 맡기는 간단한 조치만으로도 그들의 행동을 현저하게 변화시킬 수 있음을 발견했다.[8] CPI의 디자이너들은 환자의 혈당치 결과를 환자의 가족들과 친구들에게 이메일로 보내주는 기기를 발명했다. 가족과 친구들은 환자가 정해진 시간에 검사를 하지 않았다는 사실을 알게 되면 즉시 전화를 걸어 적절한 행동을 취하도록 격려하거나 강요했고, 미흡하지만 가족과 친구들의 긍정적 혹은 부정적 반응을 접한 당뇨병 환자들은 의사의 지시대로 정기적으로 혈당치를 검사하기 시작했다. 우리에게는 이런 사랑스러운 팬들이 더욱 많이 필요하다.

당신이 타파하고 싶은 습관을 외려 부추기거나 조장하는 방해자들을 알아냈다면 이제 숫자 계산을 해야 할 단계다. 당신이 원하는 것은 방해자들을 제거하고 친구들을 늘리는 것이다. 당신에게 이상적인 환경은 방해자가 하나도 없는, 순전히 친구들로만 구성된 세계일 것이다.

여기서 좋은 소식은 굳이 새로운 친구들을 찾아 헤맬 필요가 없다는 것이다. 지금 당신 주위에 있는 지인들이 당신에 대한 태도를 바꾸기만 하면 된다. 아마 대부분은 기꺼이 그리 해줄 것이다.

방안 2: 정상의 기준을 재정립하라

방해자와 바람직하지 못한 역할 모델의 위력을 약화시키려면 정상에 대한 당신의 인식에 그들이 어떤 영향을 미치고 있는지 알아야 한다. 건전치 못한 행동을 정당화하기 위해 '모두'와 '정상'이라는 단어의 의미를 왜곡하는 이들에게 속지 마라. 좋지 않은 습관은 '바람직하지 않은', '현명하지 않은' 혹은 심지어 '위험한 것'이지, 절대로 '정상'이라고 불러서는 안 된다.

얼마 전 미국 공영방송국NPR의 한 라디오 방송 도중 생긴 일이다. 전문가가 출연해 멀티태스킹의 장점과 단점에 관해 설명을 하고 있는데 어떤 청취자가 전화를 걸었다. 그는 자신의 삶이 정신이 하나도 없을 정도로 너무 바쁘게 돌아간다며 주변 세상을 따라잡기 위해서는 멀티태스킹을 하는 수밖에 없다고 말했다. 그러면서 자가용을 몰고 출퇴근을 하는 시간 말고는 친구나 동료들에게 문자 메시지를 보낼 시간이 전혀 없으며, 친구들 역시 으레 운전 중에 답 문자를 보내온다고 말했다. 다시 말해 '모두'가 운전 중에 문자 메시지를 보내며, 그것은 그의 삶에 커다란 도움이 된다는 얘기였다.

순간적으로 어색한 침묵이 흐른 뒤, 전문가가 말했다. "당신이 원한다면 그걸 멀티태스킹이라고 부를 수도 있지만, 나는 그걸 지극히 위험한 행동이라고 말하고 싶군요. 운전 중에 문자 메시지를 보내면 자동차 사고가 날 확률이 크게 증가합니다."[9] 이렇게 그 전문가는 자동차 운전자의 '정상'적인 행동에 대한 청취자들의 인식에 일침을 가했다.

당신도 그렇게 행동해야 한다. 무관심한 방해자들의 기준으로 스스로를 평가하는 행위를 계속한다면 궁극적으로 당신은 파멸로 향하게 될 것이다. 경쟁회사를 관찰하며 잘못된 위안을 얻은 한 경영자 친구의 말을 들어보자.

"처음에 우린 극심한 경기 침체로 몹시 불안했어요. 그런데 우리의 경쟁사도 우리와 비슷한 형편이라는 걸 알게 되자 어느 정도 안심이 되더군요. 그런데 갑자기 경쟁사가 도산을 하고 만 겁니다. 그리고 얼마 지나지 않아 우리도 그 뒤를 따르게 됐고요. 우리가 얼마나 바보 같았는지 믿을 수가 없더군요. 마치 시체랑 비교하면서 우린 아직 건강하다고 자위하는 꼴이었거든요."

어쩌면 정상에 대한 인식을 변화시키는 최상의 방법은 처음부터 비교 자체를 하지 않는 것인지도 모른다. 이는 평범한 것 또는 용납 가능한 수준에 대한 일반적인 관점을 극복하는 것이다. 그러기 위해서는 두 가지 질문을 자문해야 한다. 나는 어떻게 살고 무엇을 느끼고 싶은가? 그리고 나는 어떤 사람이 되고 싶은가?

방안 3: 변화 유발 대화를 나눠라

기쁜 소식 하나를 주겠다. 주변에 방해자가 아무리 많더라도 간단한 방법으로 그들을 코치와 팬으로 변화시킬 수 있다. 그들과 '변화 유발 대화'를 나눠라. 사람들이 당신의 마음을 읽어주길 기다리지 마라. 당신이 무엇을 원하고 필요로 하는지 자세히 말해줘야 한다.

당신을 돕고 싶은 방해자들이 침묵하지 않고 큰 소리로 말할 수 있게 해줘라. 좋은 의도를 지닌 친구들이 당신에게 해를 끼치는 것이 아니라 도움을 주려면 무엇을 해야 하는지 정확하게 알려주어라. 그리고 당신을 옛 습관으로 끌고 가려는 사람들에게 경고하라. 앞으로 다가올 당신의 인간관계가 달려 있는 이상, 지금 당신 자신을 위해 옳은 일을 하는 것이 중요하다.

변화 유발 대화의 시작점은 주변에 도움을 요청하는 것이다. 무턱대고 비난하기보다 당신의 바람직하지 못한 행동에 있어 그들이 무의식적으로 어떤 역할을 하고 있는지 설명하라. 그들의 잘못된 '목적'을 비난하는 것이 아니라 당신에게 미치는 '영향'에 초점을 맞춘다면 그들 역시 방어적인 반응을 보이지 않을 것이다. 그런 다음 보다 바람직하고 새로운 관계를 제안하라. 친구가 되어달라고 요청하는 것이다. 마지막으로 그들이 당신에게 해주었으면 하는 것들을 자세히 설명하라. 가령 "내가 식당에서 칼로리가 너무 높은 음식을 주문하면 몸에 좋은 음식을 먹어야 한다고 말해줘"처럼 말이다.

이제 가장 멋진 소식을 발표할 시간이다. 방해자를 친구로 만들 때마다 당신은 두 배의 효과를 얻을 수 있다. 첫째로 당신에게 부정적인 영향을 미치던 사람이 사라지고, 둘째로 당신에게 긍정적인 영향을 미칠 사람이 늘었기 때문이다. 방해자를 친구로 바꾸면 두 배로 힘을 얻을 수 있다는 의미다. 그러므로 이 방안은 사회적 영향력을 얻는 가장 강력한 도구가 될 수 있다.

방안 4: 새로운 친구를 사귀어라

사회적 영향력을 가장 쉽게 활용하는 법은 바로 새 친구를 사귀는 것이다. 당신과 같은 목표를 갖고 있거나 당신을 격려해주고 싶어 하는 사람을 찾아 코치나 팬으로 만들어라. 단순히 그들과 어울리는 것만으로도 새로운 기준을 보는 데 커다란 도움이 된다. 대부분의 사람들은 기꺼이 당신을 도와줄 것이다. 쉽게 이해할 수 있는 목표를 지닌 사람이 솔직하게 도움을 요청하는 것만큼 굳고 친밀한 관계를 재빨리 형성할 수 있는 길도 없다.

변화자 론 M이 변화를 결심한 것은 상사인 영업부장이 한동안 휴식을 가질 것을 권고했을 때였다. 론은 벌써 몇 달째 판매실적이 부진했고, 이 직장에서 살아남기 위해서는 어떻게든 자신을 변화시키는 수밖에 없었다. 론은 가장 먼저 점심시간을 바꿔보기로 했다. 그는 평소에 영업팀 내에서도 냉소적이거나 실적이 부진한 직원들과 주로 시간을 보냈는데, 따라서 영업실적을 향상시키려면 그들과 다른 사고방식을 가진 이들의 영향력이 필요하다는 결론을 내렸다. 당연하지만 처음에는 모든 게 무척 어색했다. 론은 잘 나가는 동료들 사이에서 자기가 낯설고 어울리지 않는 곳에 와 있다는 느낌을 받았다. 그렇지만 이런 새로운 '정상적 기준'과 그의 목표와 태도가 맞물리게 되면서 그런 불편한 기분은 조금씩 사라졌고, 사분기가 지나기 전에 그는 고용 유예 기간을 마치고 빠른 속도로 실적을 향상시킬 수 있었다.

한번에 여러 명의 새 친구들을 사귀고 싶다면 당신과 비슷한 문제를 지닌 이들이 모여 있는 소셜 네트워크 사이트나 모임에 참가하라. 이를테면 마이클 E는 그의 목표를 페이스북에 공개적으로 선언함으로써 체중감량 계획을 성공적으로 달성할 수 있었다.

마이클은 이렇게 말했다. "글을 올리자마자 같은 교회에 다니는 친구가 댓글을 달았어요. 우린 친구 사이였지만 그 친구도 살을 빼고 있을 줄은 몰랐죠. 우린 다이어트를 하면서 더 친해지게 되었고, 항상 서로를 격려해주었지요."

방안 5: 당신의 노력을 무시하는 이들과 거리를 두라

모든 방해자들이 기꺼이 친구가 되어주는 것은 아니다. 때로는 당신의 바람직하지 못한 행동을 꾸준히 부추기거나 조장하는 사람들과 의도적으로 떨어져야 할 것이다. 이런 거리두기는 생각보다 자연스럽게, 그리고 고통 없이 이뤄지는 경우가 많다. 가령 체육관에서 자주 운동을 하다보면 옆 사람과 공통의 화젯거리를 발견하기 마련이고, 그러면 두 사람은 더 많은 시간을 함께 보내게 된다. 건강에 좋은 음식을 먹고 싶은 사람들은 점심시간에 일단 자리부터 옮겨보라. 올바른 먹을거리에 동일한 관심을 가지고 있는 사람들과 어울리기 위해서다.

그렇지만 당신을 붙잡아두기 위해 적극적으로 노력하는 방해자들도 있다. 마이클 V가 감옥에서 출소하고 나서 범죄와 술, 마약으로 얼룩진 옛 생활을 청산해야겠다고 마음먹었을 때, 그는 많은 옛 친구들과 연락을 끊어야 했다. 이제 새로운 친구를 사귀어야 할 때였다. 마이클은 알코올 의존자 모임에 참가하고 그곳에서 코치와 팬이 되어줄 수 있는 수많은 사람들을 만났다. 또 옛날에 알던 사람들과 만나 변화 유발 대화를 가졌는데, 대부분이 기꺼이 그의 코치와 팬이 되어주었다.

그러나 마이클의 가장 친한 친구인 커비는 달랐다. 마이클의 결혼식에서 들러리를 서줄 정도로 절친했던 커비는 '친구'가 되어줄 마음이 전혀 없었다. 그는 예전처럼 술친구로 남는 게 좋았던 것이다. 결과적으로 마이클은 툭하면 술을 마시러 가자고 꼬이거나 약해 빠졌다고 비아냥거리는 커비에게 지친 나머지, 그의 표현을 빌리자면 '내 평생 가장 힘든 대화'를 거쳐 친구관계를 끊고 말았다. 짐작하겠지만 한때 좋은 친구였던 방해자 또는 사랑하는 사람들과 거리를 두는 것은 매우 복잡한 과정이며 때로는 몹시 고통스러울 수도 있다. 팬들과 코치, 그리고 당신의 삶에 존재하는 방해자들의 역할을 과소평가하지 말라는 충고 외에는 아무 말도 해줄 수 없어 유감일 따름이다.

당신이 기대할 수 있는 것

여기서 잠시 멈춰 당신 주위의 친구들과 방해자들의 명단을 적어보자. 만일 방해자들을 친구로 만들고 새로운 친구들을 사귀어 그 수치를 변화시킬 수 있다면 당신의 성공 가능성은 현저하게 증가할 것이다.

그렇다면 과연 얼마나 증가할 수 있을까? 우리의 연구는 매우 고무적이다. 최근 체인지애니씽 연구소에서는 3400명을 대상으로 약물 중독 치료 및 체중감량에 이르기까지 다양한 습관을 변화시키는 과정에서 그들이 경험한 실패와 성공에 관해 조사했는데, 그 결과

놀라운 사실을 발견했다.

　데이터에 의하면 방해자들은 자주 사람들의 습관을 옛날로 되돌려놓는 것으로 나타났다. 이건 그리 놀라운 게 아니다. 그러나 대단한 점은 친구들 역시 깜짝 놀랄 만한 수준의 영향력을 미치고 있었다는 사실이다. 코치나 팬의 역할을 수행하는 적극적인 친구가 여섯 명 이상이 넘는 사람들은 친구가 여섯 명 이하인 사람들에 비해 변화 성공 가능성이 40퍼센트 이상이나 높았다![10]

　자, 이제 방해자와 친구들(코치와 팬)이 섞여 있는 세상을 착하고 효율적인 친구들로 가득 채워야 할 때다. 친구와 방해자의 차이를 구분할 수 있을 때, 방해자를 친구로 만들 수 있을 때, 당신은 더 이상 무지하거나 혼자가 아니다. 당신을 도와주고 지지해줄 사람들을 찾아라. 그러면 무엇이든 변화시킬 수 있을 것이다.

방해자를 친구로 만들어라

친구와 방해자를 식별하라

당신 삶에 영향을 미치는 사람들을 발견해 그들이 목표 달성에 도움을 주는 친구인지 아니면 당신의 노력을 방해하거나 초점을 분산시키는 방해자인지 구분하라. 방해자들은 '정상'에 대한 우리의 기준을 왜곡시킨다는 점 하나만으로도 우리에게 부정적인 영향을 미친다. 친구란 우리가 변화를 일굴 수 있게 가르치고 모니터하거나 작은 성공을 거둘 때마다 기뻐해주는 사람이다. 당신이 할 일은 궁극적으로 방해자의 숫자를 줄이고 친구를 늘리는 것이다. 체인지애니씽 홈페이지에 접속하면 우리가 규정한 친구와 방해자 목록을 찾을 수 있으며, 이를 활용해 당신 주변에서 무슨 일이 벌어지고 있는지, 그리고 어떻게 하면 방해자를 친구로 만들 수 있을지 알아보라.

정상의 기준을 재정립하라

방해자가 정상에 대한 당신의 인식에 얼마나 큰 영향을 끼칠 수 있는지 생각해보라. 당신이 바람직하지 못하거나 또는 비현실적인 '기준'에 따라 스스로를 판단하고 있다면 당신의 변화 계획은 엄청난 위험에 처해 있는 셈이다. 두 가지 질문을 자문하라. 나는 어떻게 살고 무엇을 느끼고 싶은가? 그리고 나는 어떤 사람이 되고 싶은가?

변화 유발 대화를 나눠라

변화 유발 대화를 통해 사랑하는 사람이나 동료, 지인들을 당신을 돕는 친구들로 전향시킬 수 있다. 이때 가장 먼저 할 일은 도움을 요청하는 것이다. 그들의 행동이 어떤 점에서 당신에게 도움을 주는지, 또는 도움이 안 되는지 상세하게 설명한 다음 그들이 어떻게 당신을 도울 수 있을지 말해준다.

새로운 친구를 사귀어라

당신의 변화나 새로운 행동에 관심을 갖고 이를 지지하고자 하는 사람들을 찾아라. 그들과 함께 시간을 보내며 조언을 듣거나 새로운 '기준'을 세운다. 이미 존재하는 조직이나 소셜 네트워크에 참가하거나, 자주 어울리는 사람들을 바꾸는 것도 좋다.

당신의 노력을 무시하는 이들과 거리를 두라

주변에 많은 친구들을 두는 것과 같은 맥락에서 당신을 도울 수 없거나 돕지 않으려는 방해자들은 멀리할 필요가 있다. 실제로 이는 생활 패턴을 바꾸면 저절로 발생하는 일인데, 때로는 변화를 가로막는 사람들을 의도적으로 멀리해야 하는 경우도 있다.

반경제적 사고를 하라

	동기부여	능력
개인적	1	2
사회적	3	4
구조적	5	6

본격적인 이야기를 하기에 앞서 대형 컨설팅 기업이 저지른 실수를 한번 살펴보자. 까다롭기로 소문난 이 기업은 컨설턴트의 상담시간을 근거로 비용을 청구해 수입을 올렸는데, 회사의 발전을 꾀하던 간부들은 논의 끝에 한 가지 계획을 세웠다. 바로 '올해의 최우수 전사戰士'를 선정하는 것이었다. 이 호칭은 가장 많은 청구 가능 시간을 기록한 컨설턴트에게 수여되는 것이었는데, 간부들은 직원들을 자극하기 위해 부상으로 현금 보너스를 내걸었다.

그 뒤로 4년 동안 '전사들'은 기껍게 상을 받고 풍족한 현금 보너스를 거머쥐었다. 하지만 다들 짐작했겠지만, 그들은 지나치게 일에만 헌신한 나머지 잃어버린 삶을 되찾고 싶다고 주장하며 회사를 나가버렸다. 이 청구 시간 게임에서 승리한 이들은 사적인 시간을 거의 누리지 못하고 있는 듯했다.

인센티브의 함정

자, 그렇다면 무엇이 잘못된 걸까? 두말할 필요도 없이 문제는 인센티브 그 자체다. 이제까지 경영인들은 일선 직원들의 행동에 보다 강력한 동기를 부여하려면 특전이나 보너스 등 두둑한 보상을 주어야 한다고 배워왔다. 분명 현금은 사람들의 관심을 끌기 마련이다. 그러나 이런 현금 보상은 회사가 생각지도 못했던 높은 이직률을 야기했다. 이런 경우 현금 보상은 행동에 대해 강력한 동기를 부여하지만 그런 행동을 지속적으로 유지시키지는 못한다. 반대로 인센티브가 지속적인 행동을 자극하되 그러한 행동이 잘못된 것일 때도 있다. 가령 당신의 수많은 불건전한 습관이 여기에 해당될 것이다.

패스트푸드점에서 점원들이 친절하게 건네주는 적립카드를 받아본 적이 있는가? 그것은 음식을 자주, 많이 먹을수록 보상을 주는데 최소한 8만 칼로리를 먹어야 공짜 미트볼 샌드위치를 얻을 수 있다. 당신이 특정 회사의 신용카드를 자주 사용한다면 카드회사는 당신에게 특별한 혜택을 주거나 연말에 여행용 적립 포인트를 쌓아줄 것이다. 그러면 당신은 카드를 긁을 때마다 당신이 늘 꿈꾸던 환상적인 여행에 한 발짝 더 가까이 다가가는 듯 착각한다!

때로는 물가 자체가 잘못된 행동을 부추기기도 한다. 예를 들어 지난 30년 동안 건강에 나쁜 음식의 가격은 하락한 반면 과일과 채소값은 놀랍도록 상승했다. 생각해보라. 그러면 우리는 어떤 먹을거리를 더 애용하게 되겠는가?

또 다른 경우는 지출 시기가 당신을 어둠 속에 붙들어놓는 것일 수도 있다. 나쁜 버릇을 유지하는 데 들어가는 장기적 비용은 아득하게 느껴지는 반면 '지금 이 순간' 얻을 수 있는 즐거움은 생생하고 실감나게 느껴지기 때문이다.

일례로 비만은 건강보험 비용을 증가시키기 때문에 1인당 1년에 평균 1429달러의 초과비용을 지출하게 만든다.[1] 그러나 우리는 햄버거를 사먹을 때마다 비만 치료에 들어가는 비용을 따로 계산하지 않기 때문에 거기에 장기적 비용이 소모된다는 사실을 알아차리지 못한다.

하지만 이것을 모두에게 적용하면 어떻게 될까? 잘못된 경제관념을 과연 올바로 바꿀 수 있을까? 건강에 해로운 행동을 할 때마다 페이팔 계정에서 즉각 돈을 지불해야 한다고 생각해보라. 예를 들어 무분별한 말로 이혼에 한 발짝 가까이 다가갈 때마다 1000달러를 손해 본다면? 실제로 조사에 의하면 부부가 헤어질 경우 개인의 순자산은 평균 77퍼센트 감소한다고 한다.[2]

혹은 직무평가에서 개선이 필요한 부분을 찾아내는 데 실패할 때마다 다음번 급여에서 5퍼센트가 감면된다면 어떨까? 최근에 우리가 실시한 한 설문조사에 따르면 응답자의 85퍼센트가 상사의 요구

에 적절히 대처하지 못해 승진이나 급여 인상의 기회를 놓치고 말았다고 대답했다.[3]

이런 반反경제적 전략이 우리의 행동을 변화시키는 데 도움이 될까? 대답은 '그렇다'이다. 가령 코카인 중독자들의 경우 매주 약물 검사를 통과할 때마다 깨끗하다는 것을 증명하는 작은 기념품을 주자, 약물 중단 상태를 유지하는 비율이 23퍼센트나 증가했다.[4]

또는 세금 인상이 흡연에 미치는 영향을 보라. 담뱃세를 인상하자 흡연율이 감소했다. 미국 암협회 암행동 네트워크는 담뱃세를 한 갑당 1달러 인상한다면 '흡연 관련 질병으로 사망하는 1백만 명 이상의 목숨을 구하고 거의 230만 명에 달하는 아이들이 흡연자가 되지 않도록 예방할 수 있다'고 주장한다.[5]

흥미로운 점은 우리의 행동을 변화시키기 위해 정부나 다른 사람들만이 인센티브를 사용할 수 있는 것은 아니라는 것이다. 스스로 반경제적 방식을 사용하면 변화 가능성은 증가한다. 말 그대로 우리는 변화하기 위해 우리 자신에게 뇌물을 줄 수도 있고 협박할 수도 있다는 것이다.

여기 당신이 사용할 수 있는 몇 가지 방안을 전수한다.

방안 1: 당근을 주라
그리고 당근을 빼앗겠다고 협박하라

우리의 변화자 루디 K가 경력을 쌓기 위해 어떻게 인센티브를 사용했는지 알아보자. 작은 수입업체에 IT 직원으로 취직하게 된 루디는 운이 따라준다고 생각했다. 루디와 그의 고등학교 친구들은 미래에 대해 아무런 준비도 해두지 않았기 때문이었다.

루디는 말했다. "대학에 가는 애들이야 물리학이나 미적분 같은 수업을 들었지만 저와 제 친구들은 컴퓨터 게임을 했어요. 월드오브워크래프트에서 오크가 되어서 아제로스를 확보했죠. 그런 생활을 딱히 그만두고 싶지도 않았고요. 우린 대학하고는 거리가 먼 데다 부모님 댁 지하실에서 살았고, 엄지손가락이 떨어져 나갈 때까지 비디오게임을 했죠."

하지만 IT 부서에서 일하게 되면서 루디는 이런 생활과 작별을 고하게 되었다. 그러던 어느 날 루디의 상사가 그에게 컴퓨터에 재능이 있다며 단순히 이메일 문제나 해결하는 것보다 아예 회사의 고객지원 소프트웨어 개발팀에 참여하는 게 어떻겠냐고 제안했을 때, 그의 인생은 커다란 전환점을 맞게 되었다.

물론 처음에 루디는 선뜻 수락하기가 어려웠다. 오랫동안 익숙해진 자신의 삶을 송두리째 바꿔야 했기 때문이었다. 말이 그렇지 보장되지 않은 미래를 위해 새 삶을 시작한다는 것은 쉽지 않았다. 소프트웨어 개발팀에서 일하는 것은 대단히 훌륭한 기회였지만, 그러기 위해서는 주말과 퇴근 후에 대학교 수준의 강좌를 들어야 했다. 그리고 그것은 루디가 여가 시간에 더 이상 컴퓨터 게임을 할 수 없다는 얘기와도 같았다.

하지만 루디의 고민은 오래가지 않았다. 그의 상사가 루디를 '수

학 천재에 가깝다'고 부르며 급여 수준이 보다 높고 흥미로운 업무에 어울린다고 말했을 때, 루디는 기꺼이 그 어려운 수업을 듣기로 결심했다. 심지어 교재를 마련하려면 그가 소중히 여기는 게임 아이템을 팔아야 했는데도 말이다. 인센티브를 포함해 이런 영향력 요소들이 어떻게 그가 예전에는 상상조차 하지 못했던 사람이 되게 했는지 루디의 말을 들어보자.

"컴퓨터에 재능이 있다는 말을 들었을 때 내 자신에 대한 생각이 바뀐 것 같아요. 컴퓨터 게임을 좋아하니까 그런 열정을 뭔가 유용한 것으로 바꿀 수도 있지 않을까 하는 생각이 들었죠. 어쩌면 나도 대학교 수업을 들을 수 있을지도 모른다고요. 우리 대장이 내가 학교를 무서워한다는 걸 알고는 공부를 할 수 있게 도와줬어요. 회사에서 안 쓰는 노트북을 빌려주기도 하고, 나중에는 내가 매일 밤 수업을 듣는 걸 보고는 그의 팀에 있는 가장 실력 좋은 소프트웨어 엔지니어와 하루에 한 시간씩 같이 일을 하게도 해줬지요. 덕분에 참 많은 걸 배웠어요.

하지만 그래도 뭔가가 부족하더라고요. 날마다 게다가 주말에 쉬지도 못하고 공부를 해야 한다는 생각만으로도 우울해지더군요. 언제쯤 더 좋은 직책을 얻게 될지도 불투명했고요. 그래서 나한테 인센티브를 주자는 생각을 했지요. 매주 열심히 수업에 참가하고 과제를 완성한다는 목표를 세우고는 만약에 내가 일주일치 목표를 달성하면 여자 친구와 함께 내가 제일 좋아하는 레스토랑에 외식을 하러 가기로요.

실제로 내가 하는 모든 일은 내 직업적 능력치를 올린다는 장기적인 목표에 집중되어 있었어요. 그렇지만 내가 진짜로 날마다 수업을 듣고 아침 일찍 일어나 과제를 하고 학교에서 좋은 성적을 얻고 그리고 마침내 승진을 하게 된 건 주말마다 즐거운 데이트를 할 수 있다는, 내가 나에게 주는 상 덕분이었지요."

'손실 회피 경향'을 이용하라

이 개념은 노벨상 수상자의 아이디어에서 시작된 것이다. 대니얼 카너먼Daniel Kahneman[6]을 비롯한 몇몇 행동경제학자들은 우리 인간이 독특한 사고방식을 가지고 있음을 보여주었다. 우리는 이익보다 손실에 더욱 민감하며, 같은 양이라도 이익을 얻는 것보다 손실을 회피하려는 경향이 더 강하다는 것이다.

체인지애니씽 연구소는 애플 스토어 앞에서 새 버전의 아이폰을 기다리는 사람들을 인터뷰한 후 이러한 손실 회피 경향을 발견했다. 방금 전화기를 사서 나온 고객들은 전화기의 정가보다 평균 1218달러를 더 주지 않는 한 절대로 팔지 않겠다고 말했다. 한편 가게 안에 들어가기도 전에 상품이 동날까봐 걱정하는 이들은 새 전화기에 대해 평균 97달러 이상은 웃돈을 얹어주지 않겠다고 말했다. 이런 점에서 일반적인 아이폰 고객은 아이폰을 갖기보다 이미 갖고 있는 전화기를 잃고 싶지 않은 데 대한 동기부여가 열두 배는 더 강하다고 말할 수 있겠다. 흠, 아무래도 조금 이상하지 않은가?[7]

이처럼 이익보다 손실에 대해 더 높은 프리미엄을 부가하는 심리를 '손실 회피 경향'이라고 부르는데, 이것이 개인적 삶의 변화에 시사하는 바는 분명하다. 만약 당신이 변화 계획을 실천하는 데 당신에게 소중한 것을 건다면 단순히 보너스와 보상, 그 외 인센티브를 걸 때보다 성공할 가능성이 더 높을 것이다.

하지만 어떻게 이럴 수 있을까? 애초에 어째서 부정적인 것에 초점을 맞추는 것일까? 생각해보면 손실 회피 경향은 인간을 오랫동안 보살펴왔다. 사실상 우리의 생존을 도와주었다고 해도 과언이 아니다. 가령 자신을 노리고 있는 무시무시한 칼이빨호랑이보다 먹음직한 열매가 주렁주렁 열린 과일나무에 더 정신이 팔린 불쌍한 원시인을 생각해보자.

"와, 저거 봐! 과일이 주렁주렁 열려 있네?"

으르렁 꿀꺽 짭짭.

그런 친구들은 후대에 유전자를 남길 만큼 오래 살지 못했을 것이다. 반면 주변의 위협을 먼저 살핀 다음 즐길거리를 찾는 이들은 자식들에게 조심하라는 충고를 남겨줄 정도로 오래 살았을 것이다. 오늘날의 현대인도 마찬가지다. 우리는 잠재적인 손실에 먼저 관심을 기울인다.

변화 촉진 전문가들은 지난 수십 년 동안 이런 인간의 특성을 이용해왔다. 예일 대학의 행동경제학자 딘 칼란Dean Karlan은 매우 두드러진 사례를 제공한다. 그는 필리핀에서 날마다 담배를 피우되 조금씩 담배를 줄여 담배를 끊고자 하는 흡연자들을 대상으로 실험을 했는데, 금연에 대한 보상으로 피험자의 예금구좌에 그들이 아낀 담뱃값을 넣어주었다.

6개월과 12개월 뒤, 피험자들은 담배를 끊었는지 확인하기 위해 소변검사를 받았다. 검사에 통과하지 못한 사람들은 모은 돈을 모두 자선단체에 보내야 했다. 금전적으로 아무런 제재도 가하지 않은 통제집단에 비해 실험집단은 금연에 성공하는 확률이 약 50퍼센트나 높았다. 별로 놀랍지는 않지만, 피험자들이 더 많은 돈을 걸면 걸수록 성공 확률 또한 높았다.[8]

자, 그럼 어떻게 이 손실 회피 경향을 우리에게 이롭게 활용할 수 있을까? 당신에게 소중한 무언가를 걸어라. 당신의 성공을 위해 과감히 뭔가를 걸어라. 변화자 카일 N은 보기 좋은 몸매를 가꾸기 위해 이 방법을 사용했다.

"정기적으로 운동을 하고 싶었지만 정말로 마음먹은 대로 안 되더군요. 그래서 일주일에 한 번씩 운동 내용을 봐주는 코치를 고용했어요. 체육관에 있는 운동 장비를 유용하게 사용하는 법이나 몸에 좋은 식단이 뭔지 가르쳐줄 사람을요. 내 운동 코치는 다양한 운동법과 운동을 좀더 쉽게 하는 법을 알려주었죠. 게다가 운동을 하는 동안 누군가와 이야기를 나눈다는 것 자체가 큰 도움이 되더라고요."

그러더니 갑자기 카일이 우리에게 물었다.

"그런데 진짜로 내가 운동을 열심히 하게 된 이유가 뭔지 압니까?"

"내가 꾸준히 체육관에 나갔던 가장 큰 이유는 거금을 주고 전문가를 고용했으니 그 사람을 최대한 활용하지 않으면 손해라는 생각이 들어서였어요. 돈을 그냥 날린다는 생각을 하면 체육관에 들르게 되더라고요. 내 아내도 비슷한 생각이었고요. '오늘은 월요일이야!'라고 소리치곤 했죠. '운동하러 가기 싫다니 무슨 소리야? 벌써 돈까지 내놓고!'라고 말하곤 했죠."

자기계발 웹사이트 디자이너들도 손실 회피의 위력을 놓치지 않았다. 스틱케이닷컴StickK.com은 참가자들의 목표를 세운 다음 그들로부터 돈을 모금했다. 참가자들은 목표를 성취하는 데 실패할 때마다 그들이 미리 지정해놓은 사람들에게 정해진 금액의 돈을 주어야 했다. 그 결과 스틱케이닷컴의 고객들은 손실 회피 경향을 이용한 다른 모든 사람들처럼 반경제적 방식이 바람직한 행동을 자극하는 데 유용하다는 사실을 깨달았다.

방안 2: 인센티브는 적절하게, 조화롭게 사용하라

먼저 인센티브를 적절하게 사용하는 법을 보자. 살을 빼기 위해, 그리고 덤으로 어마어마한 액수의 상금을 타기 위해 자기 몸을 고문하는 사람들이 나오는 텔레비전 프로그램을 볼 때마다, 당신은 저런 극단적인 방법이 진짜 효과가 있기나 한지 궁금할 것이다. 물론 어떤 사람들은 뭔가를 얻을 수만 있다면 그런 위험을 감수하라도 군대식 캠프에 제 발로 걸어 들어갈 것이다. 그러나 집으로 돌아간 뒤에는 어떨까? 일단 옛날과 똑같은 환경을 마주하게 되면,

그리고 더 이상 커다란 인센티브가 존재하지 않는다면 다시 옛날로 돌아가지 않을까? 실제로 많은 사람들이 그렇다.[9]

비슷한 맥락에서 비만퇴치 운동 홍보대사로 선정된 유명 영화배우가 자신이 광고하는 상품을 사용하는 동안에 체중이 500그램 줄 때마다 많은 돈을 상으로 받는다고 하자. 만약에 그녀가 목표치에 이르러 그 커다란 인센티브가 사라진다면 어떻게 될까? 그녀 역시 다시 예전의 버릇으로 돌아가 몸무게가 늘어나지 않을까? 실제로도 정말 그랬다.[10]

사실 나중에 역풍으로 작용할 수 있는 외부의 보상에 의존한다는 개념은 오랫동안 학계에서도 연구의 대상이었다. 1970년대 초반, 저명한 학자 마크 레퍼Mark Lepper가 스탠퍼드 대학의 유명한 연구실험실인 빙 유아원Bing Nursery School에서 이러한 연구를 실행했다.[11] 레퍼와 그의 팀은 이미 만족감을 느끼는 일에 대해 외적 보상을 제시할 경우 그것이 주는 만족감이 감소할지 알고 싶었다.

레퍼는 아이들이 좋아하는 장난감을 가지고 놀 때마다 그들이 좋아하는 과자를 주었다. 아이들은 처음에는 계속해서 맛있는 간식을 얻어먹었지만, 얼마 지나지 않아 좋아하는 장난감을 가지고 노는 횟수가 점차 줄어들었다. 그 이유는 무엇일까? 레퍼는 아이들이 재미있는 일을 할 때마다 과자를 받게 된다면 '어차피 이것을 가지고 놀 때마다 상을 받으면 도대체 뭐가 재미있는 거야?'라는 의문을 갖게 되기 때문이라고 결론지었다.

그러므로 우리는 인센티브를 사용할 때에는 각별히 주의하라는 경고를 보내는 바이다. 인센티브가 크면 클수록 좋은 결과를 가져올 것이라고 지레짐작하지 마라. 거대한 인센티브는 그 자체로 목적이 되고, 그래서 그것이 사라지는 순간 당신의 동기 또한 함께 사라질 수 있기 때문이다.

따라서 인센티브를 활용할 때에는 적당한 수준에 그쳐야 한다. 인센티브의 마법을 가동하려면 조그마한 보상만으로도 충분하다. 이를테면 목표 체중을 줄이는 데 성공했다면 예쁜 블라우스를 사 입어라. 계획대로 하루도 빠짐없이 운동을 하는 데 성공했다면 아들과 같이 낚시 여행을 떠나는 게 어떻겠는가?

이번에는 인센티브를 조화롭게 사용하는 법을 보자. 변화자 레이첼 C는 소박한 보상을 적절하게 활용하고, 나아가 사회적 및 개인적 동기부여와 조화를 이룰 때야말로 인센티브가 최상의 효과를 낼 수 있음을 보여주는 훌륭한 사례다.

수 년 동안 마약과 술에 찌들어 있던 레이첼은 마침내 이를 극복하기 위해 12단계 프로그램에 참가하기로 결심했다. 첫 번째 치료 모임 때 레이첼의 후원자는 포커칩을 건네주며 이 작은 물건이 그녀의 금주 맹세를 지켜줄 것이라고 말했다. 그리곤 앞으로 6개월 동안 레이첼이 술을 마시지 않겠다는 약속을 지킨다면 그녀에게 진짜 금주칩을 주겠다고 약속했다. 레이첼은 금주칩과 그것이 상징하는 바를 간절히 원했고, 6개월 동안 끈질기게 노력한 끝에 반년 뒤 모임에 참가한 사람들 앞에서 격려와 환호성을 받으며 진짜 칩을 수여받을 수 있었다. 그것은 무겁고 단단한 놋쇠 메달이었다.

그날 밤 레이첼은 집에 돌아가 놋쇠 메달을 찬찬히 들여다보며 손바닥 위에서 굴려보았다. 그 묵직한 무게를 느끼며, 그녀는 행복감에 젖어 흐느껴 울었다. 마치 온 세상을 얻은 것만 같았다. 물론 그녀는 단순히 이 칩을 얻기 위해 6개월 동안이나 그 고통스러운 과정을 견뎌낸 것이 아니었다. 레이첼은 여러 가지 이유로 술을 끊고 싶었고 어쨌거나 성공을 했다.

레이첼이 각고의 노력 끝에 정당하게 받은 놋쇠 메달은 그녀가 목표를 이루는 데 성공했음을, 그녀가 되고자 하는 사람이 되고 있음을 의미했다. 이 부분은 개인적 동기부여를 활용한 것이다. 나아가 레이첼은 그녀의 성공을 축하해주는 친구들과 이 승리감을 함께 나누었다. 이 부분은 사회적 동기부여를 활용한 것이다. 따라서 레이첼의 놋쇠 메달은 비용이 거의 들지 않은 인센티브를 적절하게, 그리고 조화롭게 사용한 완벽한 실례라 할 수 있다. 개인적 동기부여와 사회적 동기부여를 모두 활용했기 때문이다.

방안 3: 작은 승리를 거둘 때마다 작은 상을 주라

우리의 마지막 방안을 설명하기 전에 앞에서 언급한 개념 중 하나를 다시 한번 상기해보자. 크고 장기적인 목표를 보다 단기적이고 작은 하위 목표로 쪼갠다면 훨씬 효과적으로 달성할 수 있다는 것이다. 작고 쉬운 목표를 활용한다는 개념은 지난 수십 년 동안 사람들 사이에 널리 알려져 있긴 했지만 실제로 실험실에서 증명된

적은 없었다. 왜냐하면 연구진이 두 개의 피험자 집단에게 일련의 단기 목표와 장기 목표를 제시하고 이를 비교하려 할 때마다 장기 목표를 제시받은 집단이 언제나 그것을 다시 작은 단기 목표로 쪼개 실험의 원래 목적을 오염시켰기 때문이다.[12] 그들은 머리로 목표와 시간을 계산함으로써 실험의 효과를 무위로 만들었다.

다행히도 이 문제는 앨버트 반두라가 장기적 목표를 어떻게 쪼개야 할지 모르는 이들을 실험대상으로 삼음으로써 해결되었다. 어떻게 했냐고? 그는 간단한 셈에도 어려움을 겪는 아이들을 피험자로 선택했다. 반두라는 아이들에게 7장 42쪽으로 구성된 **뺄셈** 문제를 모두 풀어야 하는 장기적 목표와 각 장이 6쪽으로 구성된 **뺄셈** 문제 7장을 풀어야 하는 단기적 목표를 부여했다. 장기적 목표를 부여받은 아이들은 동기부여를 강화하기 위해 과업을 보다 작은 단위로 쪼개는 방법을 몰랐고, 당연하게도 다른 집단에 비해 목표를 완료하지 못했다.[13]

하나의 거대한 목표보다 여러 개의 작은 목표를 이용하는 이 유용한 방안은 인센티브를 적용할 때 특히 중요하다. 절대로 '궁극적인 목표'에 보상을 부여하는 실수를 저지르지 말라. 승진을 하면 새 차를 사야지, 10킬로그램을 **빼면** 새 옷장을 사야지 등등. 장기적인 변신 프로젝트를 실행하는 데 있어 가장 큰 위험부담은 최종적인 실패가 아니라 당신이 초기에 일찌감치 '나가떨어지는 것'이기 때문이다.

조금씩 진척이 있을 때마다 가능한 한 자주 자기 자신에게 상을 주라. 이때 중요한 것은 '올바른' 행위에 상을 주어야 한다는 것이다. 결과가 아니라 행동을 보상하라. 결과는 대개 최소한 당신이 바로 그 순간 통제할 수 있는 것이 아니기 때문에 인센티브는 당신이 제어할 수 있는 것, 다시 말해 당신의 핵심 행동과 연관시켜야 한다. 당신이 성취한 것이 아니라 실천한 것에 상을 줘야 한다는 얘기다.

새로운 운동 계획을 실천하는 조제 G가 가장 진저리를 내는 것은 자신이 마음에 들어 한 조깅이나 수영이 아니라 웨이트 트레이닝이었다. 재미도 없을 뿐만 아니라 힘이 들어 죽을 맛이었다. 그래서 그는 일주일에 두 번 웨이트 트레이닝을 할 때마다 스스로에게 특별한 상을 주기로 했다. 그는 얼마 전에 마음에 드는 초콜릿 맛 단백질 셰이크를 발견했는데 운동 코치로부터 먹어도 좋다는 허락까지 받았다. 그래서 그는 화요일과 목요일을 '초콜릿 셰이크의 날'로 결정했다.

조제는 허리 치수를 5인치 줄이거나 110킬로그램짜리 역기를 들어 올릴 수 있을 때까지 기다리지 않았다. 그보다 웨이트 트레이닝 날을 무사히 넘길 때마다 자신의 핵심 행동에 상을 주었다. 그는 약간 곤혹스러운 표정으로 이렇게 설명했다. "물론 원한다면 날마다 초콜릿 단백질 셰이크를 먹을 수도 있었죠. 그렇지만 웨이트 트레이닝을 한 날만 그걸 먹는다는 건 결국 내게 선택권이 있고, 언젠간 목표를 달성할 수 있다는 느낌을 줬어요." 조제는 작은 상을 위해서라도 웨이트 트레이닝을 거르지 않았다. 결국 그의 몸은 건강해질 수밖에 없었다.

반경제적 사고를 하라

개인적인 삶을 개선시키려고 할 때 건전한 행동을 장려하는 수단으로 인센티브를 떠올리는 사람은 별로 없을 것이다. 우리는 그런 생각 자체를 하지 못하거니와, 설사 행동을 장려하는 인센티브의 중요한 역할을 떠올린다고 해도 나 자신은 열외로 여긴다. 그렇게 단순하고 속이 뻔히 들여다보이는 도구를 사용하는 것은 자존심이 상하는 일이기 때문이다. 우리는 생각한다. '인센티브 같은 건 필요 없어. 나 혼자서도 잘할 수 있는걸!' 그렇게 다시 의지력 함정에 빠지는 것이다.

이제 그런 사고방식을 뒤집어야 한다. 인센티브는 우리에게 큰 도움을 줄 수 있을 뿐만 아니라, 어쩌면 당신의 최근 '경제 상황'이 당신의 나쁜 버릇을 부추기거나 보상을 해주고 있을지도 모르기 때문이다. 어쩌면 그 두 가지 모두에 해당되는지도 모른다!

여섯 가지 변화 계획의 일부로 인센티브를 사용할 때에는 항상 다음 사항을 명심하라.

당근을 주라. 그리고 당근을 빼앗겠다고 협박하라

자, 좀 솔직해져보자. 정말로 인센티브를 부여하거나 경제적 손실을 입히는 방법이 당신에게 도움이 안 될 것이라고 생각하는가? 그렇다면 스스로를 다시 한번 돌아보기 바란다. 외적 보상을 사용하여 의지력을 강화하고 또래 집단의 압력을 견뎌내라.

인센티브는 적절하게, 조화롭게 사용하라

비용이 적게 들면서 동시에 당신에게 커다란 의미를 줄 수 있는 보상은 무엇인가? 다른 사람들이 인센티브를 어떻게 효과적으로 활용하는지 알고 싶다면 체인지애니씽 홈페이지를 방문하라.

작은 승리를 거둘 때마다 작은 상을 주라

당신의 핵심 행동은 무엇인가? 통제 가능한 당신의 행동들 가운데 무엇에 대해 상을 줘야 할까? 소박한 축하 행사를 벌일 만한 적당한 기한은 얼마인가? 그렇게 정해진 기간 안에 당신은 무엇을 할 수 있을까?

여섯 번째 요소
공간을 관리하라

동기부여	능력
1	2
3	4
5	6

(좌측 세로 라벨: 개인적 / 사회적 / 구조적)

몇 년 전 우리의 체인지애니씽 연구소 팀은 피곤하고 허기진 열 살
짜리 축구선수 스무 명에게 마카로니 치즈를 대접했다. 우리의 목
적은 브라이언 완싱크의 뛰어난 저서 『나는 왜 과식하는가Mindless
Eating: Why We Eat More Than WE Think』에 언급된 연구를 반복하는 것
이었다. 우리가 대접한 음식은 평범한 마카로니 치즈가 아니었다.
쫄깃하게 익은 마카로니에 입 안에서 살살 녹는 체다 치즈를 듬뿍
얹은, 아이들이 침을 질질 흘리게 만들 정도의 요리였다.

아이들이 연구소에 도착하자 우리는 그들을 두 집단으로 나누어
두 개의 방에 들여보냈다. 방 한가운데에는 탁자가 준비되어 있었

는데, 우리가 고개를 끄덕이자 배고픈 소년들은 탁자 중앙에 놓인 파스타 냄비를 향해 쏜살같이 달려들었다. 식사가 끝난 뒤 우리는 피험자들 주위를 돌아다니며 아이들이 원하는 만큼 충분히 먹었는지 확인했다. 스무 명 모두 기분 좋게 배부르다고 응답했다.

그러나 아이들은 모두 똑같은 대접을 받은 것이 아니었다. 한 식탁에 앉은 아이들에게는 지름 22센티미터의 종이접시가, 그리고 다른 탁자의 아이들에게는 지름 30센티미터의 접시가 주어졌기 때문이다. 두 테이블의 아이들은 모두 음식을 여러 번 가져다 먹었고, 배가 부르다고 느껴졌을 때 식사를 중단했다.

우리의 목표는 아무런 제한도 없을 때 접시의 크기가 식사량에 얼마나 큰 영향을 미치는지 알아내는 것이었다. 접시의 지름은 분명 피험자들의 음식 섭취량에 영향을 미쳤다. 그것도 아주 많이 말이다. 큰 접시를 받은 아이들은 그렇지 않은 아이들에 비해 70퍼센트나 더 많이 먹었다. 놀라운 것은 그들이 많이 먹었다는 사실 자체를 인식하지 못했으며, 접시의 크기에 별로 관심을 기울이지도 않았다는 점이다. 그러나 접시의 크기는 아이들이 '똑같이' 배가 부르다고 느낄 때까지 먹는 음식의 양에 몹시 큰 영향을 미쳤다.

주변 환경을 적에서 친구로

커다란 접시의 함정에 빠지는 것은 비단 어린 축구선수들뿐만이 아니다. 당신의 찬장을 한번 들여다보라. 요즘 당신이 저녁식사 때 사용하는 접시들은 오랜 옛날 당신의 할머니가 식탁 한가운데 내놓던 커다란 쟁반과 크기가 맞먹을 정도다. 지난 몇 세대 동안 가게에서 판매하는 접시들은 우리가 눈치채지 못하는 사이 계속해서 커져만왔다.

그게 뭐가 그리 중요하냐고? 코넬 대학의 브라이언 완싱크Brian Wansink가 발견한 사실을 모른다면 그렇게 반문할 수도 있겠지만 완싱크의 눈을 빌려 현실을 직시해보자. 완싱크는 92퍼센트의 사람들이 자기 접시에 담긴 음식을 깨끗이 먹어치운다는 사실을 발견했다. 접시가 얼마나 크든 간에 말이다.[1] 30센티미터 지름의 접시는 22센티미터 지름의 접시보다 33퍼센트나 더 많은 열량을 담을 수 있다! 오늘날 비만 인구가 점점 더 늘어나고 있다는 사실도 아마 이와 무관하지 않을 터다. 우리의 접시가 우리를 그렇게 몰아가고 있는 것이다!

물론 우리는 여기서 접시에 관해 이야기하고자 하는 게 아니다. 우리 주변의 물리적 세상이 어떻게 우리도 모르게 우리의 행동에 영향을 미치는지 알아보고자 하는 것이다. 접시의 크기는 우리의 행동에 영향을 미치는 물리적 세계의 예시일 뿐이다. 식탁의 존재는 가족들의 상호작용 빈도에 영향을 미치며, 집에 놓인 텔레비전과 운동 기구 사이의 거리는 당신의 운동 횟수에 직접적인 영향을 미친다. 이쯤이면 우리가 무슨 말을 하려는지 눈치를 챘으리라 믿는다. '사물'은 우리의 선택에 조용히, 그러나 대단히 큰 영향을 미친다. 그리고 우리의 나쁜 습관 역시 거기서 예외가 아니다.

예를 들어 케이티 B는 직장에서 숨이 찰 정도의 신속한 변화를 따라잡기 위해 안간힘을 쓰고 있었다. 그녀는 동료들에게 뒤처지지 않기 위해 소파 옆에 직업과 관련된 전문지를 쌓아 두었다. 하지만 불행히도 그녀의 집은 독서에 그리 어울리는 환경이 아니었고, 외려 '시청'에 적합한 환경에 가까웠다. 거실 한가운데에는 50인치 대형 평면 TV가 위풍당당하게 버티고 있었다. 디지털 비디오 레코더는 언제든지 내키는 영화를 골라 볼 수 있게 해주었고, 서라운드 스피커 시스템으로는 마치 극장에 온 것 같은 기분을 만끽할 수 있었다.

매일 저녁 6시 반 케이티가 퇴근해 집에 돌아오면 신경 써서 갖춰놓은 거실은 전문지를 읽고 싶다는 그녀의 의도를 방해했다. 마치 케이티가 의도적으로 자신의 계획을 방해하고 있는 것처럼 보일 정도였다. 사실 케이티는 거실이라는 물리적 공간이 그녀의 직접적 발전을 가로막을 수 있으리라고는 전혀 상상해본 적조차 없었다.

대부분의 미국인은 그들이 사는 집안 구조가 가족의 행동에 얼마나 큰 영향을 미치는지 인식하지 못하는 듯하다. 오늘날의 소비자들은 단순히 경제적인 능력이 된다는 이유만으로 잘 빠진 전자기기들을 구입한다. 그 결과를 좀 보라. 서로 다른 브랜드의 비디오게임 플레이어 네 개와 수십 개의 게임팩, 편안한 소파가 놓인 홈시어터. 짜잔! 여기 어린이 비만을 위한 완벽한 환경이 갖춰져 있지 않은가!

약물 중독 같은 심각한 문제의 경우 물리적 환경이 얼마나 큰 영향을 미칠까? 불운하게도 변화자 웨스 M은 물리적 환경이 그의 코카인 남용에 미치는 영향을 간과했다. 샌프란시스코 출신의 이 상냥한 회계사는 너무나도 절실하게 약을 끊고 싶었지만 불행히도 페이스북 계정과 아이폰을 갖고 있었으며, 이 두 가지는 모두 그에게 불리하게 작용하고 있었다.

다섯 번의 희망찬 시도가 모두 실패로 돌아간 뒤 웨스는 디지털 적들에게 맞서 싸우기에는 자신이 너무 무력하다는 사실을 깨달았다. 그는 출발선에 서 있다가도 오랜 방해자에게서 약을 하자는 문자메시지를 받거나 페이스북 친구로부터 파티에 초대를 받으면 거절을 하지 못했다.

웨스는 전자기기를 통해 전달되는 유혹들을 뿌리치지 못했다. 첨단기술은 그가 극복할 수 있는 것보다 더 자주, 그리고 더욱 가까이 유혹을 몰고 왔고, 주위의 물리적 환경은 늘 그의 개인적 동기가 무너지는 순간만을 호시탐탐 노리고 있었다. 이런 상황에서 그의 실패는 불을 보듯 뻔한 일이었다. 고민에 고민을 거듭하던 그는 주변에 있는 디지털 기기들을 모두 없애버리기로 결심했다.

당신 역시 웨스와 마찬가지로 매우 강력한 물리적 세상 속에 살고 있다. 당신은 날마다 주위에서 적들을 대면한다. 한숨도 자지 않고 한 치도 흔들리지 않으며, 때로는 너무나 조용하여 우리 옆에 존재한다는 사실조차 눈치채기 힘든 은밀한 물건들. 물리적 사물이란 그런 것이다. 그러므로 삶을 통제하고 싶다면 무엇보다 먼저 해야 할 일은 당신의 주변 공간을 관리하는 것이다.

좋은 소식이 하나 있다면 일단 공간을 관리할 수 있게 되는 순간 이제껏 당신을 괴롭히고 방해하던 적들이 오히려 변화를 격려하고 북돋는다는 점이다. 당신이 할 일은 잘못된 습관을 부추기고 유지하는 주변 환경의 교묘한 수법들을 간파하고, 이를 새로운 습관을 키우는 데 활용하는 것이다. 주변 환경을 적에서 친구로 바꾼다면 거의 불가능하다고 생각했던 변화를 창출할 수 있다. 이런 변화를 위해 우리가 할 수 있는 방안 다섯 가지를 소개해보겠다.

방안 1: 울타리를 쳐라

역사학자들에 의하면 미국이 서부지역을 길들일 수 있었던 것은 바로 울타리를 쳤기 때문이라고 한다. 물론 이때 당신이 길들인 입장이라면 좋은 소식이고, 길들여진 입장이라면 나쁜 소식일 것이다. 아무튼 유혹과 위험으로 가득한 당신만의 서부지역을 길들이려면 당신 역시 울타리를 둘러야 할 필요가 있다. 물론 여기서 말하는 울타리란 철조망을 두른 말뚝이 아니다. 그것은 당신이 정한 삶의 경계선으로, 주로 당신을 해로운 것에서 떼어놓는 엄격한 규칙과 단호한 행동의 형태로 나타난다. 이런 개인적인 울타리는 당신이 특정 위험 속에서 벗어나는 데 도움이 된다.

예를 들어 마이클 V는 술을 끊기로 단호하게 결심한 순간, 그의 주변에서 가장 위험하고 유혹적인 장소에 울타리를 세웠다.

"퇴근할 때 평소에 이용하던 길을 바꿨죠." 마이클은 말했다. "토니네라고, 내가 자주 가던 술집이 있는데 그 앞을 지나지 않으려고요. 만약에 그 가게 앞을 지나기라도 하면 난 주차장에 있는 친구 녀석의 차를 보게 될 거고, 그러면 차를 세우고 술집에 들르려고 할 테니까요. 그래서 아예 그 술집 앞도 지나지 않으려고 했어요."

정확히 말하자면 마이클은 모든 술집 앞에 울타리를 세웠다.

"애초에 술을 마실 게 아니면 술집에 갈 일이 없잖아요? 그러니 난 술집에 갈 필요가 없어요."

더 나아가 마이클은 자신의 집에도 울타리를 쳤다. "난 더 이상 집에 술을 놔두지 않아요. 나도 모르게 손을 뻗을까 무서워서요."

이런 엄격한 규칙들은 나쁜 영향을 줄 수 있는 원인을 애초에 제거함으로써 더욱 안전한 환경을 만들었다. 마이클은 울타리를 이용해 그가 관리할 수 있는 환경을 조성한 것이다.

다음 사례를 생각해보자. 준 W는 마침내 자신의 낭비벽에 대해 뭔가 조치를 취해야겠다고 결심했다. 그녀가 매달 지불하는 신용카드 이자만 해도 자신이 사는 아파트의 한 달 월세와 맞먹었기 때문이었다. 그녀는 무분별한 지출에서 자신을 보호하기 위해 몇 개의 울타리를 세웠다. 먼저 준은 그녀가 갖고 있던 모든 신용카드를 가위로 잘라버렸다. 덕분에 앞으로는 신용카드 빚을 질 일이 없었다. 또 그녀는 사야 할 물건의 목록을 먼저 작성하지 않고는 쇼핑몰에 절대 들르지 않았고, 이는 그녀가 충동적으로 예정에도 없던 지출을 저지르지 않게 예방해주었다.

업무와 관련된 전문지를 읽고 싶었지만 실제로는 텔레비전 시청에 적합한 환경에 둘러싸여 있는 케이티 B 역시 여가 시간을 활용하는 습관을 고치기 위해 울타리를 만들었다. 그녀는 집에 있는 모든 디지털 기기를 빈방으로 옮겨 자기계발 공부를 방해하던 유혹들을 제거했다. 케이티는 늦은 밤이면 때때로 텔레비전을 시청하지만, TV나 비디오를 보려면 의도적으로 '울타리'를 넘어야 한다. 즉 아무 생각 없이 몸만 움직이는 게 아니라 뚜렷한 목적을 지니고 의도적으로 행동을 취해야 한다는 의미다.

울타리는 대단히 유용하지만 그 밖으로 나갈 준비를 미리 단단히 해두지 않는다면 예상 밖의 문제를 겪을 수 있다. 만일 울타리가 나쁜 선택을 가로막아 줄 때에만 성공을 거둘 수 있었다면 울타리가 무너질 경우 당신 역시 급격하게 무너질 수 있기 때문이다.

문제는 울타리 치기가 너무 효과가 좋은 나머지 사람들이 그것만을 유일한 해결책으로 믿고 지나치게 의존한다는 데 있다. 우리는 범죄자를 감옥에 가둔다. 중독자들은 재활원에 가고, 심지어 섭식 장애가 있는 몇몇 사람들은 입을 철사로 꿰매버리기도 한다. 이런 울타리들은 그것이 유지되는 동안에는 안전할지 모른다. 그러나 대부분의 범죄자와 중독자, 섭식 장애 환자들은 언젠가는 그것을 넘어 세상에 합류해야 하고, 그러면 예전의 문제가 다시 불거지게 된다. 결국 그들은 아무 변화도 일구지 못한 채 곧장 옛 습관으로 돌아가고 마는 것이다.

울타리를 유지하려면 다음 두 가지 원칙을 고수해야 한다.

먼저 울타리를 세우고 유지하는 사람은 다름 아닌 당신 본인임을 자각해야 한다. 울타리를 쳐서 유혹을 막는다는 결정을 내릴 수 있는 사람은 오직 당신뿐이라는 것이다. 아무리 좋은 의도를 갖고 있는 친구나 동료, 사랑하는 사람이나 식구들도 당신 대신 그런 선택을 해줄 수는 없다.

마이클 V는 그의 가족과 친구들이 그가 술집에 가지 못하게 하려고 부단히 노력했다고 말한다. 그러나 그것은 그 자신이 내린 결정이 아니었고, 그래서 그는 주변 사람들이 세운 울타리를 방해물로 치부했다. 그에게 울타리는 유용한 도구가 아니라 그가 넘어야 할 도전이었다. 그래서 마이클은 울타리 주위를 얼쩡거리며 그 뒤로 넘어갈 방도를 찾아 기웃거렸다. 당신이 진정으로 원하는 것이 무엇인지 자문하고 효과적인 울타리를 세운 다음, 목표를 성취하는 데 도움이 될 장벽을 고안하라.

다음으로 여섯 가지 요소 대신으로 울타리를 사용해서는 안 된다. 어떤 이들은 울타리 안에 안주한 나머지 이것을 유일한 수단으로 활용하기도 한다. 예를 들어 재활원은 당신을 몇 주일 또는 몇 달 동안 나쁜 선택으로부터 보호해줄 수 있지만 언젠가 당신은 다시 유혹이 난무하는 바깥세상으로 나가야만 할 것이다. 따라서 당신에게는 울타리를 보완할 무언가가 필요하다. 울타리 안 재활원에서 보호받으며 만족 지연과 다른 기술들을 배우는 한편 바깥세상에서 당신을 도와줄 여섯 가지 방안을 함께 이용해라. 그렇지 않는다면 울타리가 무너질 때 좌절감에 휩싸이게 될 것이다.

방안 2: 거리를 조절하라

리카르도 N은 생활 패턴을 바꾸지 않는다면 더 이상 결혼생활을 지탱할 수 없었다. 그와 헬렌은 하루를 정반대로 살았다. 그녀는 아침 다섯 시에 집을 떠났고, 그는 오후 세 시에 출근을 했다. 부부는 서로의 열정을 되살리려는 다양하고 진심 어린 시도에도 불구하고 어째서 계속해서 멀어져만 가고 있는지 이해할 수가 없었다.

마침내 리카르도가 몇 번의 기회를 거쳐 아내의 생활 패턴과 일치하는 직장으로 옮겼을 때, 그는 두 사람의 관계를 개선하려는 모든 시도가 둘이서 함께 시간을 보내려는 시도와 일치한다는 사실을 깨달았다. 두 사람이 여러모로 가까워지기 위해서는 일단 시간적, 공간적으로 함께하는 시간을 늘려야 했다. 이처럼 거리는 행동에 영향을 미친다.

물리적인 거리는 단순히 남녀관계에만 영향을 미치는 것이 아니다. 변화자 리즈 P의 이야기를 들어보자. 회사에서 리즈의 책상은 동료들 사이에서 이른바 '먹이통'이라고 불리는 커다란 깡통과 겨우 4미터밖에 떨어져 있지 않았다. 먹이통에는 사탕을 비롯해 온갖 주전부리가 가득 들어 있었는데 리즈와 동료들은 버릇처럼 그 통에서 날마다 사탕이나 초콜릿을 집어먹곤 했다. 먹이통은 가까운 곳에 조용히 자리 잡고 앉아 리즈를 쉴 새 없이 유혹했고, 그녀는 균형 잡힌 식습관을 유지하려면 안간힘을 다해 먹이통과 치열한 기싸움을 벌여야 했다.

그러던 어느 날 리즈는 먹이통이라는 물리적인 환경이 어떻게 자신에게 영향을 미치는지 깨닫고 그것을 관리하기로 마음먹었다. 리즈 자신이 매우 지키기 힘든 것이기는 하지만 그녀는 먹이통에서 사탕을 집어먹지 않는다는 규칙으로 울타리를 세우는 것이 아니라 다른 방법을 택했다. 상사에게 먹이통과 15미터나 떨어진 다른 책상으로 자리를 옮기고 싶다고 요청했던 것이다. 일주일 뒤 그 요청이 받아들여지자 리즈는 시도 때도 없이 간식을 집어먹는 버릇을 없앨 수 있었다. 그녀는 업무 장소를 옮김으로써 '좋은 것은 가까이, 나쁜 것은 멀리'라는 금언에 충실할 수 있었다.

엄밀히 말하자면 금언이라고 하긴 좀 그렇지만 여섯 번째 요소에 있어서는 금언이나 마찬가지다. 유혹을 멀리할 수 있다면 그렇게 하라. 당신에게는 두 가지 방법이 있다. 첫 번째는 유혹에 대해 정면으로 대치하며 고통을 참아내는 것이다. 하지만 이는 다시 의지력 함정에 빠지는 것이나 마찬가지다. 또 하나는 거리를 당신에게 유리하게 이용하는 것이다. 두말할 필요도 없이 항상 두 번째 방법을 선택하라.

그런데 리즈는 겨우 15미터라는 물리적 거리로 어떻게 변화를 일굴 수 있었을까? 심리학 연구에 따르면 물리적 거리는 우리의 선택에 중대한 역할을 하며, 따라서 유혹을 고작 몇 미터 멀리 또는 가까이 옮기는 것만으로도 행동에 지대한 영향을 미칠 수 있다고 한다. 예를 들어 식당에서 음식이 절반이나 담겨 있는 접시를 바로 앞에 놓아두고 친구와 대화를 한다면 20분 뒤 당신의 접시는 깨끗하게 비어 있을 테지만, 접시를 테이블 가장자리로 밀어둔다면 당신이 식탁에서 일어날 때까지 접시에는 음식이 고스란히 남아 있을 확률이 크다.

이 같은 경우 외에도 거리는 우리 삶의 여러 가지 분야에 흥미로운 영향을 미친다. 거리는 사랑과 우정을 측정하는 최고의 예측 요인이며, 과학 분야에서의 협력을 가늠하고, 사람들의 여가 활동을 결정한다.

거리가 인간에게 미치는 영향은 어마어마하다. 그렇다면 이를 어떻게 변화에 유리하게 활용할 수 있을까? 운동 시간을 늘리고 싶다면 운동 도구를 지하실이나 먼 체육관이 아니라 항상 손이 닿을 수 있는 거실이나 침실에 두라. 담배를 끊고 싶다면 담배와 라이터를 멀리 떨어진 방으로 옮기거나 높은 찬장 위에 올려두거나 아예 집에서 없애버려라. 충동구매를 참고 싶다면 인터넷 즐겨찾기에서 모든 쇼핑 사이트를 지워라. 인터넷상으로 아주 약간만 거리를 두더라도 쇼핑 욕구를 누그러뜨릴 수 있다. 이쯤이면 대충 감을 잡을 수 있으리라 믿는다. 공간을 최후의 결전지로 삼기보다 같은 편의 동맹군으로 활용하라.

방안 3: 일깨움 표시를 활용하라

좋든 싫든 주변 환경은 당신의 관심과 흥미에 커다란 영향을 미친다. 신호, 형태, 색깔, 소리 등 당신의 관심을 사로잡을 수 있는 모든 것들 또한 당신의 사고와 의견, 감정, 그리고 선택에 영향을 미칠 수 있다. '의지력 함정에서 벗어나라'라는 장에서 체인지애니씽 연구소가 아이들에게 행한 실험을 기억하는가? 벽에 아무것도 붙어 있지 않은 방에서 과제를 수행한 피험자들은 평균 6.22달러를 가지고 집으로 돌아갔지만, 몇 가지 사소한 변화를 비롯해 과자를 선전하는 화려한 포스터에 둘러싸인 아이들은 결국 평균 3.23달러밖에 손에 넣지 못했다. 아이들은 자신들이 포스터를 봤다는 것조차 기억하지 못했지만, 이런 미묘한 시각적 암시는 분명 우리의 사고체계에 영향을 미치는 듯 보인다.

시각 및 다른 형태의 표시들은 우리의 사고에 영향을 준다. 우리에게 무엇을 생각할지, 무엇을 원하고 무엇을 걱정할지 말해주는 것이다. 실제로 펜실베이니아 대학 와튼스쿨의 스티븐 호크Stephen Hoch는 시각적 표시가 강력한 힘을 발휘하는 이유에 대해 '욕구'를 '필요'로 바꾸기 때문이라고 분석한 바 있다. 그전까지는 전혀 생각조차 하지 않았던 것이라도 막상 눈으로 보게 되면 불현듯 내게는 그것이 없다는 사실을 떠올리게 되고, 따라서 불만을 품게 되는 것이다.[2] 일종의 견물생심見物生心이다.

가령 당신은 이제까지 당신이 갖고 있는 휴대전화기에 아무런 불만도 없었다. 그런데 잡지에서 최신 기종을 선전하는 칼라 광고를 보고 나자 갑자기 당신 전화기가 한물간 퇴물처럼 보인다. 당신은 다른 사람들에게 뒤처지고 싶지 않다. 앞서 나가는 사람이 되고 싶다. 아니, 되어야만 한다. 그렇다. 당신은 단순히 새 전화기를 갖고 싶은 게 아니다. 당신은 그것이 '필요'한 것이다.

이제 이러한 자극을 이용해 당신의 필요와 욕구를 올바른 방향으로 이끌어야 할 때다. 결정적 순간에 작은 경종을 울림으로써 무엇에 관심을 기울일지 당신 스스로 결정하는 것이다. 가장 취약한 순간에 일깨움 표시의 도움을 받아 해결책을 생각해내라.

최고의 일깨움 표시는 당신이 자동 반응에서 벗어나 목표한 결과를 향해 끊임없이 노력하도록 자극한다. 또한 그것은 즉각적으로 다음 단계로 넘어가도록 당신을 부추긴다. 예를 들어 카드빚을 줄이고 싶었던 준 W는 그녀가 얼마나 많은 돈을 소비했는지 정기적으로 알려주는 휴대전화 애플리케이션을 받았다. 그 프로그램은 또한 정해진 기간과 예산을 입력하면 그녀가 이번 주 또는 이번 달에 예산안에 맞게 알뜰하게 소비하고 있는지 아닌지를 알려주었다. '점수'를 알려주는 이런 정기적인 자극과 일깨움 표시만으로도 준은 자신의 선택을 항상 신중하게 생각할 수 있었고, 바람직하지 않은 습관을 거의 즉시 고칠 수 있었다.

마리아 O는 배우자와의 관계를 개선하는 데 일깨움 표시를 활용했다. 그녀는 자동차 대시보드에 자신이 '이륙 전 점검표'라고 부르는 쪽지를 붙여놓고는 원칙을 세웠다. 직장에서 아무리 스트레스로 가득한 하루를 보낸다고 해도 그 카드를 보면 먼저 숨을 크게 네 번 고른 다음 자기가 어째서 남편을 사랑하는지 한 가지 이유를 떠올린 채 미소 띤 얼굴로 현관문에 들어선다는 것이었다. 마리아는 집에 들어가기 전에 무조건 이 점검표대로 행동한다면 가정에서 모든 일이 술술 풀린다는 사실을 깨닫게 되었다.

이 같은 일깨움 표시는 직장생활에도 커다란 도움이 된다. 가령 리더십 훈련 강좌를 듣는 사람들은 강연에서 배운 기술들을 요약해 사무실 벽에 붙여놓고, 힘든 도전에 직면하게 되면 그것을 바라보며 옛 버릇을 되살리기보다 새로운 기술을 연마해야 한다는 사실을 상기한다.

문제점을 보고하는 부하 직원에게 분통을 터트리는 상사들이 있다. 이 버릇은 상사들이 자주 저지르는 실수인데, 막상 문제를 해결하는 데에는 아무런 도움도 되지 않는다. 이 버릇을 바로잡기 위해 우리를 찾아온 리더들은 사무실에 거울을 붙였다. 그들은 해결해야 할 문제가 발생했다는 보고를 들을 때마다 자리에서 벌떡 일어나 사무실 밖으로 뛰쳐나가기 전에 거울을 쳐다보며 분노에 사로잡힌 채로 대화를 해서는 안 된다고 스스로를 다잡았다. 최소한 상대방에게 화가 난 것처럼 보여서는 안 된다고 말이다. 거울 속에서 씩씩거리는 얼굴이 보이면 그들은 심호흡을 한 다음 우리에게서 배운 분노 조절 기술을 사용해 흥분을 가라앉혔다.

우리가 함께 일한 다른 그룹은 스트레스를 느끼는 장소, 예를 들어 특정한 회의실이나 자동차 운전대 등에 주황색의 동그란 물체를 가져다 놓았다. 그 눈부신 색깔의 사물들은 그들에게 세미나에서 배웠던 스트레스 조절 기술을 사용하도록 일깨워주었다.

로라 A는 매우 흥미로운 일깨움 표시를 이용해 가족과 친구들에게 지나치게 비판적이었던 그녀의 태도를 개선하고 타인을 격려하고 지지하는 버릇을 들였다. 로라는 자신의 입에서 신랄한 말이 튀어나갈 때마다 오른쪽 손을 세 번 꼭 쥐었다 폈고, 다른 사람을 칭찬하거나 격려하는 말을 할 때에는 왼쪽 손을 세 번 쥐었다 폈다. 일주일이 지나자 그녀는 자신이 예전에 비해 신중하고 조심스럽게 대화를 하고 있음을 깨달았고, 그 결과 그녀가 사용하는 언어와 인간관계에도 변화가 오고 있음을 실감할 수 있었다.

가장 좋은 일깨움 표시 중 하나는 득점표를 만들어 당신이 얼마나 개선되고 있는지 언제든지 확인할 수 있게 늘 가까운 곳에 그것을 놓아두는 것이다. 물론 요즘 같은 세상에는 스마트폰 애플리케이션도 대단히 유용하다. 하지만 스콧 H의 경우에는 종이 달력에 핵심 행동을 한 날을 체크하는 것만으로도 상당한 효과를 볼 수 있었다.

일깨움 표시와 관련해 명심해야 할 점은 그중 대부분이 시간이 지남에 따라 효과가 반감된다는 것이다. 시간이 지날수록 그것은 당신을 둘러싼 자연스러운 환경의 일부가 되고, 따라서 예전만큼의 효과를 발휘하지 못하게 된다. 이에 대한 해결책으로는 정기적으로 주변 환경을 둘러보고 점검하는 것을 추천한다. 당신의 집과 자동차, 이웃들, 직장을 관찰하고 당신이 계속해서 나아갈 수 있도록 도와줄 일깨움 표시들을 둘 수 있는 장소를 찾아라. 그런 다음 창피해서 얼굴이 빨개질 정도로 노골적이지는 않지만 당신의 시선과 관심을 사로잡을 정도로 눈에 띄는 작고 소소한 표시들을 만들어라. 이런 과정들을 반복하다보면 당신의 결정적 순간이 변화하는 것을 느낄 수 있을 것이다. 새로운 일깨움 표시를 만드는 것은 공간을 관리하는 매우 강력한 수단이다.

방안 4 : 자동 반응 체계를 가동하라

재미있게도 게으름을 변화 도구로 사용할 수도 있다. 지난 수십 년 동안 사회과학자들은 우리 인간이 기정편향既定偏向, 즉 뭔가 이미 정해져 있다면 그것을 유지하려는 경향을 지니고 있음을 보여주었다. 우리는 삶의 특정 부분에서 한번 편안함을 느끼면 쉽사리 변화를 주려 하지 않는다. 예를 들어 아침 출근 시 이용하는 길과 퇴근 후 집으로 가는 길을 결정하고 나면 설사 더 나은 길을 발견하더라도 10년 동안 똑같은 길을 이용하는 것이다. 그러고 나서 남는 뇌의 용량은 보다 크고 어려운 도전들, 즉 인생의 의미라든가 마트 계산대에서 당신 앞에 서 있는 사람의 카트에 물건이 몇 개나 들어 있는지 세어 보는 등의 문제에 할당한다.

경제학 교수 애나 브레만Anna Breman은 평소에 큰 손을 지닌 것으로 알려진 기부자들에게 그들이 훌륭하다고 여기는 대의에 대해 더 많은 돈을 기부할 생각이 있는지 물어보았다. 모든 사람들이 '그렇다'고 대답했지만 '오늘 그렇게 하겠다'고 대답하는 사람은 거의 없었다. 그래서 그녀는 매달 기부를 하되 기부 금액이 조금씩 자동적으로 인상되는 방법은 어떻겠냐고 제안했다. 이런 자동 기부 방식을 사용한 기부자들은 대부분 그 뒤로 아무런 변화도 꾀하지 않았

고, 그 결과 기부 액수는 32퍼센트까지 증가했다.[3]

이 같은 성향을 어떻게 활용할 수 있을까? 삶의 여러 분야에 긍정적인 기본값을 설정하면 된다. 일단 자동 반응 체계를 구축하고 나면 우리는 구조적으로 보다 나은 결정을 하도록 돕는 흐름을 자연스럽게 따라가게 된다. 예를 들어 서로 소원해지고 있던 스티브와 티나 G는 원만한 부부관계를 회복하기 위해 자동 반응 체계를 고안해냈다. 그 지역 극장의 시즌 티켓을 끊어 6개월 동안 정기적으로 데이트를 했던 것이다. 그들의 기본 상태는 데이트를 하는 것이었기 때문에 데이트를 취소하고 싶으면 표를 취소하는 적극적인 행동을 취해야 했다. 함께 있을 시간이 없어 쩔쩔매던 커플은 극장에서 상연하는 여섯 번의 공연을 모두 관람하는 데 성공했다. 언제나 나란히 앉아서 말이다.

이런 자동 반응 체계는 정기적으로 약속을 잡거나 자동이체를 하거나 장기적인 구독을 통해 가동할 수 있으며, 생각하기 싫어하는 경향을 이용하는 다른 모든 메커니즘에 유용하다.

방안 5: 도구를 사용하라

엄청나게 잘나가는 헬스클럽에 들어가고 싶은 마음이 있는가? 회원들의 비만율은 대략 4퍼센트에 불과하다. 그럼에도 그들은 버터와 설탕이 가득한 케이크를 비롯해 붉은 육류와 감자, 그레이비소스, 채소, 빵, 달콤한 파이 등을 내킬 때마다 실컷 먹어치운다. 대체 이

헬스클럽의 비밀은 무엇일까?

그들은 운동량이 가장 적은 날에도 최소한 1만 걸음 이상을 걷고, 나머지 일주일에 엿새에는 엄청난 양의 운동에 온 정성을 쏟아붓는다. 물론 이는 다음과 같은 질문으로 이어진다. 이 사람들은 어떻게 그런 짓을 할 수 있는 거지?

그 사람들이 자동차나 믹서기, 휴대전화 같은 현대의 발명품을 사용하지 않는다는 이야기도 했던가? 지금쯤이면 이 '클럽'이 18세기 방식대로 생활을 하는 아미쉬[4] 공동체라는 것을 대충 짐작했을 것이다. 이들의 삶이야말로 우리가 말하고자 하는 것의 핵심이다. 삶을 더욱 쉽고 간편하게 만들기 위해 발명한 모든 도구들이 실제로 우리가 지금 처해 있는 상황의 시발점을 만들었다.

이를테면 하루의 대부분을 꼼짝 않고 자리에 앉아 있기 위해서는 말 그대로 수십 개의 물건들이 필요하다. 그리고 우리 대부분은 그것들에 쉽게 접근할 수 있다. 음식도 마찬가지다. 어린아이라도 손쉽게 전자레인지로 조리할 수 있지만 건강에는 해로운, 놀라운 음식을 만들어 내는 데에만 거의 한 세기 이상의 시간이 소요되었고 지금도 많은 사람들이 이 편리한 음식을 먹고 있다. 각자의 방에 전략적으로 배치된 텔레비전 수상기는 가족 구성원을 고립시켜 친밀한 대화를 실종시켰다. 시장 조사 기관인 닐슨의 최근 조사에 따르면 미국인은 일반적으로 갖가지 형태의 미디어에 하루 약 일곱 시간을 소비하고 있다. 텔레비전 하나만으로도 하루에 네 시간을 잡아먹으며 아이들은 1년에 평균 2만 개의 광고를 시청한다. 열여

덟 살에 이를 즈음에는 폭력적인 행위를 20만 번이나 목격하게 된다.[5] 우리가 뚱뚱하고, 빈털터리에 이혼한 도끼 살인마가 되는 것도 무리가 아니다.

하지만 만일 이런 도구들을 우리에게 유용하게 활용할 수 있다면 어떨까? 그것이 바로 우리가 분석한 많은 변화자들이 해낸 일이다. 예를 들어 체중감량에 성공한 몇몇 사람들은 열량 소모량과 운동량을 보여주는 전자기기를 활용했다.

"진짜 놀라웠어요." 변화자 중 한 명인 론 M의 말이다. "내가 얼마나 많은 열량을 태우는지 실시간으로 보여주더라고요. 거기다가 러닝머신에서 속도에 따라 열량이 얼마나 소모되는지 알려주는 것도 커다란 동기부여가 되었고요."

도구를 활용하면 새로운 발명품이 늘어난다. 가령 인터넷은 당신에게 변화를 일으킬 동기를 부여하고 그것을 가능케 할 사회관계망을 제공해줄 수 있을 뿐만 아니라, 노력과 진척 상황을 추적하고 주변에 알릴 수 있는 여러 도구들을 제공한다. 새로운 소프트웨어는 당신이 돈을 쓸 때마다 그 즉시 카테고리별로 소비내역을 정리할 수 있게 해주며[6], 컴퓨터에 내장된 알림 신호는 매 시간마다 5분씩 걷기 운동을 하는 것에서부터 상사와 결정적 순간의 대화를 나누라는 것까지 온갖 것들을 당신에게 상기시킨다.

혹은 옛날부터 내려오는 구식 해결책을 사용할 수도 있다. 가족애를 돈독히 다지고 싶다면 전자레인지를 사용하는 방식을 바꿔라. 이 혁신적이고 시간을 절약해주는 전자기기는 네 명의 가족 구성원을 각자 편할 때 재빨리 음식을 데워 텔레비전이나 게임기 앞에서 홀로 식사하는 완전한 타인으로 바꿔놓는다. 하지만 만약 이들이 저녁마다 오순도순 식탁 주위에 둘러 앉아 함께 저녁식사를 하게 된다면 어떻게 될까?[7]

가구의 경우, 리카르도 N은 현관 포치에 설치한 그네가 자신의 결혼생활을 구제해주었다고 말한다. 그와 그의 부인 헬렌은 리카르도가 직장을 옮긴 후에도 힘든 시간을 보내고 있었다. 함께 지내는 시간은 늘어났지만 두 사람은 퇴근 후 집에 오면 리카르도는 서재에 있는 텔레비전 앞에서, 헬렌은 거실에 있는 텔레비전 앞에 앉아 각자 자신이 하고 싶은 일을 하느라 따로따로 시간을 보냈다. 그들은 함께 시간을 보내는 데 익숙하지 않았던 것이다.

자, 그럼 포치 그네로 돌아가보자. 리카르도와 헬렌은 하루에 최소 15분씩, 오늘 회사에서 무슨 일이 있었는지 또는 요즘에는 무슨 걱정거리가 있는지 이야기를 나누기로 했다. 이 약속을 지키기 위해 두 사람은 그네를 사서 포치에 설치한 다음 저녁마다 그곳에서 둘만의 만남을 갖기로 결정했다. 그네는 두 사람의 노력과 헌신을 일깨워주는 표시였고, 또한 편안하게 대화를 나누게 도와주는 매혹적인 장소를 상징했다. 그리고 마지막으로, 그네는 두 사람이 기대하지 않았던 긍정적인 효과를 가져왔다. 좁은 공간에 나란히 앉아 있노라니 서로의 감정을 좀더 쉽게 이해하고 달래줄 수 있었던 것이다. 물리적인 접촉이 뜸해지면 마음도 멀어지는 법이다.

공간을 관리하라

과거의 어려운 도전들을 이겨내는 변화자들을 연구하면서, 우리는 그들 모두가 새로운 습관을 불가피한 것으로 만들기 위해 주변 사물들을 활용했다는 사실을 알게 되었다. 우리도 그런 똑같은 자원들을 이용해 변화를 성취해야 한다.

울타리를 쳐라

당신이 바람직한 행동을 하지 못하도록 가로막는 것은 무엇인가? 어떠한 핵심 행동을 주기적으로 실천하면 당신은 바람직하지 못한 길에서 벗어날 수 있을까? 하지만 울타리를 유일한 도구로 여겨서는 안 됨을 반드시 명심하라. 또한 울타리는 다른 사람이 대신 세워줄 수 있는 것도 아니다. 당신만의 규칙을 세우고, 그것을 나머지 다섯 가지 영향력 요소와 조화롭게 결합하여 활용하도록 하라.

거리를 조절하라

좋은 것들을 가깝고 편리한 곳에, 나쁜 것들을 멀고 접근하기 힘든 곳에 두기 위해 당신은 무엇을 어떻게 하는가? 일터나 쉼터에서 당신에게 유혹의 손짓을 보내는 물건들을 멀리하는 방법에 대해 고심한 적은 있는가? 몇 킬로미터 아니 몇 블록을 이동할 필요도 없다. 때로는 겨우 몇 미터 멀어지거나 또는 몇 발자국 가까워지는 것만으로도 충분하다.

일깨움 표시를 활용하라

자신의 상태가 좀더 나아질 수 있도록 일깨워주는 사물을 놓아둘 장소가 있는가? 당신의 결정적 순간들을 생각해보라. 만일 결정적 순간이 찾아오는 장소들을 예상할 수 있다면 그곳에 당신을 일깨워줄 무언가를 미리 놓아둘 수 있다. 예기치 못한 시간 또는 장소를 통해 결정적 시간이 찾아온다면 컴퓨터나 전화기에 알람을 설정해놓는 방법도 있다.

자동 반응 체계를 가동하라

최소한의 저항으로 긍정적인 변화를 일굴 수 있는 방법은 없을까? 삶의 기본 설정을 '좋은 선택'으로 고정한다면 당신은 변화를 성취하기가 훨씬 쉬울 것이다.

도구를 사용하라

컴퓨터와 전화기를 생각해보라. 최첨단 전자기기나 다른 도구들을 변화의 중요 조력자로 만들기 위해서는 어떻게 해야 할까? TV와 전화기, 컴퓨터에 이르기까지 이런 사물들은 어떻게 당신의 계획을 발전시키거나 방해해왔는가? 이렇게 조용한 적들을 어떻게 변화에 유용한 도구로 전환시킬 수 있을까? 체인지애니씽 홈페이지에 접속하여 당신과 똑같은 고민을 갖고 있는 이들이 어떻게 울타리와 거리두기, 일깨움 표시, 그리고 도구를 이용해 공간을 관리했는지 살펴보라.

Change Anything　3부

새로운 나를
위한
실전 노하우

자신의 분야에서 최고가 되라

이번 장을 비롯해 3부에서 이어질 내용은 우리가 앞서 살펴본 것과 관련해 여러 가지 응용 상황들을 보여준다. 이는 직장생활이나 개인적인 행복, 중독 치료, 또는 자기계발을 다룬 단순한 예시라기보다는 우리 모두가 경험하는 평범한 문제에 자신에게 꼭 맞는 자신만의 성공과학을 적용한 생생하고 구체적인 실례들이다. 3부의 각 장에서 우리는 몇몇 변화자들이 개인적인 도전을 극복하는 데 유용한 핵심 행동을 구분하고, 이러한 아이디어와 방안들을 실패한 직장생활과 중독증 치료 또는 결혼생활에 어떻게 적용했는지 살펴볼 것이다.

이 글의 목적은 당신이 취할 수 있는 행동들을 가르쳐주는 것이 아니라 다른 사람들은 어떻게 그들의 아이디어를 구체적으로 활용했는지 보여주는 것이다. 앞에서도 설명했듯이, 당신은 '당신'만의 결정적 순간에 어울리는 핵심 행동을 결정하고, 그에 알맞은 여섯 가지 전략을 세워야 한다. 개인적인 변화 계획을 세울 때에는 스스로 과학자이자 실험대상이 되어야 한다. 우리는 누구나 한번쯤은 겪게 될 이 다섯 가지 분야의 문제들을 다른 이들은 어떻게 해결했는지 실제 사례를 통해 살펴봄으로써 당신 역시 당신만의 새로운 성공과학에 관한 통찰력을 키울 수 있길 바란다.

직장 상사가 당신을 억누르고 있다

그럼 먼저 우리 체인지애니씽 연구소가 발견한 다소 놀라운 사실로 시작해보자. 우리의 설문조사에 의하면 응답자 중 87퍼센트가 그들의 업무능력을 탐탁지 않게 생각하는 상사에 의해 승진이나 연봉 인상 또는 다른 기회를 부여받지 못한 적이 있다고 대답했다.[1]

그리고 그중 절반은 자신이 회사에서 실적이 가장 높은 10퍼센트 안에 든다고 자부하고 있었다. 그러므로 어째서 이 3분의 2에 달하는 응답자가 상사로부터 부정적인 업무평가를 듣고 그토록 충격을 받았는지 이해할 수 있을 것이다. 그들은 자신의 능력을 믿었지만 그들의 상사는 그런 장밋빛 비전을 공유하지 않았던 것이다.

자, 만일 상사가 당신을 뛰어난 직원으로 여기지 않는다는 사실이 결과와는 상관없이 단순한 통계적 사실에 불과하다면 상사가 자신을 과소평가한다고 해봤자 그저 신경에 약간 거슬리는 일일 따름이다. 그러나 상사의 그런 선입관 때문에 당신이 소수의 엄선된 직원들에게만 제공되는 혜택, 예를 들어 2퍼센트의 특별 연봉 인상을 얻지 못했다면 어떨까? 만약 당신이 아직 서른 살의 창창한 나이로 근무하고 있다면, 당신은 정년퇴직 때까지 엄청난 손해를 볼 것이다. 또 설사 그럴 일이 없겠지만 승진에서 누락되기라도 하면 그 손해는 상상을 초월할 것이다.

자신의 능력을 자부하는 이들은 능력을 인정받지 못하거나 그에 준하는 보상을 받지 못하면 금전적 타격 이상으로 사기와 의욕을 잃게 된다. 사회학자인 대니얼 얀켈로비치Daniel Yankelovich의 말에 따르면 '자발적 노력'이 커다란 타격을 받는 것이다. 직원들이 평상시 회사에 제공하는 에너지와 노력, 창의력은 그들이 간절히 열망할 때 회사에 '제공할 수 있는' 것들과의 차이는 놀랍도록 크다. 응답자 중 3분의 2 이상이 최선을 다한다면 현재 그들이 회사에 제공하는 것보다 훨씬 많이 기여할 수 있다고 대답했으며[2], 체인지애니씽 연구소가 실시한 한 조사에서는 절반가량이 일터에서 해고당하지 않을 정도만큼만 노력을 기울인다고 대답했다.[3]

그렇다면 당신은 어떻게 해야 할까? 당신은 잘하고 있다고 생각할지 몰라도 당신의 상사는 찬성하는 눈치가 아니다. 당신은 회사에서 최고 실적 5퍼센트 이내에 드는 유능한 직원이라고 생각하지만 당신의 상사는 당신을 겨우 30퍼센트 이내의 직원 정도로 평가하고 있다. 이런 이상과 현실의 괴리는 당신의 돈과 의욕을 잡아먹는 괴물이 될 수 있으며, 따라서 당신과 회사 양쪽 모두 고통을 겪게 된다. 어떻게 하면 당신에 대한 주변인들의 인식을 바꾸고 보다 탄탄한 앞날을 닦을 수 있을까?

여기서 우리의 변화자 멜라니 R의 이야기를 들어보자. 그녀는 수많은 여느 회사원들과 마찬가지로 항상 위로 올라가고 싶었다. 그녀는 대학 시절 내내 등록금을 벌기 위해 웨이트리스로 일했고 MBA를 공부할 때에는 밤에 장부를 쓰는 아르바이트를 했다. 그렇지만 취직을 한 지 6년이 지난 지금 그녀는 막다른 길에 몰려 있다는 느낌을 받고 있었다. 방금 그녀는 대단히 중요한 업무를 다른 직원에게 빼앗겼다는 정보를 알게 되었다. 이런 일이 벌써 두 번째였다.

멜라니는 자기가 팀에서 가장 똑똑하고 실적이 좋은 직원임을 잘 알고 있었다. 그러나 끊임없는 노력에도 불구하고 그녀는 늘 쳇바퀴를 도는 것처럼 제자리걸음만 하고 있었다. 이런 식으로 계속해서 뭔가를 성취하는 데 실패한다면 아예 회사에서 쫓겨날 가능성도 있었다. 그렇지만 어떻게 해야 하는 것일까?

이 질문에 답하기 위해 우리는 굉장히 유능하고 성공을 거둔 이들의 행동 패턴을 살펴보았다. 그들은 언제나 보너스를 두둑이 받고, 중요한 업무를 맡고, 승진을 한다. 그들은 도대체 무엇을 어떻게 하기에 다른 이들과 그토록 다른 걸까?

최고의 직원과 그렇지 않은 이들의 차이점

지난 수십 년 동안 우리는 다양한 분야에 걸친 50개 이상의 기업에서 가장 존경받고 영향력 있는 직원들을 조사하고 연구했다. 우리는 조직 내에 직접 파고들어가 수천 명의 직원들과 그들의 상사들에게 직장 내에서 업무 능력과 성과, 의견에 있어 가장 높이 평가하고 존중하는 세 사람의 이름을 꼽아달라고 부탁했다. 우리는 동료 직원들이 가장 신뢰하는 사람을 찾고 싶었다.

함께 일하는 이들로부터 가장 높은 평가를 받는 구성원들을 연구한 결과, 우리는 그들이 단순히 인기가 높기 때문에 선택받은 것이 아님을 알 수 있었다. 그들은 조직 내에서 생산성이 가장 높은 이들이었다. 정치가가 아니라 진정 귀중한 자원이었던 것이다.

그 다음 평가 기준은 실질적인 업무 성과였다. 우리는 이들이 어째서 상사와 동료들 양쪽 모두에게서 유능한 직원으로 평가받고 있는지 그 이유를 탐구했다. 우리가 무엇을 발견했는지 알고 싶은가? 다양한 부서로 구성된 대기업, 또는 정부부처나 첨단기술 벤처 기업, 비영리재단 등 어디에 몸을 담고 있든 간에 이들은 모두 똑같은 세 가지 핵심 행동을 취했다.

내 일을 안다

'내 일을 안다'고 설명하면 조금 모호하게 들릴지도 모른다. 그러니 여기서 말하는 '일'이 무엇인지 간단히 설명해보겠다. 최고의 성취자들은 기술적인 면에서 최고가 되기 위해 지대한 노력을 기울인다. 만일 그들의 직업이 목재를 분류하는 것이라면 그들은 밤에 잠자리에 누워서까지 목재를 어떤 방식으로 분류할지 고심할 것이다. 영업사원이라면 그들이 접할 수 있는 최고의 마케팅 기술을 익히고 그에 통달하려고 노력할 것이다. 대충 감이 잡히리라 믿는다. 한마디로 그들은 기술을 갈고 닦는 데 각고의 노력을 기울인다는 것이다.

올바른 것에 초점을 맞춘다

최고의 성취자들은 자신의 기술을 잘 성취하는 것은 물론이고 조직의 성공에 반드시 필요한 일에도 크게 기여한다. 이는 업무 추진에서 굉장히 중요하다. 기여라고 해서 다 똑같은 것은 아니기 때문이다. 높은 평가를 받는 직원들은 스탠퍼드 대학의 제프리 페퍼Jeffrey Pfeffer가 언급한 '결정적 불확실성'4)에 기업이 처할 때 그 난관을 극복하는 데 큰 도움을 준다. 만약 회사의 제품 제조 분야에 문제가 발생하면 이들 최고 직원들은 그 문제를 해결할 방도를 찾아낼 것이다. 만약 아무도 제품을 마케팅할 적절한 방법을 찾아내지 못한다면 그들은 두 팔을 걷어붙이고 직접 문제를 해결하는 데 뛰어들 것이다.

애초에 이들은 어떻게 그런 중요한 업무를 맡게 된 걸까? 첫째로 그들은 조직의 발전 방향, 특히 핵심 도전에 대해 깊은 이해와 관심을 지니고 있다. 그들은 자신이 몸담고 있는 회사를 연구하고 분석한다. 다음으로 이들이 진정으로 뛰어난 이유라고 할 수도 있는 것인데, 이들은 회사가 지향하는 것의 핵심에 최상의 기여를 할 수 있도록 스스로를 무장하고 만반의 준비를 갖춘다. 간단히 말해 그들은 기술을 연마하고, 핵심 업무에 대한 접근 능력을 높이는 것이다.

도움을 주는 사람이라는 평판을 쌓는다

그러나 맡은 일을 잘 해내고 회사가 직면한 가장 중요한 도전을 해결하는 데 도움을 주는 것만으로는 부족하다. 그것들은 충분조건이긴 하지만 필요조건은 아니기 때문이다. 믿을 수 있는 동료라는 평가를 받는 개인들은 팀 내에서, 심지어 조직 전체에서도 유명하다. 그들은 다른 동료들보다 광범위하게 알려져 있으며, 그보다 더욱 중요한 점은 다른 사람들이 그를 보고 동료들을 기꺼이 도와줄 줄 아는 전문가라고 평가한다는 것이다.

그들은 기꺼이 시간을 내어 동료들을 도와줌으로써 중요 네트워크의 허브가 될 수 있다. 명심하라. 이는 사회생활에서 흔히 볼 수 있는 인맥 쌓기가 아니다. 최고의 성취자들은 단순히 명함을 모으기 위해 인맥을 형성하는 것이 아니다. 그들이 많은 사람들을 만나고 접하는 것은 이기적인 동기부여와는 거리가 멀다. 최고에 이른 이들이 많은 사람들로부터 존경을 받는 이유는 인맥이 풍부하거나 인간적으로 매력적이거나 온화한 인품을 지니고 있어서가 아니라, 다른 사람들이 그들의 문제를 해결하는 데 기꺼이 도움의 손길을 내밀기 때문이다.

당신이 유능하다는 것을 알게 하라

인정받는 직원이 되기 위해 가장 기본적으로 필요한 요소들을 파악한 다음에는 이 세 개의 핵심 행동을 당신만의 특수한 상황과 맥락에 맞게 조정하고 수정해야 할 필요가 있다. 예를 들어 당신 직업의 어떤 면을 가장 확고하게 다지고 싶은가? 당신은 분명 지금의 일에 어울리는 자질을 보유하고 있겠지만, 과연 당신의 직무 설명서가 가장 뛰어난 직원들과 평범한 직원들을 구분해주는 다소 미묘하고도 필수적인 요소들을 설명하고 있었을까? 다음으로 당신 회사의 '결정적 불확실성'은 무엇이며, 어떻게 그것을 찾아낼 수 있을 것인가? 마지막으로 당신과 당신이 유능하다는 사실을 반드시 알아야 할 사람은 누구인가?

이런 질문들에 답하기 위해 승진에서 밀리는 멜라니에게로 돌아가보자. 성공에 대한 열정과 뛰어난 지성을 지니고 있음에도 불구하고, 그녀는 다음번 조직개편에서 쫓겨날지도 모르는 위험을 안고 있었다.

시작점은 직장생활에서의 세 가지 핵심 행동을 돌아보는 것이었다. 그녀는 자문했다. '나는 내 일을 잘 알고 있는가?' '나는 올바른 것에 초점을 맞추고 있는가?' '다른 사람들은 내가 도움이 된다고 생각하는가?' 나아가 그녀는 스스로 해답을 찾는 것은 물론, 직속 상사를 찾아가 필요한 조언을 구했다. 상사는 처음에는 약간 꺼리는 듯했지만 곧 그녀의 진심을 느끼고는 마음을 열었다. 그는 멜라니에게 이렇게 충고했다.

"멜라니, 자네가 처음 우리 회사에 들어왔을 때 자네는 몹시 뛰어난 회계사였네. 점수도 좋았고 말이야. 하지만 다소 옆길로 새는 경향이 있어. 규모가 큰 대인관계 프로젝트에 지원하면서 청구 가능한 시간이 많이 줄었고 말이야."

멜라니는 '올바른 일'을 하고 있지 않았다. 그녀는 조직이 필요로 하는 일이 아니라 자기가 좋아하는 일에 너무 많은 시간을 투자하고 있었다. 그리하여 청구 가능한 시간을 갉아먹었고, 아무리 열심히 회사에 기여를 한들 부족한 시간을 메울 수가 없었던 것이다. 상사의 조언을 들은 그녀는 긴 면담 시간을 필요로 하는 중요 고객들과 일하겠다고 제안했지만 단번에 거절당했다.

멜라니는 그녀의 제안을 거절한 회사 간부인 타라와 점심 약속을 잡았다. 그리고 두 가지 중요한 정보를 수집할 수 있었다. 첫째, 타라는 중요 고객들에게 이른바 '데인 경험이 없는' 직원은 자기 팀에 들이려 하지 않았다. 그녀는 멜라니에게 자신의 팀에 들어오고 싶다면 먼저 요구가 많고 까다로운 거물급 고객들을 다룰 능력이 있음을 증명해 보여야 한다고 말했다.

둘째로 타라는 멜라니가 대인관계 프로젝트에 열중하고 있기 때문에 새로 개정된 세금법에 대한 연구 분석을 게을리 하고 있을 것이라 치부했다. 사실 이 점에 있어서는 타라의 말이 옳았다. 멜라니는 하루 종일 그리고 주말 내내 대인관계 프로젝트에 매달려 있었고 그러는 동시에 청구 가능한 시간을 유지하고 있었다. 그래서 새로운 세법을 연구하는 데 많은 시간을 투자하지 못했고 때문에 동료들보다 뒤처져 있었다. 그녀는 실제로 '자신의 일을 충분히 알지 못하고 있었다.'

멜라니는 다소 실망했지만, 최소한 세 개의 핵심 행동에 있어 자신이 어떠한 위치에 있는지 파악하는 성과를 얻었다.

먼저 그녀는 자신의 일에 대해 충분히 알지 못했기에 새로운 세법과 관련된 기술을 연마해야 할 필요가 있었다. 다음으로 올바른 것에 초점을 맞추고 있지 않았기에, 청구 가능한 시간을 늘려야 했다. 마지막으로 중요한 고객을 맡아본 경험이 없어서 그런지 어려운 일을 돕는 사람이라는 인식을 주지 못했기에 까다로운 고객을 대상으로 그녀의 능력을 입증할 필요가 있었다.

핵심 행동을 핵심 습관으로

이제 핵심 행동을 핵심 습관으로 바꾸기 위해서는 어떻게 해야 할까? 세법에 통달하기 위해서는 회사가 일주일에 두 번 주최하는 관련 세미나에 참석해야 한다는 것을 의미했다. 그것은 또한 멜라니가 매일 밤 한 시간 이상 집에서 어려운 과제에 매달려야 한다는 것을 뜻했다. 청구 가능한 시간을 확보한다는 것은 사적인 시간을 포기하고 거의 매주 이곳저곳으로 출장을 가야 한다는 얘기이기도 했다. 만약 그녀가 계획한 대로 청구 가능한 시간을 맞출 수 있다면 까다로운 고객들은 저절로 딸려오게 될 것이다.

우리가 이미 알고 있듯이 강력한 동기부여는 물론, 그것을 실천으로 옮길 용기를 지니지 못한다면 멜라니는 이런 행동을 습관으로 전환할 수 없었다. 그래서 그녀는 가장 먼저 스스로에게 동기를 부여하기로 결심했다. 멜라니의 첫 번째 질문은 '그럴 만한 가치가 있는가?'였다. '당연하지!' 그녀는 즉시 확신을 가지고 대답했다. 멜라니는 이 직장을 얻기 위해 대학 교육을 받은 뒤 박사학위까지 땄다. 성공을 위해 한발 한발 착착 나아간다는 것은 5년 안에 두 배의 연봉을 받을 수 있다는 것을 의미했다. 실패하면 망신살이 뻗치는 것은 물론이었다.

이 같은 사실을 명심한 채, 멜라니는 자신의 행동을 변화시키는 과정에서 마주하게 될 여러 가지 현실적인 장벽들을 곰곰이 생각해 보았다. 세미나와 학습, 그리고 출장 문제는 여러모로 조절과 적응이 필요할 것이다. 그녀는 계획을 실천에 옮기고 목표를 달성하려면 단순한 동기부여 그 이상의 것이 필요하다는 것을 잘 알고 있었다. 따라서 그녀는 자신의 행동에 영향을 미치기 위한 계획을 세웠다. 그녀의 계획에는 여섯 가지 영향력 요소에서 차용한 방안들이 포함되어 있었다.

첫 번째 요소: 하기 싫은 것을 좋아하라

동기부여에 있어 멜라니에게 가장 힘든 도전은 텔레비전을 벽장 속으로 치우고, 그녀가 좋아하는 농구팀의 시즌 티켓을 팔고, 퇴근 후에도 세법에 관해 공부를 해야 한다는 것이었다. 그녀의 집중력

	동기부여	능력
개인적	1	2
사회적	3	4
구조적	5	6

을 방해하는 이런 유혹들이야말로 그녀의 결정적 순간, 그리고 변화 계획을 집어던져버리고 싶은 순간들을 형성했기 때문이다. 마음이 약해지고 결심이 누그러질 때마다 멜라니는 순간적인 즐거움이나 쾌락이 아니라 장기적인 미래에 초점을 맞춰야 했다. 그녀는 영영 잡힐 것 같지 않은 흐릿하고 모호한 미래를 보다 뚜렷하고 생생하며 설득력 있는 것으로 만들 방법이 필요했다.

그래서 멜라니는 완전하고 생생한 스토리를 만들어냈다. 그녀는 자신이 앞으로 어떤 단계를 거쳐 승진할 것인지, 그리고 각각의 단계가 그녀에게 어떤 의미를 지닐지 상상했다. 그러자 보다 분명한 현실이 눈앞에 보이는 듯했다. 멜라니는 몇 년 전 휴가를 보냈던 근사한 별장의 사진을 구한 다음, 언젠가 자신도 이런 멋진 별장을 갖겠다고 마음먹었다. 그녀는 별장 사진을 컴퓨터 옆에 놓아두고 매일 밤 공부를 할 때마다 지금의 변화 계획을 고수한다면 미래에 무엇을 누릴 수 있을지 스스로에게 각인시켰다.

다음으로 멜라니는 도저히 공부할 마음이 생기지 않는 날에는 게으름을 피워도 좋다는 규칙을 세웠다. 그러나 그 전에 할 일이 있었으니 휴대전화 화면에 띄워 둔 동기부여 선언문을 소리 내어 읊조리는 것이었다. 멜라니가 가치 있는 단어들을 활용한 솜씨를 보라. "나는 회사에 중요한 기여를 하는 유능한 직원이 되고 싶다. 나는 많은 연봉을 받아 집을 사고 싶다. 나는 우리 회사에서 가장 똑똑하고 뛰어난 사람들로부터 존중과 경의를 받고 싶다."

이 선언문을 천천히 또박또박 읽고 나면 멜라니는 새로운 마음가짐으로 더 나은 미래를 위해 현재를 포기할 수 있을 것 같은 기분이 들었다. 이런 방안을 활용해 그녀는 게으름을 퇴치했다.

다음으로 하기 싫은 것을 좋아하기 위해 그녀는 경력 초기에 도태되어 수십 년 동안 똑같은 일만 하고 있는 몇몇 동료들을 관찰함으로써 그녀의 불이행의 결과를 예측했다. 그들의 인생에는 승진도, 비약적인 연봉 인상도 없었다. 멜라니는 만약 그들과 똑같은 길을 따르게 된다면 자신의 삶이 어찌 될지 상상해 보았다.

멜라니는 너무나도 힘들고 지친 날이면 자동으로 자신에게 이메일이 발송되도록 메일함을 설정했다. 그 이메일에는 그녀가 놓친 기회를 잡아 승진한 사람들의 명단이 첨부되어 있었다. 자신의 이름이 쏙 빠진 명단을 들여다보고 있을 때마다 그녀는 여기서 더더욱 노력하지 않으면 어떤 미래가 기다리고 있을지 스스로를 다시금 일깨울 수 있었다.

마지막으로 그녀는 거실에 커다란 차트를 붙이고 그녀의 청구 가능한 근무 시간을 기입함으로써 경쟁적인 분위기를 조성했다. 매주 차트에 쓰일 숫자를 늘리는 것은 그녀만의 게임이었다.

오직 그녀에게 맞춰 특화된 이 방안들은 멜라니가 싫어하는 것들을 좋아할 수 있게 해주었다. 그녀는 자신이 만든 어렵고 복잡한 계획에 지치거나 지겨워지거나 의욕이 떨어질 때마다 동기부여 도구들을 사용했고, 그것들은 그녀가 마음을 다잡을 수 있게 도와주었다.

두 번째 요소: 할 수 없는 것을 하라

동기부여	능력
1	2
3	4
5	6

(개인적 / 사회적 / 구조적)

멜라니는 핵심 행동을 추구하는 과정에서 그녀가 어떠한 기술을 지니고 있는지 검토했다. 직장에서 성공을 거두기 위해 무엇이 필요한지 꼼꼼이 따져본 그녀는 새로운 세법을 익히기로 결심했다. 몇 달만 매달린다면 새로운 법률을 완전히 자기 것으로 만들 수 있을 터였다.

멜라니는 회사가 주관하는 세법 관련 세미나에 참석하고, 세미나에 참석하지 못하는 동료들에게 대신 필기를 해주겠다고 자처했다. 필기를 끝낸 뒤에는 강사를 찾아가 필기 내용이 정확한지 다시 한 번 확인했다.

멜라니는 의도적인 훈련이 얼마나 중요한지 재빨리 깨달았다. 그녀는 배운 내용을 필기하고, 집에 가서 공부를 하고, 더 많은 필기를 했다. 얼마 지나지 않아 그녀는 단순히 받아 적는 데서 그치지 않고 배운 것을 직접 실전에 활용하고 전문가로부터 피드백을 구해야 한다는 사실을 깨달았다. 그렇지 않으면 아무리 많은 지식을 배워봤자 결국은 모두 잊어버리고 말 것이다. 그래서 그녀는 새로운 조세법에 기초해 자신이 담당하고 있는 고객들을 위해 제안서를 쓴 다음 직속 상사와 세미나 강사에게 검토해줄 것을 부탁했다. 두 사람은 그녀에게 피드백을 주었고, 그녀는 그들의 충고를 제안서에 적용했다. 또한 고객들과도 이러한 과정을 되풀이했다.

몇 주도 채 지나지 않아 멜라니를 향한 동료들의 인식이 변화하기 시작했다. 사람들은 멜라니가 새로 발견한 기술을 기꺼이 공유하는 것을 보고 고마움을 느꼈다. 동료들이 자기에 대해 뿌리 깊은 편견을 갖고 있을 것이라 짐작한 멜라니는 그들의 변화를 보고 깜짝 놀랐다.

세 번째 및 네 번째 요소: 방해자를 친구로 만들어라

	동기부여	능력
개인적	1	2
사회적	3	4
구조적	5	6

사회적 동기를 부여하기 위해 멜라니는 배우자인 토니와 변화 유발 대화를 가졌다. 그녀는 여가 시간을 공부에 투자하면 직장생활에 커다란 도움이 될 것이며 그로 인해 그들의 장기적 포부를 달성하고 삶을 향상시킬 수 있으리라고 설득했다. 원래 토니는 멜라니에게 '카르페 디엠(삶을 즐겨라)'을 설파하며 일을 너무 열심히 할 필요가 없다고 말하곤 했었다. 그러나 멜라니의 목표와 계획을 들은 토니는 그녀가 세법 강의를 듣고 공부를 하도록 격려하며 앞으로는 재미있는 오락거리 등으로 그녀를 유혹하지 않겠다고 약속했다. 또 두 사람은 매년 참가하던 소프트볼 리그에도 참석하지 않기로 결정을 내렸다.

멜라니는 그녀의 직속 상사를 친구로 끌어들이기로 했다. 그는 애초에 멜라니를 고용한 장본인이었는데, 그녀가 성공하기를 진심으로 바라고 있었다. 멜라니는 2주일에 한 번씩 상사를 만나 진척 상황을 보고하고 그가 가장 중요하게 생각하는 업무를 수행하고 있음을 확인해주었다. 멜라니는 상사에게 지속적인 관심을 요구하면서도 불안한 기색을 주지 않으려 노력했으며, 일상적인 보고를 함으로써 안심시켰다.

나아가 멜라니는 조세법 세미나에서 두 명의 새로운 친구를 사귀었다. 세 사람은 서로의 필기 내용을 비교하고 의견을 나누고 쪽지 시험을 보고 계속해서 계획을 추구하도록 격려했다. 그들은 수업이 있는 날에는 전화로 서로 읽은 자료와 정보를 나누었으며 반드시 수업에 참석하겠다고 다짐했다.

다섯 번째 요소: 반경제적 사고를 하라

동기부여	능력
개인적 1	2
사회적 3	4
구조적 5	6

금전적 인센티브의 일환으로 멜라니는 힘들게 번 돈을 사용하기로 결정하고 토니에게 심판이 되어달라고 부탁했다. 먼저 그녀는 작은 단지 안에 20달러짜리 지폐 열 장을 집어넣었다. 매주 금요일 토니가 그녀가 이번 주 목표를 달성했다고 선언하면 그녀는 20달러 한 장을 꺼내 '새 자전거'라고 적힌 두 번째 단지에 넣었다. 만약 그녀가 목표를 달성하는 데 실패한다면 그녀가 반대하는 정당의 이름이 적힌 세 번째 단지에 투척했다. 10주일 후 멜라니는 자신이 원하던 목

표를 달성할 수 있었고, 160달러로 새 자전거를 살 수 있었다. 그녀가 싫어하는 정당이 차지한 돈은 겨우 40달러였다.

여섯 번째 요소: 공간을 관리하라

	동기부여	능력
개인적	1	2
사회적	3	4
구조적	5	**6**

멜라니는 물리적 환경을 이용해 새로운 습관을 한층 쉽게 몸에 익힐 수 있었다. 먼저 그녀는 일깨움 표시를 사용했다. 멜라니는 컴퓨터 옆에 별장 사진을 세워두고 전화기 화면에는 동기부여 메시지를 띄워 놓았으며, 자신의 이름이 빠져 있는 승진 직원 명단을 자기에게 이메일로 보냈다.

그녀는 울타리를 두르는 것도 잊지 않았다. 시즌 내내 강좌를 빼먹고 야구시합을 보러가자는 유혹을 멀리하기 위해 그녀는 아예 시즌 티켓을 팔아버렸다. 자신의 선택을 아무리 후회하든 소용없게 말이다. 또 가끔씩은 게으름을 피워도 좋다고 말하면서도 그러기 전에는 반드시 동기부여 선언문을 읽어보았다.

멜라니는 유용한 도구들을 활용했다. 그녀는 달력을 살펴보고 별로 중요하지 않은 두 고객들이 그녀의 시간을 지나치게 잡아먹고 있음을 깨달았다. 그 두 사람 때문에 그녀는 거물 고객들에게 충분한 시간을 할애하지 못하고 있었다. 그래서 멜라니는 매주 중요 고객들에게 봉사할 최저 시간을 설정하고 보다 덜 중요한 고객들에게는 시간을 줄일 방도를 궁리했다.

더불어 멜라니는 퇴근 후에 집에서 공부를 하기 위해 시간표를 만들었다. 그녀는 미리 계획을 세워두지 않으면 자신이 나태해지리라는 사실을 잘 알고 있었다. 멜라니는 휴대전화 캘린더에 '할 일 목록'을 저장해두고 공부할 시간이 되면 알람이 울리도록 설정했다.

결과적으로 우리의 변화자 멜라니는 승진을 하는 데 성공했지만, 이를 위해 세 가지 핵심 행동을 연구해야 했다. 그녀는 자신에게 세 가지 질문을 던졌다. '나는 내 일에 대해 잘 알고 있는가?' '나는 올바른 것에 초점을 맞추고 있는가?' '다른 사람들은 내가 도움이 된다고 생각하는가?' 이 질문들에 답하기 위해 멜라니는 직속 상사를 비롯해 다른 중요 인물들과 대화를 나누고 어떠한 효과적인 행동들이 그녀의 경력을 발전시킬 수 있을지 논의했다. 그런 다음 핵심 행동을 결정하고 자기에게 맞춘 여섯 가지 영향력 요소 방안들을 고안했다. 그러한 방안들은 개별적으로는 그녀에게 동기를 부여하고 그러한 마음가짐을 유지하게 해줄 수 없었지만 일단 다양하게 조합하여 사용하자 그중에서 효과적인 것들을 구분할 수 있었으며, 나아가 궁극적으로 성공을 거둘 수 있었다.

진실을 말해줄 코치를 구하라

자, 변화 계획을 짜기 전에 먼저 우리의 조언을 들어보기 바란다. 만일 당신이 직원이 열 명 남짓한 작은 회사에서 일하고 있고 당신보다 높은 지위에 있는 세 사람 모두 회사의 지분을 가지고 있다고 치자. 그런데 당신은 승진을 원하고 있다. 이럴 경우 당신에게 그 직업에 관한 조언 따위는 필요 없다. 당신에게는 새 직장이 필요하다.

하지만 만약 당신이 늘 회사에서 성장할 기회를 찾고 있었으면서도 아무 성과를 얻지 못했다면 계속해서 읽어나가기 바란다. 만약 당신의 인사고과에 부정적인 평가가 포함되어 있다면, 혹은 조직에서 소외되거나 버둥거리고 있다고 느낀다면, 또는 승진 적격 검토 절차가 부당하고 불공평하고 정치적이고 이치에 맞지 않고 이해할 수 없다고 생각한다면, 당신에게 무슨 일이 벌어지고 있는지 무엇이 부족한지 살펴볼 때가 온 것이다. 아울러 새로운 직업을 찾아 떠날 시기도 온 것이다.

흡연과 해로운 약물, 낭비벽과 같은 개인적인 문제를 해결하기 위해 당신이 취해야 할 핵심 행동은 명백하다. 해가 되는 행동을 그만두어야 한다. 물론 쉬운 일은 아니지만 적어도 무엇을 해야 하는지는 분명히 알고 있는 셈이다. 반면 직장에서 제자리걸음을 하지 않기 위해 당신이 해야 할 행동을 알아내기 위해서는 상당한 노력과 탐구가 필요하다.

앞에서 우리는 멜라니가 그녀의 핵심 행동을 알기 위해 상사와 논의했다고 말한 바 있다. 어느 정도 회유와 구슬림이 필요하긴 했지만 멜라니의 상사는 그녀에게 무엇이 필요한지 자세하게 설명해주었다. 어떻게 하면 이런 '회유'와 '구슬림'을 효과적으로 할 수 있을지 생각해보자. 사실 이것은 꽤 어렵고 까다로운 일이 될 수 있기 때문이다.

가령 당신이 상사에게 어떻게 해야 회사의 중요 자산이 되고 어떻게 하면 발전 가능성을 높일 수 있을지 충고를 구한다고 치자. 어쩌면 상사는 인사고과에서 당신에 대해 탐탁지 않다는 언급을 했을지도 모른다.

상사는 당신이 좋은 '팀 플레이어'가 아님을 지적한다. 그는 진솔하게 말하고 있으며, 자신이 중요한 충고를 해주었다고 믿는 듯 보인다. 그렇지만 당신은 그가 무슨 말을 하고 있는지 이해할 수가 없다. 상사에게 팀 플레이어가 된다는 것이 무슨 뜻인지 정확하게 설명해달라고 하자 그는 잠시 머뭇거리더니 한숨을 푹 내쉬고는 '접근하기 쉬운 사람'이 되어야 한다고 말한다. 이건 좀 이상하다. 대체 내가 언제부터 접근하기가 어려운 사람이었으며, 그게 도대체 무슨 뜻이란 말인가?

여기서 문제는 당신은 행동을 알고 싶은 반면 당신의 상사는 대부분의 사람들이 그렇듯 정확한 행동을 묘사하는 데 뛰어나지 못하다는 데 있다. 먼저 그는 행동보다 성격이나 자질에 대해 묘사하고 있다. 당신의 인사고과 서류 중 가장 위에 있는 항목들 말이다. 그는 당신이 '팀 플레이어'가 되어야 한다고 말하는데, 그것은 행동이 아니며 당신이 어떻게 행동해야 할지 알려주지도 못한다.

둘째로 상사는 당신에게 결과를 설명하고 있다. 그에 따르면 당신은 다른 사람들이 쉽게 접근할 수 있도록 무언가를 해야 한다.

어찌 보면 애초에 당신이 알고 싶은 것도 이 '무언가'가 아니던가. 하지만 상사는 당신이 무엇을 해야 하는가가 아니라 무엇을 성취해야 하는가를 말하고 있는 것이다. 그러면서도 그는 당신에게 무엇을 해야 하는지 다 알려줬다고 생각한다. 이건 마치 운동부 코치가 선수들에게 "점수를 좀더 내야지!"라고 다그치는 것과 비슷하다.

행동처럼 둔감한 결과에 대한 조언은 누가 봐도 명백한 것을 고통스럽게 상기시키는 것에 불과하다. 이처럼 상대방이 애매모호한 자질이나 결과를 언급하는 데 그친다면, 당신은 당신의 일을 알고 올바른 것에 초점을 맞추고 좋은 평판을 얻는 데 도움이 될 구체적인 행동을 알려주기 전까지 계속해서 대화에 매달려야 한다.

당신의 핵심 행동이 무엇인지 알고 싶다면 당신이 어떤 문제를 해결해야 하는지 구체적인 사례를 들어달라고 요청하라. 당신이 무엇을 하고 무엇을 하지 않았는지 물어보라. 정확히 어떠한 행동이 필요한지 답이 나올 때까지 꼬치꼬치 묻고 또 캐물어라. 대화의 주제를 행동에 맞추지 않는다면 핵심 행동은 결코 찾아낼 수 없기 때문이다.

문제는 하나가 아니다. 앞에서도 봤듯이 많은 이들이 결과와 자질을 행동과 혼동하기 때문에 정확한 행동을 알려주는 데 어려움을 겪는다. 때로는 당신에게 무엇이 필요한지 직접적으로 말해주기를 꺼리는 경우도 있다. 그들은 당신이 피드백을 받고 부끄러워하거나 심지어 마음이 상하거나 모욕감을 느끼지 않을까 두려워 진실을 말해주지 않는다.

이 문제를 해결할 수 있는 것은 절친한 친구다. 직장생활을 발전시키는 데 필요한 핵심 행동을 알아낼 때에는 당신을 허심탄회하게 대할 수 있는 동료가 필요하다. 피드백에 관한 한 당신의 기술을 칭찬하는 척하는 방해자는 필요 없다. 당신에게는 어떤 점을 계발하고 향상시켜야 할지 말해줄 솔직한 코치가 필요하다.

그러므로 핵심 행동을 발견하기 위한 계획을 세워라. 당신은 당신이 하는 일을 잘 알고 있는가? 당신은 올바른 일을 하고 있는가? 다른 사람들은 당신이 도움이 된다고 생각하는가? 당신의 부족한 점을 어떻게 찾아낼 것인가? 누구와 대화를 나누고 또 어떻게 하면 그가 당신에게 필요한 핵심 행동을 말해주도록 유도할 수 있을까?

몸과 마음을 가볍게 유지하라

살을 빼기 위해 오랫동안 고생한 사람들과 이야기를 나눠보면 스스로에 대해 매우 비판적이다. 변화자 중 한 명인 저스틴 M의 말을 인용해보자. "초콜릿 브라우니나 베이컨 한 조각의 힘이 얼마나 강력한지 무서울 정도라니까요. 맙소사, 마약도 아니고 그냥 음식일 뿐인데도 말이에요."

그녀의 말이 옳다. 음식은 마약이 아니다. 그러나 그녀는 음식의 위력에 대해 잘못 알고 있다. 과학자들에 의하면 정크푸드는 여러 중독증 가운데서도 가장 벗어나기 힘들거나 또는 두 번째로 벗어나기 힘든 것으로 꼽힌다. 그렇다. 음식은 중독증에 있어서 코카인과

술, 니코틴, 심지어 헤로인과도 겨룰 만하다.[1]

중독증에 대해 좀더 생각해보자. 신체적인 증상을 지닌 중독증의 경우에는 어쭙잖게 건드려봤자 해결에는 아무런 도움도 되지 않는다. 당신이 하루에 두 갑을 피우는 지독한 흡연자이고, 하루에 한두 번, 세 번, 네 번 또는 다섯 번만 담배를 피우겠다는 변화계획을 세웠다고 하자. 한 번만 삐끗해도 완전한 재앙으로 이어진다. 나쁜 습관을 버리기로 했다면 그것과 아예 완전히 담을 쌓아야 한다.

그것이 바로 다이어트를 하기가 그토록 힘든 이유다. 식사량이 아무리 많다고 해도 먹는 것을 완전히 중단할 수는 없기 때문이다. 당신은 여전히 당신이 '남용'하는 그것(음식)을 먹어야 하고, 부족할 때 멈추는 법을 알아야 한다.

유전자적 본능일까

왜 그런 걸까? 어째서 인간의 몸은 당분과 지방을 그토록 절실하게 원하는 걸까? 어쩌면 사람들은 몸은 원래 정직해서 우리에게 좋은 것, 예를 들면 무지방 드레싱을 뿌린 당근 같은 것을 원한다고 생각할지도 모른다. 말하자면 우리 인류가 동굴에서 살던 시절에 먹던 것들 말이다. 어이쿠, 이 말은 농담이니 살짝 넘어가주길 바란다.

수천 년 전 지방과 단백질에 대한 간절한 욕구는 우리의 조상들에게 대단히 유리하게 작용했다. 그들은 욕망에 따라 안전한 동굴을 떠나 사바나를 활보하며 사냥감을 쫓아다녔다. 그러나 불행히도 지금은 그 똑같은 욕구가 끔찍한 약점으로 작용한다. 우리는 하루 종일 앉아서 일을 하다가 맛있는 지방과 당분이 꽉 찬 먹을거리를 찾아 고작 차를 몰고 마트에 갈 뿐이다. 그것도 이미 가공하고 잘 포장해 뜯으면 바로 먹을 수 있도록 해놓은 것들을 말이다.

우리가 그 달콤하고 끈적이는 음식을 덥석덥석 한 번 베어 먹을 때마다 그것들은 우리 뇌의 본능적인 부분을 일깨운다. 필요한 수준 이상으로 마구 먹어치우게 부추기는 '먹고 죽기' 모드로 돌변하는 것이다.[2]

만약 우리가 먼 옛날의 조상들처럼 들판에서 식량이 될 만한 것을 채집하거나 사냥감을 뒤쫓아 며칠 동안 들판을 배회한다면 기회가 생겼을 때 한껏 먹어치우는 것도 별로 나쁜 선택은 아니다. 하지만 우리는 원시인이 아닌 현대인이다. 날마다 커다란 시장이 문을 열고, 이제는 사냥이라고 해봤자 원하는 상표를 찾아 진열대 사이를 누비는 것에 불과하며, 채집은 장바구니를 차 트렁크에 싣는 것을 뜻한다.

하지만 무엇보다 가장 최악인 것은 이제 식당과 시장의 음식들이 똑똑하고 영리한 과학자들에 의해 분자 수준까지 우리의 가장 내밀한 욕망에 맞춰 디자인되고 있다는 것이다. 우리의 두뇌에 보다 효과적으로 영향을 미치기 위해 음식은 거의 마약과 비슷한 수준까지 '정제'된다. 우리의 조상들은 잡곡을 먹었지만 우리는 부드러운 흰

빵을 먹는다. 아메리카 원주민들은 옥수수를 먹었지만 우리는 콘시럽을 먹는다. 이 모든 '정제 작업'에 대해 미국 에너지부 산하 브룩헤이븐 국립연구소의 의학부 부장인 진 잭 왕Gene-Jack Wang 박사는 이렇게 말했다. "우리는 이제 우리의 먹을거리를 코카인과 비슷하게 만들고 있다."[3]

세상에! 그러니 먹을 것에 대한 욕구를 조절하는 게 이렇게 어려운 것도 무리가 아닌 게 당연하지! 이 세상은 우리가 먹고 먹고 또 먹게 만들어져 있으면서도 체육관에서 운동을 함으로써 균형추를 맞추기 위한 노력은 전혀 이루어지지 않고 있다. 따라서 이런 사실들을 무심히 간과한다면 당신은 초콜릿에 대한 당신의 욕구를 과소평가함으로써 의지력 함정에 빠질 수 있다. '이건 그냥 음식일 뿐이잖아.' 당신은 속으로 생각한다. '먹는 양을 조금만 줄이면 돼. 자, 이번 기회에 네 능력을 보여주라고. 조금만 참으면 멋진 몸매를 가질 수 있어!'

적게 먹고 많이 움직이는 게 다이어트 비법

현재 미국인 세 명 중 한 명은 과체중이며, 다른 개발 국가들 역시 빠른 속도로 그 수치를 따라잡고 있다. 역사상 처음으로 비만은 세계 인류에게 기아보다 더 큰 위협이 되었다.[4] 그리고 이 광란의 식탐에서 벗어나려는 사람들은 어떤가? 우리는 매년 다이어트에 400억 달러를 소비하고 있지만 스무 명 중 열아홉 명은 돈만 날

릴 뿐 아무 성과도 없이 쓸쓸히 돌아선다.[5]

그렇다고 너무 비통해하지는 말고 스탠퍼드 의과대학을 방문해보자. 스탠퍼드 의과대학 연구진은 사람들이 가장 흔히 이용하는 다이어트 프로그램들을 검토했는데, '스스로 과학자이자 실험대상이 되라'에서 보았듯이 가장 인기 있는 다이어트 방법들이 실제로 '효과적'임을 발견했다.[6] 결국 먹고 죽으라는 법은 없나보다. 이제 우리가 할 일은 선천적인 욕구를 억누를 효과적인 방법을 알아내는 것뿐이다.

그렇다면 이번에는 좋지 않은 소식을 전할 차례다. 이미 알고 있을지도 모르지만, 그런 다이어트 효과를 보는 사람은 오직 계획을 꾸준하게 실천하는 이들 뿐이며 실제로 대부분의 사람들은 거기에 실패한다. 실망했는가?

여기서 알 수 있듯이 다이어트에 성공하는 비결은 독창적인 다이어트 비법이나 운동 프로그램이 아니다. 세상에 소개된 그 어떤 다이어트 비법을 사용하든 적게 먹고 많이 운동한다면 체중을 줄이고 몸매를 다질 수 있다. 균형 잡힌 식사와 현명한 운동 계획, 거기에 간단한 비밀 재료와 지방을 분해하는 마법 도구까지 갖춰지면 어떤 프로그램을 사용하든 효과를 볼 수 있다. 가장 중요한 것은 섭취 열량보다 소모 열량이 더 많아야 한다는 점이다. 또한 계획을 단기적이 아니라 장기적으로 지속할 때에만 효과를 얻을 수 있다. 왜냐하면 당신은 내일도 음식을 먹어야 하기 때문이다. 그것도 하루에 여러 번이나 말이다.

따라서 이 장은 신기한 요리법을 만들거나 새로운 운동법을 고안하기 위해 마련한 것이 아니다. 우리는 당신이 실천 가능한 건강한 생활 계획을 세우도록 도와줄 것이다. 한 번 하고 끝나는 것이 아니라 영원히 지속할 수 있는 계획 말이다. 당신이 선택한 운동법과 식단을 즐길 방도를 찾아내지 못한다면 아무리 좋은 계획이라도 평생 동안 유지할 수는 없다. 진실을 알고 싶은가? 사실 다이어트는 아무 소용도 없다. 진정으로 효과적인 것은 당신이 원하는 결과를 가져올 새로운 습관을 만들고 몸에 익히는 것이다. 단기적인 계획을 멈추고 장기적인 삶의 방식을 생각해 보아야 한다. 그러면 당신은 모든 것을 변화시킬 수 있을 것이다.

체중관리를 위한 핵심 행동 세 가지

우리는 세 가지 핵심 행동을 통해 다이어트에 성공한 수천 명의 변화자들이 가졌던 기본 상식을 검토하는 것으로 시작할 것이다. 당신이 무엇을 해야 하는지, 즉 '당신의' 핵심 행동에 관해서는 나중에 계속 알아볼 터이니 일단은 다음 질문에 답해보자. 목표가 체중 조절과 몸매 가꾸기라면 당신의 변화 프로그램에는 무엇이 포함되어야 할까? 세 가지만 짚어보자.

다이어트나 운동을 시작하기 전에 건강 상태를 체크하라
이 점에 대해서는 이미 모두가 숙지하고 있으리라 믿는다. 주치의에게 당신의 계획을 알리고 안전 여부를 확인하라. 처음부터 너무 커다란 도전에 덤벼서는 안 된다. 체중감량 프로그램을 실천해도 좋을 만큼 건강 상태가 양호한지 반드시 체크하기 바란다.

몸에 좋은 음식을 먹되 섭취량을 줄여라

이 말 역시 대부분 알고 있을 것이다. 정확히 어떤 음식을 선택해야 할지는 지속적인 논의가 필요할 테지만 한 가지만은 분명하다. 당신은 섭취하는 열량보다 더 많은 열량을 소모해야 한다. 당신을 도울 수천 수만 개의 다이어트 팁과 조리법이 존재한다는 사실을 명심하도록 하라. 하지만 그때그때 단기적인 유행을 따르기보다는 가장 단순하고 명백한 사실을 명심하는 것이 좋다. 먹는 것보다 더 많이 움직이면 살은 빠지게 돼 있다. 이를 어떻게 실천하느냐는 당신에게 특화된 변화 계획을 세우는 데 달려 있다.

스트레칭과 근력운동, 유산소운동을 혼합하라

걷기와 청소하기, 계단 오르기, 요가, 필라테스, 팔굽혀펴기와 윗몸일으키기, 그리고 웨이트 트레이닝에 이르기까지 수백 만 개의 형태로 조합할 수 있다. 다시 말하지만 세상에는 헤아릴 수 없을 만큼 다양한 운동 방법들과 팁이 존재하며, 그것들은 당신의 운동 시간을 더욱 재미있고 효과적으로 만들 아이디어를 가르쳐주고 훌륭한 시작점을 제공해줄 것이다. 당신이 기분 좋게 즐길 수 있고 따라서 계속해서 유지할 수 있는 적절한 조합을 찾아라.

기록하고 집중하라

이제까지는 조금 뻔한 소리처럼 들렸을 것이다. 그렇다면 이제 당신의 필요에 맞춘 특별한 계획을 짜야 할 차례다. 사실 모든 유명 다이어트 비법이나 운동 계획은 적힌 대로 철저하게만 지킨다면 응당 효과를 볼 수 있다. 그러므로 그런 계획을 고수하려면 어떻게 해야 할지 알아보자.

일간 / 주간 / 월간 일지를 기록하라

하루를 30분 단위로 나눠 무엇을 먹었는지 자세히 기록한다. 그런 다음 일주일 또는 한 달 동안 당신의 식습관을 관찰하고 주로 언제 힘든 도전에 직면하게 되는지 파악한다. 예를 들어 여행 중이거나 주말 등 특별한 경우가 여기에 해당될 것이다. 이때 당신이 사용할 수 있는 전략은 하루 일과를 살펴보고 문제가 발생하는 결정적 순간, 가령 과식을 하거나 운동 시간을 빠트리는 경우를 찾아보는 것이다.

뉴욕 시에 사는 메리 S는 여덟 달 동안 체중을 20킬로그램이나 감량했다. 이를 위해 그녀가 가장 먼저 한 일은 자신의 식습관 패턴을 살펴보는 것이었다. 아침 7시에 알람이 울리면 메리는 잠시 라디오 뉴스를 들으며 침대에 누워 있다가 샤워를 하고 옷을 입은 다음, 통 곡물 시리얼과 제철 과일을 먹었다. 평범한 하루의 첫 30분은 그렇게 시작되었다. 7시 반~8시 사이에는 지하철역까지 반 블록을 걸어

간 후 지하철에서 내려 다시 두 블록을 걸어 회사에 도착했다. 여기까지는 아무 문제도 없었다.

그러나 하루 시간표를 그려본 메리는 자신이 오전 8시~오후 12시까지, 그리고 오후 1시~6시까지 책상에서 거의 일어나지 않는다는 것을 알게 되었다. 설사 자리에서 일어나 움직인다고 해도 점심을 먹거나 다시 회의실에 앉아 있는 게 고작이었다. 이러한 상황을 정확히 파악한 그녀는 회사에서 조금씩 짬을 내어 간단한 운동을 하기로 했다. 오전에 한 번, 오후에 한 번씩 그녀는 계단을 걸어 내려가 회사 주위를 한 블록 돈 다음 다시 계단을 걸어 사무실로 돌아왔다. 이런 걷기 운동에 소모되는 시간은 약 15분 정도로 덕분에 그녀는 하루에 30분 정도 운동을 하게 되었다.

유혹과 장애물, 변명(결정적 순간)에 집중하라

지난주에 당신이 굴복했던 유혹들을 모두 적어라. 운동을 빼먹기 위해 사용했던 변명과 장애물도 함께 적어라. 그런 다음 일정한 패턴이 있는지 찾아보라. 메리는 그녀를 유혹하는 것들을 살펴본 결과 자신이 따끈따끈하고 커다란 시나몬 롤에 약하다는 사실을 깨달았다. 퇴근 후 집에 돌아오면 시나몬 롤을 탐닉하곤 했던 것이다. 정기적인 운동을 가로막는 가장 큰 장애물은 하루 종일 직장에서 시달려 피곤하고 지친 몸 상태였다. 집에 돌아왔을 즈음 메리는 심적으로나 신체적으로나 완전히 기진맥진해 있었다.

결정적 순간을 확인하여 자신의 삶을 들여다보면 하루 종일 겪는다고 생각했던 문제들이 실은 하루에 한 시간 정도밖에 차지하지 않는다는 사실을 알게 된다. 이제 당신은 이런 결정적 순간에서 빠져나오도록 도와줄 중요한 행동들에 집중해야 한다. 당신의 핵심 행동 말이다.

긍정적 일탈

문제를 해결하는 동안에도 결정적 순간은 계속해서 변화하고 새로운 결정적 순간들 역시 표면으로 드러나게 되지만, 일단 결정적 순간을 찾았다면 그런 도전을 만났을 때 따를 규칙을 반드시 정해야 한다. 어려운 유혹이 목전에 있지 않아 아직 사고가 또렷한 지금 미리 규칙을 세워놓아야 하는 것이다. 이런 규칙 또는 핵심 행동은 결정적 순간이 닥쳤을 때 정확히 어떻게 행동할 것인지 자세하고 구체적인 묘사를 해야 한다. 메리 S가 사용했던 규칙들을 본보기로 살펴보자.

메리는 빵과 관련된 수칙을 세웠다. 눈앞에 빵이나 쿠키가 보이면 유혹에 넘어가지 않고 가방에서 과일이나 그라놀라 바를 꺼내 먹는 것이었다. 또한 늦게까지 깨어 있지 않고 밤 10시에 잠자리에 든다면 상쾌한 기분으로 아침 운동을 하러 갈 수 있었다.

보통 핵심 행동은 결정적 순간에 유혹에 넘어가는 것의 반대를 가리킨다. 만약 결정적 순간의 유혹이 500칼로리나 되는 시나몬 롤이라면 핵심 행동은 그것을 먹지 않는 것이다. 때로 핵심 행동은 아예 문제가 시작되지 않게 예방하는 것이다. 시나몬 롤에 유혹당하기 전에 미리 200칼로리짜리 다른 음식을 먹어 배를 채워두는 것처럼 말이다. 만일 당신의 실패가 저녁식사 때 으깬 감자를 너무 많이 먹는 것이라면 핵심 행동은 감자에 손을 뻗기 전에 몸에 좋은 음식을 실컷 먹어두는 것이다. 나쁜 음식을 먹기 전에 미리 좋은 음식으로 위장을 채워놓는다면 유혹을 피할 수 있을 테니 말이다.

가끔씩 핵심 행동은 단순히 실패의 반대가 아니라 완전히 새로운 행동이 될 수도 있는데, 이런 경우 '긍정적 일탈'이라는 강력한 도구를 활용해 그런 행동들을 발견할 수 있다. 결정적 순간에 유혹을 극복하고 성공한 경우를 찾아보라. 이를테면 당신은 보통 퇴근 후에 간식을 먹는데 그렇게 행동하지 않은 날, 즉 평소와 다른 '긍정적 일탈행위'를 했던 경우에 초점을 맞춘다. 그날엔 무엇이 달랐던 걸까? 무엇이 성공적인 행동을 할 수 있게 도왔던 걸까? 사소한 심부름을 하느라 바빴나? 혹시 점심 때 다른 것을 먹었나? 다른 활동에 참가하느라 정신이 없었던 것은 아닌가? 일단 그 정확한 원인을 찾고 나면 당신은 새로운 규칙을 세울 수 있다.

또 다른 변화자 존 H의 일화를 들어보자. 존의 가장 중요한 결정적 순간은 매주 일요일 브런치 시간에 찾아왔다. 그는 식사 시간이 되면 커다란 접시에 달걀 요리와 베이컨, 소시지와 블린츠, 해시브라운, 그리고 때로는 절인 청어까지 음식을 산더미처럼 쌓아 올렸다. 게다가 그 위에 버터와 달걀노른자가 듬뿍 들어간 홀렌다이소스까지 끼얹었다. 그것은 결코 보기 좋은 광경이 아니었고, 브런치가 끝나면 그는 배가 너무 불러 몽롱한 기분으로 집에 돌아가곤 했다. 그렇지만 어느 일요일, 존은 자신의 접시에 적당량의 음식이 담겨 있는 것을 발견했다. 무슨 일이 있었던 걸까? 그는 마침 오랜만에 찾아온 조카와 대화를 나누느라 바빴는데, 그걸 본 그의 아내 루이즈가 대신 음식을 담아주었던 것이다.

처음에 존은 약간 짜증이 났다. 루이즈는 에그 베네딕트를 예술처럼 쌓아 올리는 솜씨가 부족했다. 하지만 접시에 담긴 음식을 다 먹고 나자 존은 포만감에 기분이 좋아졌다. 평소처럼 불쾌할 정도로 배가 부른 것이 아니라 딱 흡족한 느낌이 들었던 것이다. 그때가 바로 긍정적 일탈의 순간이었다. 존은 앞으로도 이런 경험을 계속해서 이어나가기로 결심했다. 일주일 뒤 그는 핵심 행동을 취했다. 루이즈에게 음식을 접시에 담아달라고 부탁한 것이다.

배우고 수정하라

당신의 결정적 순간과 핵심 행동을 처음부터 모두 파악할 수 있을 것이라고는 기대하지 않는 게 좋다. 어느 누구도 실패하지 않고 항상 똑바로 전진만 할 수는 없다. 다이어트 도중 폭음과 폭식으로 중대한 차질을 빚을 수도 있는 것이다. 하지만 기죽지 마라. 스스로를 연구하는 과학자답게 자책하지 말고 지속적인 호기심과 관심을 가지고 실패 원인을 면밀히 조사하라. 그러면 성공보다 실패로부터 배울 게 더 많다는 사실을 금세 깨닫게 될 것이다. 실패를 거듭한 상황들은 당신의 새로운 결정적 순간이 될 것이며, 새로이 발견한 결정적 순간들은 당신에게 알맞은 핵심 행동을 유도함으로써 성공의 디딤돌이 되어줄 것이다.

예를 들어 외식을 할 때면 계획이 늘 틀어진다는 사실을 깨달은 당신은 새로운 핵심 행동이 필요하다는 결론을 내린다. '항상 다른 사람들과 따로 주문한다' 또는 '사이드메뉴만 주문한다'처럼 말이다. 그 다음에는 새로운 전략이 얼마나 효과가 있는지 살펴볼 차례다.

어쩌면 음식을 따로 주문하는 것은 별로 도움이 안 될지도 모른다. 대부분 혼자 식사를 하러 가기도 하고, 다른 사람들 앞에서 그런 짓을 하기는 조금 민망하기 때문이다. 그렇다면 '음식을 접시에 반만 담는다'나 '채소를 먼저 먹는다' 같은 새로운 규칙을 세워라. 당신에게 진정으로 효과적인 핵심 행동을 발견하기 전까지 이런 규칙들을 세우고, 준수한다. 배우고, 수정하라. 더 배우고, 더 수정하라. 설사 실패하는 일이 생기더라도 이를 유용한 데이터로 활용하라.

개인적 변화에 있어 당신은 과학자이자 또한 실험대상이라는 점을 명심하라. 피험자들은 가끔 실수를 저지르기 마련이고, 과학자들은 피험자가 하는 행동들을 공부하고 끊임없이 조정해나간다.

주변 세상을 재구성하라

이제 당신의 새로운 핵심 행동에 동기를 부여하고 그것을 실천할 수 있도록 주변 세상을 새로이 구성할 때다.

첫 번째 요소: 하기 싫은 것을 좋아하라

여기 당신이 직면한 도전들을 살펴보자. 이 책을 읽는 바로 이 순간에도 당신이 옳은 일을 해야 할 동기는 무수히 많다. 당신은 생각한다. '별거 아냐. 그냥 견뎌내면 돼.' 하지만 막상 유혹이 닥쳐오면 불행히도 당신의 결심은 흐물흐물해지고 살찌는 음식을 먹거나 운동 시간을 고의로 빼먹는 등 도전에서 이탈해 결국 백기를 들고 만다. 이처럼 인간은 미래의 유혹을 예상하는 실력이 형편없는 종족이다. 심지어 이제까지 수년 동안 똑같은 경험을 수없이 해왔는데도 말이다.[7]

이런 실수를 피해 가기 위해서는 현재 당신이 지니고 있는 개인적 동기를 굳건히 다질 방법을 배워야 한다. 특히 아주 강력한 유혹이 덮쳐왔을 때를 대비해서 말이다. 앞에서 배운 것을 하나하나 거론하며 살펴보자.

첫째, 당신이 진심으로 좋아하는 것을 찾아라. 누가 봐도 당연한 이 방안은 이상하게 자주 간과되는 경향이 있다. 사람들은 건강에 좋은 음식과 운동이 뭔가 즐거운 일이 될 수 있다는 것 자체를 상상하지 못하기 때문이다. 그렇지만 다행히도 음식과 운동의 경우에는 만족스러운 대체 옵션을 찾기가 그리 어렵지 않다. 예를 들어 당신이 채소, 특히 그중에서도 브로콜리를 싫어한다면 광활한 채소의 세계를 보다 넓고 깊게 탐험해보라. 어쩌면 브로콜리를 평소와 다른 방법으로 조리하면 새로운 맛을 즐기게 될지도 모른다. 아니면 마음에 드는 다른 종류의 채소를 찾아낼 수도 있다. 어떤 경우든 싫어하는 음식 때문에 고통 받는 일은 없어야 한다는 것이 우리의 지론이다.

운동에 있어서도 마찬가지다. 가령 메리 S는 체육관에서 운동하는 것은 싫어하지만 사람들이 북적대는 맨해튼 거리를 내려다보는 것은 꽤 좋아했다. 그래서 그녀는 헬스를 하러 체육관에 가는 대신 자신이 사는 아파트에서 그리니치빌리지까지 6킬로미터나 되는 거리를 흥겹게 걸어 다녔고, 덕분에 체육관에서 운동을 하는 것과 비슷한 효과를 얻을 수 있었다. 최악의 상황에서도 최선의 방법을 찾아내야 한다. 당신이 즐기고 좋아할 수 있는 것을 찾을 때까지 끊임없이 시도하고 시험해보라. 당신이 좋아하는 구석이 한군데도 없는 변화 계획은 무슨 방법을 쓰든 아무 쓸모도 없다는 점을 명심하라.

둘째, 완전하고 생생한 스토리를 들려주라. 어째서 살을 빼고 싶은지, 어째서 몸매를 가꾸고 싶은지 자기 자신에게 물어보라. 대부분의 사람들은 이런 간단한 질문에 쉽사리 대답하지 못한다. 기껏해야 '예뻐지고 싶어서' '맞는 옷을 입고 싶어서' 또는 '불편함을 느끼지 않고 좀더 활기차게 움직이고 싶어서'처럼 애매하고 평범한 대답을 듣는 것이 고작일 것이다.

이런 대답들은 변화 계획의 시작점이 될 수는 있지만 유혹에 넘어가기 쉬운 순간들을 물리치기에는 역부족이다. 바로 지금 눈앞에 먹음직한 초콜릿 케이크가 있는데 '언젠가는 몸이 가뿐해졌으면 좋겠어' 같은 이유로 유혹을 참아낼 수 있을까? 당신이 떠올릴 수 있는 것이 고작 먼 미래의 애매모호한 비전뿐이라면 지금 손 뻗치면 닿을 수 있는 생생하고 현실적인 초콜릿 케이크는 언제나 승리를 거두게 될 것이다.

존 H의 경우를 보라. 그는 살을 빼고 싶은 이유가 무엇이냐는 질문에 대해 "옆에서 보기에도 좋고, 나도 기분 좋게 느끼고 싶으니까요. 에너지를 느끼고 싶어서요"라고 대답했다. 이것은 완전한 스토리도 아니고, 그의 관심과 초점을 오랫동안 붙들어 맬 만큼 생생하지도 못하다. 그래서 그는 한 발짝 더 나아가기로 했다.

셋째, 당신의 불이행의 결과를 예측하라. 다행스럽게도 존은 자기 앞에 놓인 미래를 생생한 세부 사항으로 빼곡히 채울 수 있었다. 그는 자신과 비슷한 물리적 도전에 직면한 전도유망한 인물을 머릿속으로 찾아가 보았다.

"나는 래리 M을 떠올렸습니다." 그는 설명했다. "그 사람은 이 지역에서 잘 나가는 사업가예요. 자선 사업가이기도 하고, 가정생활에도 충실하죠. 자동차 판매 쪽에서 대성공을 거뒀는데, 유타재즈 프로농구팀의 구단주이고 텔레비전에도 항상 나와요. 나이는 나와 비슷하고, 몸매도 나와 비슷하게 뚱뚱하죠. 아마 체질도 비슷할 겁니다. 지난 몇 년 동안 그 사람은 당뇨병과 심장 발작, 그리고 신장 때문에 고통을 겪었어요. 당뇨병 때문에 두 다리를 잃었고, 결국에는 목숨마저 잃었죠. 겨우 60대 중반의 나이에요. 아마 나도 이런 식으로 계속 살다간 그 사람 꼴이 날 겁니다. 그래서 난 이제

티본스테이크를 주문할 때마다 래리 M을 떠올립니다. 내 앞에 그 사람이 앉아 있다고 상상하죠. 그러면 쇠고기 스테이크 대신에 연어를 주문하게 되더군요."

생생하고 설득력 있는 미래의 모습은 당신이 유혹의 순간을 견뎌낼 수 있도록 도와준다. 그러나 그것은 반드시 생생하고 구체적이어야 한다. 존은 변화를 일구기 위해 동기를 부여해야 했고, 그가 필요로 하던 세부 사항을 찾아낼 수 있었다. 그것이 바로 당신의 성공 비결이다.

넷째, 가치 있는 단어를 사용하라. 당신의 불이행의 결과를 예측했다면 결정적 순간에 활용할 동기부여 선언문을 만들어라. 단순한 사실을 넘어 당신의 감정을 포착해 정확히 표현해야 한다. "이것은 모두 내 아내 루이즈를 위해서다. 이것은 내가 그녀에게 내 사랑을 보여줄 수 있는 가장 진실한 방법이다. 이것은 진주귀걸이나 목걸이를 선물하는 것보다도 수천 배는 더 값진 일이다."

존이 어떤 단어들을 사용해 동기부여 선언문을 만들었는지 눈치 챘는가? 이 단어들은 존이 유혹을 느낄 때마다 그의 가장 내밀한 감정을 건드린다. 존이 굴복의 어귀에 설 때마다 그가 세상에서 가장 사랑하는 여자인 루이즈에게 귀한 선물을 주는 장면을 상상하게 함으로써 유혹의 손길에서 벗어날 수 있게 돕는다. 그것은 진주귀걸이나 목걸이를 선물하는 것보다도 수천 배는 더 값진 일이다.

존은 자신의 불이행의 결과를 예측하고 완전하고 생생한 스토리를 말했으며, 가치 있는 단어를 사용하여 결정적 순간에 잠시 짬을 내어 되새기면서 그의 감성에 깊은 영향을 줄 수 있는 동기부여 선언문을 작성했다. 그리고 동기부여 선언문의 강력한 힘을 더욱 강화시키기 위해 루이즈의 사진을 결부시켰다. 훌륭한 개인의 동기부여 선언문의 가치는 그것을 사용해 유혹의 압력에서 벗어날 수 있느냐에 달려 있다. 만약 그런 효과를 볼 수 없다면 선언문은 너무 미약한 것이다. 당신이 진정으로 원하는 결과를 얻을 수 있을 때까지 계속해서 고치고 또 고쳐 쓰기 바란다.

다섯째, 당신이 닮고 싶은 사람과 동화되라. 어떤 이들은 닮고 싶은 인물에 동기부여 선언문의 초점을 맞춘다. 예를 들어 당신이 싫어하는 일을 할 때면 실제로 그것을 좋아하는 사람이나 집단을 떠올리고 그들을 미쳤다고 치부하기 전에 그들의 입장이 되어 본다. 핵심 행동을 할 때에도 잠시 시간을 갖고 당신이 그런 사람이 되고 있음을 축하하라.

가령 운동을 할 때 집중이 되지 않아 애를 먹는다면 혼잣말로 외쳐보라. "나는 훈련 중인 운동선수야. 그리고 이건 운동선수들이라면 누구나 해야 하는 일이야." 상황을 보다 구체적으로 설정할 수도 있다. "나는 등산가야" "나는 단거리 육상선수야" "나는 하키선수야" 등등. 그런 다음 이 새로운 관심사를 보다 깊이 파고들어라. 등산이나 육상, 스키 잡지를 읽고 당신도 그 세계에 속해 있다고 상상하는 것이다. 운동에 전념하는 시간을 낭비나 희생으로 여기지 말고 일종의 성취라고 생각하라. 예전의 당신으로 돌아가고 싶은 충동을 느낄 때마다 당신이 되고자 하는 인물을 떠올리며 동기부여 선언문과 함께 유혹에 맞서 싸우기 바란다.

여섯째, 재미있는 게임으로 만들어라. 존은 동기부여 계획을 성취하기 위해 그것을 게임으로 만들었다. 먼저 그는 운동에 따른 열량 소모율을 표시해주는 손목시계형 기기를 구입하고, 그 기기를 이용해 자신의 열량 소모 패턴을 추적하고 조절했다. 존은 근무 시간에 자리에서 일어나 계단을 오르내린다면 몸을 움직이는 동안 열량 소모율이 두 배로 증가할 뿐만 아니라 운동 후에도 열량 소모율이 평소 수준으로 돌아올 때까지 두 시간이나 걸린다는 사실을 발견했다. 2주일도 지나지 않아 존은 마치 올림픽 시합에서 점수를 기록하듯 자신의 열량 소모량을 꼼꼼히 적어나갔다. 바람직한 행동이 곧 그의 성취 결과로 이어지자 존은 재미와 즐거움을 느낄 수 있었다.

두 번째 요소: 할 수 없는 것을 하라

이번에는 '할 수 없는 것을 하라'에서 배운 세 가지 방안을 가지고 살펴보자.

첫째, 어떤 기술을 가졌는지 점검하라. 다음 중 당신에게 익숙한 것들은 몇 개나 되는가?

- 내가 섭취하는 각 음식의 열량. 정확한 숫자는 모르지만 대충 계산할 수 있다.
- 지금 먹고 있는 음식을 대체할 수 있는 저칼로리 음식들

- 건강에도 좋고 맛도 좋은 요리를 만들 수 있는 조리법
- 시판용 조리음식에 붙은 라벨 읽는 법
- 좋아하는 음식의 열량을 줄이기 위해 사용할 수 있는 방법들
- 열량 소모율을 최대로 만들 수 있는 운동 속도
- 운동 중 옆구리가 결리는 느낌을 해소할 수 있는 방법들
- 내게 맞는 준비 운동법
- 근력운동을 할 때 내게 적절한 운동기구의 무게와 운동량
- 지방을 분해하고 심혈관 질환을 예방하는 데 필요한 최소 운동량

물론 위 목록은 한도 끝도 없이 길어질 수 있으며, 여기 적힌 모든 것을 알아야 할 필요도 없다. 정답을 알고 싶다면 일시적인 해결책을 넘어 정통적이고 장기적인 조언을 제공해줄 수 있는 책이나 웹사이트, 또는 집단의 도움을 받아야 한다.

그리고 거주 지역의 정보를 얻고 싶다면 근처 병원에 문의해보기 바란다. 지역 병원들은 대개 체중감량과 건강관리, 참살이(웰빙) 관련 봉사 프로그램들을 무료로 제공한다. 그런데 단순히 다이어트와 건강 관리 기술만이 해결책이 아닐지도 모른다. 어쩌면 당신의 식습관은 보다 신중한 해결책이 필요한 감정적 문제와 얽혀 있을 수도 있다. 그러므로 결정적 순간을 연구하고 변화를 가로막는 장애물들을 규명하는 것은 물론, 당신에게 필요한 새로운 기술들을 찾고 그것들을 변화 계획에 포함시켜라. 예를 들어 당신이 외롭다고 느낄 때마다 먹는 버릇이 있다면 직장에서 주최하는 대인관계 강좌

에 참가하여 새로운 사교 기술을 습득할 수 있다.

둘째, 의도적인 훈련을 도입하라. 만약 당신이 저녁을 먹고도 야참을 먹는 습관이 있다면 야참을 먹는 시간은 당신에게 몹시 결정적 순간이라 할 수 있다. 그런 경우에 대비해 의도적인 훈련을 한다면 유혹을 극복할 수 있을 것이다.

먼저 하나의 커다란 기술을 잘게 쪼개고 각각의 하위 기술들을 단계적으로 연습한다. 이를테면 저녁을 먹은 뒤 잠자리에 들 때까지의 시간을 30분 단위로 구분하라. 그런 다음 각 시간 단위 동안 간식에 대한 당신의 열망을 어떻게 물리칠 수 있을지 서로 다른 먹을거리와 활동, 관심 분산 도구를 시험해본다.

이번에는 분명한 기준에 따른 즉각적인 피드백을 받고 당신의 진척 상황을 판단하라. 매일 저녁을 30분 단위로 분류한 일정표를 만들고 나면 각각의 시간 단위 안에 설정 목표를 써넣어라. 예를 들어 20분 운동하고 100칼로리 이하의 간식만을 먹겠다는 것 등등 말이다. 그러고는 빼먹지 말고 매일 저녁 목표 달성 여부를 기록하라.

마지막으로 실패에 대비해야 한다. 혹시 실패를 경험하고 낙담하더라도 이를 계획을 수정하고 손볼 기회로 활용하라. 어쩌면 당신은 영화를 보러 갔다가 버터를 끼얹은 팝콘이나 초콜릿 바를 사먹었을지도 모른다. 그렇다면 계획을 변경하라. 다음번에는 극장에 가는 길에 아예 미리 사과 하나를 먹는 게 어떨까?

셋째, 의지력 강화 기술을 배워라. 많은 사람들이 다이어트와 운동은 의지력의 문제라고 믿는다. 물론 의지력은 중요하다. 그렇지만 사람들은 의지력 또한 나름의 규칙과 법칙을 지닌 일종의 기술임을 잊고 있다.

최근의 한 연구에 의하면 몇 분 동안 사람들의 관심을 다른 곳으로 돌릴 수만 있다면 부정적 감정을 자제하고 보다 나은 결정을 내릴 수 있음이 밝혀졌다.[8] 샤먼 W는 이 방법을 이용해 다이어트를 할 때마다 편법을 쓰는 버릇을 고치는 데 성공했다. 그녀는 살을 빼고 싶은 이유를 목록으로 작성한 다음 한 가지 전제를 세웠다. 가끔 게으름을 피우거나 다이어트 규칙을 어길 수는 있지만 그 전에 반드시 목록을 읽고 언니에게 전화를 건다는 것이었다. 자신에게 생각할 시간적 여유를 주고 언니의 충고를 듣기 위해서였다.

우리의 다른 변화자들은 산책이나 시 낭송, 그리고 물 한 잔 마시기 등의 전략을 사용했다. 핵심은 자기가 어떤 충동에 사로잡혀 있는지 인식하고 그것이 사라질 때까지 다른 것으로 주의를 돌리는 것이다.

세 번째 및 네 번째 요소: 방해자를 친구로 만들어라

우리의 변화자들이 체중감량을 위해 사회적 힘을 활용한 두 가지 방안을 소개한다.

첫째, 새로운 친구를 사귀어라. 체인지애니씽 연구소의 연구에 따르면 당신에게 동조하는 새로운 친구를 사귈 경우 변화의 성공 가능성은 40퍼센트가량 증가하며,[9] 이는 특히 체중감량이나 건강 유지 목표를 갖고 있을 때 더욱 효과적이다.

의대 교수인 애비 킹Abby King은 정기적인 운동을 계획 중인 218명을 대상으로 한 가지 실험을 했다. 피험자들은 모두 하루에 최소 30분 이상 걷기 운동을 해야 했는데, 한 집단은 3주일 내내 날마다 누군가로부터 그가 목표를 얼마나 달성했고 얼마나 순조롭게 발전하고 있는지 칭찬하는 전화를 받았다. 놀랍게도 이 낯선 사람의 격려는 피험자들이 운동량을 78퍼센트나 증가시키는 결과를 낳았다. 컴퓨터 알람 기능을 사용한 피험자들에 비하면 현저하게 유의미한 수치다. 전화는 1년 동안 계속되었으나 전화가 더 이상 걸려오지 않게 된 뒤에도 피험자 집단의 새로운 습관은 오래도록 지속되었다.[10]

그러므로 당신에게 동기를 부여하고 나아갈 길을 지도해줄 코치를 찾아라. 존 H는 체육관에 등록한 첫 달 동안 그의 운동을 도와줄 트레이너를 고용했다. 두 사람은 일주일에 세 번씩, 매일 아침 6시에 만났다. 존 H가 새벽 일찍 일어나 체육관에 나간 이유는 오로지 코치와의 약속을 지키기 위해서였다. 돈을 낭비하거나 코치를 실망시키고 싶지 않았기 때문이다. 그리고 그의 운동 코치는 여러 가지 다양한 운동 기구들을 활용하는 방법과 근육 결림이나 부상을 입지 않고 안전하게 운동을 할 수 있는 방법을 알려주었다.

코치보다도 더욱 중요한 친구는 당신과 함께 운동이나 체중감량을 시도하는 훈련 파트너다. 그 사람은 당신의 배우자나 가족일 수도 있고 또는 얼마 전에야 알게 된 완전히 새로운 지인일 수도 있다. 우리의 변화자 중 한 명은 동생과 함께 운동을 했는데 그는 시애틀에, 그의 동생은 로스앤젤레스에 살고 있었다. 이들 형제는 똑같은 운동 일정을 따랐고 아침 6시에 서로에게 문자 메시지를 보냈다. 서로가 공유한 동질감과 책임감은 두 사람이 아침 일찍 잠자리에서 일어나 운동 계획을 실천할 수 있는 동기를 부여해주었다. 당신과 똑같은 체중감량이나 운동 프로그램을 실천하는 사람이 최소한 한 명이라도 주변에 있다면 두 사람은 서로에게 경이로운 결과를 안겨줄 것이다.

둘째, 변화 유발 대화를 나눠라. 반드시 당신의 친구로 끌어들여야 할 방해자가 하나 있다. 당신의 '먹을거리 문지기'다. 간단히 말하자면 상점에서 식료품을 사고 집에서 식사를 요리하거나 어떤 음식을 먹을지 결정하는, 부엌의 실권자란 얘기다. 물론 당신이 부엌에서 주도권을 쥐고 있다면 당신 자신이 먹을거리 문지기인 셈이다. 그렇지만 만약 당신이 문지기가 아니라면 혹은 그 역할을 다른 누군가와 함께 나눠 갖고 있다면 당신은 그 먹을거리 문지기를 당신의 다이어트를 도와줄 동맹군으로 끌어들여야 할 필요가 있다.

어쩌면 그 사람은 이미 당신에게서 도와줘도 된다는 허락이 떨어지기만을 기다리고 있을지도 모른다. 일상생활에서 다이어트는 대단히 민감한 주제라 보통 사람들은 타인의 삶에 끼어들기 전에 먼저 초대받기를 기다리기 때문이다. 이는 즉 주도권이 이미 당신에게 있다는 의미다. 그러니 당신의 운동 계획과 식사 메뉴에 정기적으로 영향을 미치는 사람들에게 도움을 구하라. "과일을 더 많이 사오세요"처럼 그들이 어떻게 당신을 도울 수 있을지 자세히 설명하라. 아울러 그들이 어떠한 행동을 그만둬야 하는지 정확히 말해

주어야 한다. "제발 보기만 해도 군침이 도는 쿠키를 굽거나 내가 간단히 손댈 수 있는 곳에 간식거리를 놓아두지 말아 주실래요?"라고 말이다.

마지막으로 지속적으로 해야 할 일을 상기시켜라. "저녁마다 우리 둘이 산책을 나가는 건 앞으로도 계속 하고 싶어요"라는 식으로 말이다. 변화 유발 대화는 단순히 먹을거리 문지기에게만 해당하는 것이 아니다. 당신 삶에 존재하는 대부분의 방해자들은 그들이 당신에게 도움을 주기보다 오히려 해를 끼치고 있다는 사실을 알면 깜짝 놀랄 것이다. 하지만 진실을 알면 그들은 당신에게 도움이 되고 싶어 한다. 변화 유발 대화를 나누는 방법에 대해서는 체인지애니씽 연구소 홈페이지를 참조하라.

다섯 번째 요소: 반경제적 사고를 하라

오늘날 우리에게 익숙한 경제 체제는 체중감량이라는 목표에 불리하게 작용하는 경향이 있다. 앞에서도 언급했듯이 당분과 지방이 많은 포장 음식은 가격이 점차 떨어지는 반면 신선한 과일과 채소의 가격은 계속해서 올라가고 있기 때문이다. 게다가 식료품의 경우, 구매하는 양이 많으면 많을수록 돈을 절약할 수 있기 때문에 대량 구매를 부추긴다. 또 많은 사람들이 접시에 남은 음식을 버리는 행위를 범죄라고 여기는데, 때문에 배가 부른데도 꾸역꾸역 먹게 된다. 우리 사회는 정말로 끊임없이 먹고 또 먹게 해 살이 찔 수밖에 없는 환경으로 가득 차 있다. 이제 이것을 바로잡을 때다. 그럼 여기서는 두 가지 방안만 살펴보자.

첫째, 인센티브와 손실 회피 경향을 사용하라. 인센티브의 장점은 그것이 효과적이라는 것이다. 그러나 여기에는 조건이 붙는다. 당신의 목표가 한 달에 2킬로그램을 감량하는 것이 아니라 일주일에 500그램을 빼는 것처럼 대단히 단기적이어야 한다는 것이다. 흘려듣지 마라. 대단히 중요한 전제조건이니까. 또 목표를 달성했을 때 받을 보상은 반드시 당신에게 중요한 의미를 띠고 있어야 한다. 변화자 뎁 W는 체중을 500그램 줄일 때마다 자신이 만든 차트에 별 스티커를 붙였다. 별이 열 개가 되면 그녀는 새 옷을 사러 나갔고 헌 옷 하나를 버렸다. 그녀의 인센티브가 어떤 식으로 작용했는지 알겠는가? 뎁은 분명 자신이 원하던 새 옷을 사면 헌 옷을 버렸다. 그것은 바로 자신의 새로운 허리 치수를 과거로 되돌리지 않기 위한 것이었다.

둘째, 인센티브는 적절하게, 조화롭게 사용하라. 인센티브는 너무 거창하지 않고 소박하며 개인적 동기부여와 사회적 동기부여가 결합될 때 최상의 효과를 발휘한다.

우리 저자들 중 한 명을 예로 들어보자. 데이비드는 20주 내에 10킬로그램을 감량하기로 결심하고는 여기에 과감히 200달러를 걸기로 했다. 그는 한 친구에게 돈을 맡긴 다음, 일주일 단위로 목표를 세웠다. 그의 목표는 매주 500그램을 감량하는 것이었다. 매주 금요일이 되면 그는 체중계 위에서 사진을 찍고 몸무게를 기록했다. 사진은 그가 진심으로 신뢰하는 친구 조셉에게 보냈다.

만약 그 주의 감량 목표를 달성하지 못하면 데이비드는 10달러를 잃을 뿐만 아니라 자존심에 상처를 입을 터였다. 뿐만 아니라 친구들의 놀림거리마저 되어야 했다. 이처럼 단순한 인센티브는 여섯 가지 영향력 요소와 결합하여 놀라운 효과를 발휘했다. 데이비드는 10킬로그램을 감량하는 데 성공했으며, 지금까지 2년째 그 몸무게를 고수하고 있다.

여섯 번째 요소: 공간을 관리하라

첫째, 울타리를 쳐라. 여기서 울타리는 나쁜 것은 절대로 들어오지 못하도록 막고 좋은 것은 안에 둘 수 있는 장벽을 말한다. 예를 들어 자신이 가족의 먹을거리 문지기라는 사실을 알아차린 변화일꾼이 메리 S는 식생활 대문을 신중하게 관리하기로 결심했다. 그녀는 마치 수색 섬멸 작전을 펼치듯 식구들의 식단을 엄격하게 심사하고 점검했다. 메리는 냉장고와 찬장, 식료품 저장실을 살피고 온 집안을 샅샅이 뒤져 정크푸드를 모두 몰아냈다. 그녀는 아이스크림과 사탕, 초콜릿, 냉동 팟파이와 저지방이 아닌 우유, 쿠키를 모두 퇴치했으며, 심지어 쿠키를 담아놓는 단지마저 이웃 사람들에게 줘버렸다. 물론 푸짐하고 커다란 베이컨 덩어리를 통째로 남에게 줘버리는 것은 그녀의 절약 정신에 커다란 상처를 입히는 일이었다. 그렇지만 이제 메리의 모토는 '실수로 먹는 일이 있어선 안 돼!'였고, 30분도 안 돼 그녀의 아파트는 무엇이든 안심하고 먹을 수 있는 공간으로 변모했다.

그런 다음 메리는 집 안에 둬도 될 만하다고 판단한 먹을거리 즉 몸에 좋은 먹을거리 목록을 만들었다. 그녀는 식탁 위에 과일 접시를 내놓고 항상 신선한 과일을 채워놓았다. 마트에 들를 때면 최대한 가장자리 라인을 돌며 중앙 공간을 피했다. 상점 중앙에 있는 진열대에는 기름기가 많은 가공식품이 진열되어 있는 반면 가장자리에는 신선식품이 채워져 있었기 때문이다.

메리는 또한 식당 메뉴를 볼 때마다 머릿속으로 메뉴판 한가운데에 줄을 그었다. 식당에서 대개 전채요리와 알코올이 함유된 음료가 가장 칼로리가 높다는 사실을 알게 된 뒤로는 절대 그 두 가지 음식을 주문하지 않았다.

둘째, 거리를 조절하라. 존 H는 체중을 감량할 목적으로 거리두기 방안을 이용했다. 보다 쉽고 간단하게 운동을 할 수 있도록 주변 환경을 조절한 것이다. 존은 조깅화와 갈아입을 옷을 산 다음, 일이 끝나면 곧장 체육관에 갈 수 있도록 그것들을 일터에 상비해두었다. 운동용 덤벨 한 세트와 탄성 밴드도 항상 책상 위에 놓아두었다. 집에서는 텔레비전을 평소에 안 쓰는 방으로 옮겨 거기서 운동을 하는 동안 좋아하는 TV 프로그램을 볼 수 있게 했다. 이 모든 조치 덕분에 존은 운동량을 두 배나 증가시킬 수 있었다.

셋째, 일깨움 표시를 활용하라. 실제로 보통 사람들은 자신이 얼마나 많이 먹는지 모르는 채 살아가며, 체중관리에 도움이 되는 생활 속의 소소한 기회들을 못보고 지나가는 경우가 태반이다. 한편 잘 고안된 일깨움 표시는 판에 박힌 생활을 자극하고 우리가 어떤 선택지를 가지고 있는지 상기시켜준다. 훌륭한 일깨움 표시는 당신의 주의를 사로잡는 동시에 설사 다른 이들이 그것이 무엇인지 알아차린다고 해도 부끄러움을 느낄 필요가 없다. 그것은 누군가 옆에서 "그 어떤 것도 몸이 마른 느낌이 주는 행복을 대신할 수는 없어요"라고 말해주는 것일 수도 있고, 당신이 운동하는 사진, 또는 사랑하는 사람의 한마디일 수도 있다. 이런 일깨움 표시는 몸에 좋은 음식을 먹고 운동을 하도록 일깨워줄 뿐만 아니라 개인적 동기부여를 북돋아주는 효과도 지닌다.

무엇보다 명심할 점은 이런 일깨움 표시가 결정적 순간에 작용하도록 신중하게 배치되어야 한다는 사실이다. 만약 당신이 입이 심심할 때마다 간식을 먹는다면 냉장고나 찬장에 일깨움 표시를 붙여둬라. 텔레비전을 보면서 주전부리를 하는 습관이 있다면 일깨움 표시를 리모컨에 붙여놓는 것도 좋은 방법일 것이다.

넷째, 도구를 사용하라. 지금은 몸에 맞는 음식을 먹고 알맞은 운동을 하는 데 필요한 도움을 주는 첨단기기들이 도처에 널려 있는 시대다. 우리의 체인지애니씽 홈페이지 역시 여러분 스스로 통제권을 가지고 체중을 관리할 수 있도록 도움을 주는 강력한 도구 중 하나다.

그럼 시중에 나와 있는 몇 가지 유용한 도구들을 소개해보자. 먼저 가속도계, 계보기를 들 수 있으며 그리고 심지어 GPS조차 당신의 운동 내역을 측정할 수 있다. 열량 소모량을 측정하는 도구로는 스마트폰 애플리케이션과 암밴드가 있다. 또 단순하고 오래

됐지만 극도로 효과적인 도구들도 있다. 몸무게를 기록하는 욕실의 종이 달력, 먹는 양을 줄일 수 있는 작은 프라이팬, 접시, 가정용품 등이다. 우리 동네의 걷기 지도도 매우 훌륭한 도구가 될 수 있다.

이런 것들은 공간 관리를 돕는 도구들 가운데 극히 일부일 뿐이며, 이에 더해 당신은 당신 자신만의 방법을 찾아낼 필요가 있다. 그렇게 하지 않는다면 당신을 대신해 주도권을 쥐려는 다른 사람들에게 끌려 다니게 될 것이기 때문이다.

돈 걱정 없는 노후를 준비하라

재정적 안정은 의외로 판단과 추적은 물론 이해조차 어려울 수 있다. 예를 들어 당신은 지난 40년 동안 정년퇴직 후의 계획을 멋지게 세웠다고 생각하고 있다. 잘못될 일이 뭐가 있겠는가? 전문가들의 조언도 받았고, 노후 자금도 충분히 확보해두었는데 말이다.

그러던 어느 날 퇴직기념 선물로 금시계를 받고 푹신한 안락의자에 앉아 텔레비전을 보고 있다가 당신은 문득 예전처럼 풍족한 생활을 하기엔 예산이 턱없이 모자란다는 사실을 깨닫는다. 아니 사실을 말하자면 돈은 충분하다. 당신이 뭔가를 새로 사지만 않는다면 말이다. 여행을 가지 않거나 또는 너무 자주 먹지만 않는다면 그럭저럭 견딜 수는 있다.

어쩌면 당신은 퇴직을 하고도 쇼핑을 즐길 수 있는 아주 운 좋은 소수 중 한 명일지도 모른다. 하지만 그것도 지금 당신을 부양하고 있는 자식들이 허락을 해줘야 가능한 일이다. 다른 수만 명의 새로운 퇴직자들처럼[1]. 이제 당신은 80년대에 유행하던 티셔츠 문구와 똑같은 삶을 살고 있다. '자식들에게 복수하는 최상의 방법은 오래 살아서 녀석들의 귀찮은 짐이 되는 것이다.' 그렇다. 이제 당신은 자식들의 짐에 불과하다. 티셔츠 문구를 읽었을 때는 쿡쿡거렸을지 몰라도 진짜 삶이 그렇다면 그리스 비극만큼이나 비참한 일이다.

아니면 이런 경우는 어떤가? 아무리 당신이 열심히 돈을 벌든 간에 재정적 안정은 어차피 당신 마음대로 되는 것이 아니다. 열심히 아끼고 모아 마침내 넉넉한 재산을 마련했다고 해도 갑자기 주식시장 등이 폭락한다면 당신은 이제 한두 푼을 아끼기 위해 상점 쿠폰이나 잘라 모으는 신세로 전락해야 할 것이다.

그렇다면 어떻게 해야 할까? 한 가지만은 확실하다. 주변 사람들에게 조언을 구하는 것은 별로 좋은 생각이 아니다. 옆집에 지독한 구두쇠가 살고 있다면 또 모르겠지만 말이다. 그렇지만 산더미 같은 현금을 쌓아두고도 양말 하나 새로 못 사는 인생을 좋아할 사람은 없지 않은가? 그게 무슨 놈의 삶이란 말인가?

그렇다고 그것과는 아예 정반대인 이웃의 전철을 밟고 싶지도 않을 것이다. 연구조사에 따르면 미국 가정 중 43퍼센트가 소득보다 지출이 많으며[2] 1만 8천 달러에 달하는 고이자의 가계 부채를 지고 있다고 한다.[3] 또한 비상시에 대비해 저축해놓은 금액은 평균 17센트에 불과하다고 한다.

그럼에도 그들은 부모 세대에는 힘겹게 현금을 아껴 모아야만 살수 있었던 소위 '필수품'들을 너나 할 것 없이 빚을 내서 손에 넣고 있다.

"걱정 말아요." 당신 이웃들은 이렇게 말한다. 왜냐하면 그들이 아는 한 '모두가 이 짓을 하고 있기' 때문이다. 게다가 아무리 경제적으로 힘들어도 당신의 친구들은 어떻게든 매달 돈을 긁어모을 방도를 찾아낸다. 물론 한 번만이라도 병원에 가거나 주차 딱지를 떼인다면 빈털터리가 될 테지만 말이다.

혹시 당신도 그런 처지에 있는 건 아닌가? 한 달이라도 연금 등의 돈이 들어오지 않으면 경제적 파탄으로 이어지는 내리막길을 걷게 되지는 않는가? 만약 다음 중 네 개 이상에 해당된다면 당신은 지금 단기적인 위험에 처해 있으며 퇴직을 한 후에는 심각한 위험에 처할 것이 거의 확실하다.[4]

- 일곱 명 이상에게 빚을 지고 있다.
- 충동적으로 물건을 구매한다.
- 구입한 물건에 대해 지난 6개월 동안 배우자에게 거짓말을 해왔다.
- 신용카드를 사용하는 것은 빚을 지는 것이 아니라 현금을 사용하는 것과 같다고 생각한다.
- 월말 청구서를 지불하기 위해 자주 돈을 빌린다.

- 통장이 자주 마이너스가 되거나 연체료를 낸다.
- 주택이나 자동차 수리비, 의료비 등 사소한 추가 지출까지도 빚을 내야 한다.

터널 끝에 비치는 한 줄기 빛

물론 모든 사람이 재정적 악몽 속에 갇혀 사는 것은 아니다. 수백만 명의 많은 사람들이 경제적으로 안정된 생활을 하고 있으며, 우리는 그들이 어떻게 그렇게 할 수 있는지도 알고 있다. 그들은 버는 돈보다 적게 쓴다. 이것이 바로 넉넉한 삶을 영위하는 가장 기본적인 전제다. 여유 자금을 마련하는 것 말이다.

여기 한 가지 좋은 소식이 있다. 당신의 귀중한 여유 자금을 어떻게 관리해야 하는지 가르쳐주는 책들은 문자 그대로 부지기수다. 그것들은 먼 훗날 당신의 은행계좌에 돈이 쌓이면 무엇을 해야 하는지 가르쳐주고자 애쓴다. 다만 이 아르마니 양복을 입은 경제 전문가들은 오직 당신이 덜 쓰고 더 버는 방법을 찾아낸 후에야 어떻게 여유 자금을 관리하고, 최악의 사태에 대비하고, 풍족한 미래를 준비할 수 있는지 알려준다는 것이 문제다.

만약 당신이 이 세상에 사는 수많은 다른 이들과 같다면, 다시 말해 손에 여유 자금이 없다면 귀가 솔깃한 투자 기회와 자산 관리 전략은 아무 쓸모도 없다. 당신이 해결해야 할 도전은 매트리스 밑에 숨겨 놓은 비상금을 최대화하는 방법이 아니라 일단 행동을 변화시킴으로써 종잣돈을 확보하는 것이다. 이 장에서 바로 그 비결을 알려줄 것이다.

우리는 당신의 소비 습관에 체인지애니씽 연구소에서 연구한 과정을 적용하도록 도와줄 것이다. 저명한 투자 컨설턴트인 데이빗 램지에 따르면 소비 습관이야말로 우리가 해결해야 할 가장 기본적인 재정적 도전이다. "경제적으로 성공한다는 건 행동이 80퍼센트요, 지식은 나머지 20퍼센트에 불과하지요. …… 어떻게 해야 하는지는 다들 알고 있지만 실제로 그렇게 행동하는 사람은 거의 없어요."[5]

우리가 알고 있는 것은 무엇인가? 재정적 안정을 확보하기 위해서는 더 많이 벌든가, 더 적게 쓰든가, 혹은 그 두 가지를 결합시켜 여유 자금을 만들어야 한다. 예상하다시피 대부분의 사람들은 더 많이 버는 것을 선호하지만 이 장에서 우리는 더 적게 쓰는 법을 살펴보도록 하겠다. 우리는 당신의 소비 습관에 새로운 감정과 열정을 부여하고 현재와 미래 양쪽 모두에 만족과 행복을 가져다줄 수 있는 '실천 가능'한 계획을 세울 수 있도록 도울 것이다.

시리, 헤픈 타이슨을 만나다

어떻게 하면 흑자 재정을 만들 수 있을지 당신처럼 재정적 안정을 도모하지 못해 심각한 어려움을 겪었던 두 변화자 시리와 타이슨 부부의 도움을 구해보자. 사랑스러우면서도 대단히 전형적인 이 한 쌍은 처음에는 상당한 고생을 했지만 결국에는 심각한 재정적 도전을 이겨내고 문제를 해결할 수 있었다.

시리는 그녀가 가르치는 스물일곱 명의 유치원생에게 동화책을 읽어주던 중 그녀의 이름 앞으로 반짝반짝한 은빛 풍선 100개가 도착했을 때 타이슨과 사랑에 빠졌다. 이런 공개적인 구혼은 약간 민망하면서도 감동적이었다. 순간적으로 대학원생인 타이슨에게는 조금 과한 선물이라는 생각이 스쳐지나가긴 했지만 그녀는 곧 머릿속에서 그 생각을 지워버리고는 자신과 정반대인 타이슨에게 빠져들고 말았다.

시리는 '지갑을 열 때마다 지갑이 비명을 지르는' 은행가 아버지 밑에서 자라났다. 그래서인지 그녀는 옷 쇼핑을 좋아하면서도 세일 기간이 아니어서 정가를 다 줘야 할 때에는 죄책감을 느낄 정도였다. 따라서 타이슨이 첫 번째 데이트에 헬리콥터를 빌려 허드슨 강의 멋진 풍경을 선사했을 때, 시리는 내심 짜릿함을 느꼈다. 타이슨은 그녀에게 한시도 눈을 떼지 않은 채 지갑에서 신용카드를 꺼내 조종사에게 500달러를 지불했다.

결혼한 지 10년이 지나자 시리는 남편 때문에 자신까지 파산하지 않을까 전전긍긍하기 시작했다. 시리는 남편의 지나친 씀씀이를 막기 위해 늘 애를 태웠고, 꼭 필요한 물건을 살 때조차도 저도 모르게 죄책감을 느끼게 되자 점점 더 그에게 화가 치밀었다. 부부의 부채는 날이 갈수록 쌓여만 갔으며 지출은 계속해서 늘어갔다. 누군가 적극적으로 나서서 변화를 추구하지 않는다면 모든 것이 공중으로 날아갈 판이었다.

치명적인 충동구매의 유혹

알다시피 우리 체인지애니씽의 변화 과정은 결정적 순간을 식별하는 것으로 시작한다. 그러므로 당신이 돈을 쓰고 싶은 충동을 느끼는 순간들을 떠올려보라. 재정적 실수로 이어지는 상황, 감정, 또는 환경에서 나타나는 공통적인 특성은 무엇인가?

타이슨은 감정적이고 충동적으로 돈을 소비했다. 예를 들어 그는 토요일 오후에 심심하거나 할 일이 없으면 텔레비전으로 농구 시합을 봤다. 그러다 지겨워지면 노트북을 꺼내 좋아하는 웹사이트나 쇼핑몰을 둘러봤는데 옛날부터 갖고 싶었던 새 낚싯대가 눈에 들어왔다. 클릭 한 번으로 구매를 완료하고 나면 달뜬 흥분이 느껴졌고, 잠시 후에 그런 기분이 가라앉으면 실망과 공허감이 몰려왔다. 그런 상태로 컴퓨터 화면을 바라보던 타이슨은 결정적 순간에 자신이 어떻게 해야 할지를 갑자기 깨달았다. 변화를 결심한 것이었다.

수많은 소비자들의 결정적 순간은 사회적 원인에 뿌리를 두고 있다. 우리의 이웃들은 대부분, 필요하지도 않고 원하지도 않는 물건을 보면서 손에 넣고 싶다는 유혹에 사로잡힌다. 물론 그 물건을 손에 넣을 때까지 유혹은 멈추지 않는다. 시리도 마찬가지다. 시리에게 가해지는 사회적 영향력 요소는 그녀의 내부에 잠재해 있다가 타이슨이 약속을 깨트리고 무언가를 사올 때면 즉각 촉발되었다. 계획이 한 번 틀어진 날에는 자기가 가계부에 신경 쓰지 않으면 타이슨이 책임감을 느낄지도 모른다며 자신의 행동을 합리화시키기도 했다. 물론 그녀의 반항심은 한 번도 효과를 발휘한 적이 없지만 그럼에도 그녀는 그런 행동을 멈추지 않았다.

물리적인 환경 또한 무책임한 소비를 자극할 수 있다. 시리는 쇼핑을 갈 때마다 처음 계획했던 것보다도 두세 배가 훌쩍 넘는 돈을 써버리는 경우가 잦았다. 소비 행동 전문가인 파코 언더힐Paco Underhill은 단순히 최고급 상품만이 우리를 굴복시키는 것은 아니라고 말한다. 심지어 슈퍼마켓도 '우리의 구매 충동을 극심하게 자극할 수 있다. 실제로 마트에서 이루어지는 구매 행동의 60~70퍼센트가 계획에 없는 충동에서 기인한다'고 한다.[6]

취약한 순간에 어떻게 행동할 것인가

시리와 타이슨은 그들이 비록 즉흥적이고 자제력이 부족하긴 하지만 날마다 하루 종일 돈을 쓰는 것은 아니라는 사실을 깨달았다. 부부가 두 눈을 크게 뜨고 주의를 기울여야 할 때는 사실 몇 안 되는 결정적 순간들뿐이었고, 바로 그때 평소와 달리 행동해야 할 필요가 있을 따름이었다. 두 사람의 취약한 순간들을 검토한 시리와 타이슨은 어떻게 행동할지 첫 번째 결정을 내렸다.

이 최초의 핵심 행동은 앞으로 그들이 실천할 변화 계획의 시작점이 될 터였다. 후에 실패를 경험하더라도 그것을 오히려 유용한 데이터로 활용해 새로운 결정적 순간을 파악하고 새 핵심 행동을 고안해내면 된다. 그들이 처음에 선택한 핵심 행동 네 가지는 다음과 같다.

첫째, 모든 것을 기록한다. 두 사람은 돈을 쓸 때마다 이를 기록해주는 휴대전화 애플리케이션을 활용했다.

둘째, 미리 준비한다. 부부는 쇼핑을 가기 전에 항상 무엇을 살 것인지 미리 목록을 작성하고, 목록에 있는 물건만을 구입했다.

셋째, 쓰기 전에 미리 저축한다. 그들은 월급의 10퍼센트를 우선적으로 따로 떼어 부채를 갚는 데 사용했다.

넷째, 매주 진척 상황을 검토한다. 그들은 일요일 아침마다 지난 일주일의 지출 내역과 일탈 행위를 논의하고 다음 주 예산을 결정했다.

가장 어려운 과제를 해결하는 방법

데이빗 램지가 앞서 말했듯이, 결정적 순간을 확인하고 그 순간을 무사히 극복하기 위해 해야 할 행동을 알아내는 것도 중요하지만 가장 어려운 과제는 바로 그것을 실천하는 것이다. 시리와 타이슨이 그들의 핵심 행동을 실천하기 위해 여섯 가지 영향력 요소를 어떻게 활용했는지 들여다보자.

첫 번째 요소: 하기 싫은 것을 좋아하라

불이행의 결과를 예측하라. 서로에게 솔직해진 시리와 타이슨은 그들의 경제적 상황이 수많은 부정적 결과를 가져왔음을 알게 되었다. 그들은 청구서를 놓고 말다툼을 벌이는 일이 잦았고, 그럴 때마다 몇 주일간이나 서로에게 말도 걸지 않았다. 이런 냉전 상태는 두 사람의 관계를 소원하게 했을 뿐만 아니라 자신의 잘못을 고찰하는 데에도 아무 도움을 주지 못했다.

그렇다면 어떻게 하면 두 사람이 변화를 갈망하도록 부추길 수 있을까? 어떻게 하면 두 사람이 변화를 거부할 경우 그들의 앞날에 무엇이 놓여 있는지 보여줄 수 있을까? 어느 날 저녁, 서로 마주 앉아 차분한 대화를 나누던 시리와 타이슨은 인생의 전환점을 맞이했다. 동기부여 인터뷰를 통해 불이행의 결과를 예측하고 변화를 향한 열망을 키울 수 있었던 것이다.[7] 수십 년에 걸친 연구들이 이러한 과정에 약간의 시간만 투자한다면 현저하고 실질적인 변화를 이끌어낼 수 있음을 보여준다.

어느 날 저녁, 시리와 타이슨은 어째서 변화를 시도해야 하는지에 관해 진지한 대화를 나누었다. 시리는 그들 부부가 재정적 목표에 대해 서로 다른 의견을 가지고 있다고 염려하고 있었다. 특히 그녀는 타이슨이 진심으로 그의 소비 습관을 뉘우치고 변화를 원하는지 확신할 수 없었다. 그녀는 그가 단순히 그녀를 안심시키고 싶을 뿐이며 그녀의 시선이 닿지 않는 곳에서는 몰래 약속을 어길지도 모른다고 걱정하고 있었다. 후에 타이슨은 시리의 생각이 맞았다고 고백했다. 그는 재정 상태가 엉망이라는 것을 알면서도 굳이 거기에 신경을 쓸 필요가 없다고 여겼던 것이다.

시리와 타이슨은 한 시간 정도 깊은 대화를 나누었다. 두 사람은 가계 재정과 두 사람의 불이행의 결과, 그리고 개인적 동기부여를 정직하게 돌아볼 수 있는 안정적인 분위기를 조성했고, 그 결과 그들이 진심으로 원하는 것을 상기시킬 동기부여 선언문을 작성할 수 있었다.

먼저 인터뷰 대상이 된 것은 시리였다. 타이슨은 몇 가지 중요한 질문에 대한 그녀의 대답을 종이에 기록했다. 첫 번째, 10년 뒤에 우리가 어떤 모습을 하고 있었으면 좋겠는가? 두 번째, 만약 우리가 지금 아무것도 하지 않는다면 10년 뒤에 우리는 어떻게 될 것인가? 세 번째, 현재의 삶을 변화시켰을 때 우리가 얻을 것은 무엇인가? 네 번째, 당신은 무엇을 할 생각인가?

진지하게 대화를 나누던 도중 시리와 타이슨은 함께 울음을 터트리고 말았다. 시리가 타이슨에게 두 번째 질문, 즉 만약 지금 아무것도 하지 않을 경우 두 사람이 10년 뒤에 어떻게 될 것인지 물었을 때였다. 타이슨은 묵묵히 생각에 잠겼다. 시리는 그가 딴생각을 하고 있는 게 아닌지 조바심이 났다. "미안해. 질문이 마음에 들지 않았나 봐?" 시리가 짜증을 내며 묻자 타이슨이 고개를 들었다. 두 눈에 눈물이 글썽거리고 있었다. "아니, 너무 끔찍해서 그래. 내가 어떻게든 변화하지 않으면 자기를 잃을 것 같아. 그러면 난 죽어버릴 거야."

서로에 대한 인터뷰가 끝나자 두 사람은 지금껏 적은 내용을 토대로 그들을 이끌어줄 동기부여 선언문에 사용할 핵심 문장들을 골라냈다.

• 우리는 더 이상 돈 때문에 싸우고 싶지 않다.

- 쇼핑은 우리를 행복하게 만들지 않는다. 도리어 우울하게 만든다.
- 우리는 순간의 쾌감보다 안정과 평화를 더 중요하게 여길 것이다.
- 우리의 결혼생활은 새 물건을 사는 것보다 훨씬 더 중요하다.

불이행의 결과를 예측하고 현실로 돌아온 부부는 핵심 행동을 어기고 싶다는 충동이 들 때마다 동기부여 선언문을 읽기로 약속했다.

'완전하고 생생한 스토리를 들려주라'라는 방안의 측면에서는 어떨까. 시리와 타이슨은 주변 환경에 관한 스토리를 바꿈으로써 그들의 선택에 대해 새로운 감정을 느낄 수 있었다. 사실 두 사람은 이제껏 그들이 처한 상황에 대해 전체적인 그림을 상상해본 적이 없었고, 다양한 도구와 기술을 동원한 후에야 비로소 보다 구체적이고 완전한 그림을 그려볼 수 있었다.

먼저 시리와 타이슨은 온라인 도구를 사용해 한 달 단위로 소득과 지출 상황을 꼼꼼하게 체크했다. 소득과 지출 내역을 모두 파악하는 것은 대단히 까다로운 일이었지만 일단 상황을 이해하게 되자 두 사람은 정신이 번쩍 드는 것 같았다. 그들의 지출은 매달 한 달 소득을 10퍼센트나 초과하고 있었다! 이런 식으로 신용카드를 남용하다간 10년이 넘게 신용카드 이자만 18,371달러를 내게 될 판이었다.

시리와 타이슨은 두 사람의 소비 습관이 얼마나 잘못되어 있었는지를 깨달았고, 뿐만 아니라 불이행의 결과를 예측해봄으로써 앞날에 대해 어느 정도 희망을 품게 되었다. 이제 두 사람에게 긴축 재정은 그들을 안전하게 보호해줄 요새와도 같은 의미가 되었다.

한발 더 나아가 '재미있는 게임으로 만들어라'라는 방안을 살펴보자. 그들의 예산안을 삶을 옭아매는 수갑에서 유용한 도구로 탈바꿈하기 위해 시리와 타이슨은 분명한 목표를 세우고 일정표를 만들었다. 시리는 돈을 아낀다는 아이디어 그 자체가 흡족했다. 비상금 계좌에 돈을 저축하는 것은 즐거운 일이었다. 돈을 예금할 때마다 마치 미식축구 시합에서 터치다운을 하기라도 한 양 환희가 느껴졌다.

변화를 일종의 게임으로 만들자 타이슨마저 열정적으로 계획에 동참하기 시작했다. 그들은 목표에 마감 시한을 부여하고, 사소한 성취를 축하하고, 눈으로 진척 상황을 확인할 수 있는 점수판을 만들었다. 첫 번째 점수판에는 두 사람의 신용카드 여섯 장을 복사한 종이를 붙였다. 부부는 절약 계획을 지킬 경우 신용카드 대금을 지불할 수 있는 날짜를 각각의 카드 아래 적어 넣었다.

처음에는 이런 진지한 계획을 일종의 게임처럼 여긴다는 생각 자체가 조금 어색하게 느껴졌다. 하지만 나중에 첫 번째 신용카드 대금을 내고 목표를 지워 없애는 영광을 양보하기 위해 시리가 마커를 건네주었을 때, 타이슨은 마치 영혼을 되찾은 것만 같은 뿌듯함을 느꼈다고 자랑스럽게 시인했다. 두 번째, 세 번째, 네 번째 전환점이 닥칠 때마다 그들은 점점 더 동기부여를 하게 되었고, 덕분에 오랫동안 느끼지 못했던 감정적인 친밀감마저 되살릴 수 있었다.

두 번째 요소: 할 수 없는 것을 하라

각자의 보유 기술을 점검해본 시리와 타이슨은 두 사람 모두 잘못된 기술을 갖고 있음을 깨달았다. 가령 몇 가지 예를 들자면 그들은 연체 이자율이 낮은 신용카드를 찾고 신용카드사에서 걸려오는 전화들을 차단하고 미래에 대한 이야기를 회피하는 데 뛰어난 기술을 지니고 있었다.

한편 재정적 안정을 성취하는 데 필요한 기술들은 한참 부족했다. 그들은 가장 기본적인 투자 관리법에도 전혀 무지했다. 재정 상황을 체크하거나 그들의 결정이 가계에 어떤 영향을 미칠지 판단하는 데에도 서툴렀다. 하지만 두 사람은 자신들이 부족하다는 생각을 한 번도 해본 적이 없었다. 왜냐하면 그들이 아는 주변인들 역시 경제적인 면에 있어서는 두 사람만큼 무지했기 때문이다. 미국 대학생은 대다수가 시험을 치르면 F(100점 만점에 53점 이하)를 맞을 정도로 경제와 관련된 기본 지식이 부족한데[8], 경제관념이 없는 이 부부도 별 다를 바가 없었다.

그래서 두 사람은 우선 경제적 지식을 쌓기로 했다. 가장 먼저 그들은 개인 재정을 다루는 라디오 토크쇼를 정기적으로 청취했다. 사람들이 추천하는 유명한 경제경영 책도 몇 권 샀고, 웹상에서 무료로 제공되는 개인용 재정 관리 애플리케이션에도 손을 댔다. 시리는 그들의 돈이 어떻게 사용되고 두 사람이 재정적으로 어떤 상황에 있는지 아는 것만으로도 흡족했다. 은행가의 딸인 그녀는 컴퓨터용 재정 관리 도구들과 사랑에 빠졌고, 그것들이 부여해준 경제적 상황을 관리할 수 있는 힘과 능력에 매료되었다.

이제 두 사람의 가장 큰 도전 과제는 의지력 기술의 연마, 다시 말해 충동을 제어하는 것이었다.

"우리는 너무 충동적이었습니다." 타이슨은 말했다. "마트 계산대 앞에 줄을 서 있다가도 바로 옆 진열대에서 구취 제거용 민트와 잡지를 꺼내 바구니에 던져 넣는 식이었죠. 가능만 했더라면 내키는 대로 렉서스도 샀을걸요."

충동구매를 막기 위한 그들의 첫 번째 방어책은 '미리 준비한다'였다. 그들은 사야 할 물건들의 목록을 미리 작성해두고, 새로운 제품들이 유혹을 해올 때면 어떻게 행동해야 할지 정확하게 숙지해두었다. 쇼핑 목록에 없는 한, 그들의 대답은 무조건 "안 돼"였다.

나중에 어느 정도 소비 충동을 제어할 수 있게 되자 부부는 여기에 '지연과 거리두기' 방안을 추가했다. 조금은 융통성을 발휘해도 좋다고 생각하는 부문에 있어 두 사람이 갖고 싶고 또 어느 정도 예산에 일치하는 무언가를 발견하면 일단 그 물건의 이름을 적은 다음 집으로 돌아와 24시간 동안 곰곰이 생각해보는 것이었다. 만약 다음날까지도 갖고 싶다는 마음이 누그러들지 않으면 더 이상 망설이지 않고 사왔다.

세 번째 및 네 번째 요소: 방해자를 친구로 만들어라

쇼핑의 경우 당신과 어울려 다니는 사람들은 대다수가 방해자다. 연구조사에 의하면 소비자들은 다른 사람과 함께 쇼핑을 할 때 더욱 강한 구매 충동을 느낀다고 한다.[9]

그러니 또래 집단이 미치는 부정적인 영향을 특히 조심하라. 5학년 어린이들이 터무니없이 값비싼 간식거리를 마구 사들이는 다른 아이들에게 둘러싸였을 때 어떤 일이 벌어졌는지 기억하는가? 아이들은 몇 초도 안 돼 주변의 분위기에 완전히 물들어버렸다. 그런 강력한 영향력을 역전시킬 수 있는 방법을 소개한다.

먼저 정상의 기준을 재정립하라. 사회적 영향력 요소를 유리하게 활용하는 가장 좋은 방법 중 하나는 스스로 자기편이 되어주는 것이다. 재산으로 자신의 가치를 판단하지 마라. 장난감을 제일 많이 가진 사람이 가장 행복한 것은 아니다. 돈 씀씀이와 행복 사이에는 아무런 상관관계도 없다. 3만 달러의 연봉 인상보다도 약간의 운동이 오히려 더욱 큰 즐거움과 행복감을 가져온다는 연구결과도 수없이 많다.[10]

'정상'의 기준을 재정립하는 데 따른 가장 멋진 점은 그로써 불건전한 사회적 압력에 맞서 저항할 수 있다는 것이다. 주말에 골프를 치러 가자는 친구들의 말에 골프장 사용료가 당신이 감당할 수 있는 수준을 지나치게 초과하는 까닭에 "이번에 난 됐어"라고 거절한다고 해도 스스로를 초라하거나 비참하게 여길 필요는 없다. 그저 사실을 단순하게 받아들여라. 오히려 해방감을 느낄 수 있을 것이다!

그런 다음에는 '변화 유발 대화를 나눠라'. 아무리 돈을 무책임하게 쓰도록 부추긴다고 해도 가족이나 친구를 멀리하거나 아예 인연을 끊는 것은 지나친 과민 반응처럼 느껴진다. 보다 합리적인 선택은 그런 방해자들을 친구로 변화시키는 것이다. 시리와 타이슨도 바로 이런 전략을 사용했다. 물론 이들 부부는 서로에게 있어 방해자의 역할을 하고 있었다. 그들은 상대방의 충동구매를 묵과했고 심지어는 서로를 자극하고 부추기기조차 했다. 하지만 부부는 우울하고 불이행의 결과를 예측한 뒤 일련의 변화 유발 대화를 가졌고, 꾸준한 일대일 대화를 통해 서로를 친구로 변신시켰다. 그리고 결과적으로 재정 상태를 건전한 수준으로 되돌리는 데 전념하기로 약속했다. 시리와 타이슨은 진심으로 서로의 성실성을 칭찬했고, 채무를 갚거나 예금 계좌에 돈을 예치할 때마다 서로를 축하해주었다.

다음으로 그들은 보다 넓은 사회적 관계를 활용했다. 두 사람은 식구들과 친구, 또는 직장 동료들에게 그들의 결심을 털어놓고 도움을 요청했다. 그들은 가족 모임을 보다 수수하게 열자고 제안했고 친구들에게는 약속 장소를 바꾸는 게 어떻겠냐고 말했다. 곳곳에 화려한 진열장이 손짓하는 쇼핑몰에서 만나 상점들을 기웃거리기보다는 평범한 주택가를 산책하는 것이 어떠냐는 식으로 말이다. 또 친구들은 절약의 비결과 값싸게 물건을 살 수 있는 곳 또는 공짜 혜택 등에 관해 정보를 제공해주었다.

또 시리와 타이슨은 '새로운 친구를 사귀어라'라는 방안을 이용했다. 보다 투철한 경제관념을 지닌 사람들을 찾고 있던 시리와 타이슨은 개인 재정 라디오 토크쇼의 수백 명 청취자들과 일종의 '친구' 네트워크를 형성하게 되었다. 이처럼 물리적으로 멀리 떨어진 사람들과 친구가 되는 일은 그들이 생각했던 것보다 훨씬 큰 반향을 가져왔다. 두 사람은 한 청취자의 말에 너무 깊은 감명을 받은 나머지 몇 달 동안이나 그 생각을 떨쳐버릴 수가 없었다. 그녀는 70줄에 들어선 노부인으로, 노후 준비를 제대로 하지 못했다는 깊은 후회에 잠겨 있었다. 그녀는 라디오 진행자에게 약과 식료품 중 무엇을 선택해야 할지 고민한다는 게 얼마나 가슴 아픈 일인지 털어놓았고, 시리는 큰 충격을 받았다. 타이슨도 심장에 문제가 있어 꽤 비싼 약을 복용해야 하기 때문이었다. 그녀는 언젠가 타이슨이 자동차에 기름을 넣기 위해 일주일 분의 약을 포기해야 할지도 모른다는 생각이 들자 덜컥 겁이 났다. 한 번도 만나보지 못한 한 여성이 그들의 결심에 커다란 영향력을 발휘한 것이다.

다섯 번째 요소: 반경제적 사고를 하라

계획을 성공적으로 실천하는 과정에서 시리와 타이슨이 받은 내적 보상은 실로 어마어마했다. 무엇보다 자신에게 통제력이 있다고 느끼는 것이야말로 가장 커다란 보상이라 할 수 있었다. 또 그들은 가족 블로그에 그들의 진척 상황을 보고하는 것이 즐거웠다. 시리와 타이슨이 이 재정적 목표를 얼마나 중요하게 여기고 있는지 깨달은 식구들은 격려와 하이파이브를 보내주었고, 그것은 부부에게 큰 용기를 가져다주었다.

하지만 시리와 타이슨은 외적 보상을 보태는 것도 잊지 않았다. 그들의 계획은 간단했다. 만약 일주일 동안 계획을 지키고 목표를 달성하는 데 성공한다면 그 상으로 수요일 밤에 비용이 들지 않는 소박하고 즐거운 데이트를 즐긴다는 것이었다. 부부는 스스로 깜짝 놀랄 정도로 둘만의 은밀하고도 소박한 데이트를 고대했고, 그래서 이 멋진 시간을 **빼앗기지** 않기 위해 더더욱 최선을 다했다.

여기서 명심할 점. 시리와 타이슨이 위험도도 낮고 비용도 들지 않는 보상을 선택했다는 데 주목하라. 시리와 타이슨은 쇼핑몰에 가지 않았다. 그들은 공원을 거닐었다. 두 사람은 근사한 레스토랑에서 외식을 하지도 않았고 집에서 별로 비싸지 않은 음식을 즐겼다.

여섯 번째 요소: 공간을 관리하라

시리와 타이슨이 실천한 가장 간단하고도 강력한 변화는 구조적인 것이었다. 주변의 물리적 요소에 가한 몇 가지 변화는 그들의 성공에 커다란 영향을 미쳤다. 시간이 갈수록 그들은 여섯 번째 영향요인이 변화 계획에 매우 강력한 동맹군이 될 수 있음을 깨달았다.

'도구를 사용하라'라는 방안을 보라. 두 사람이 활용한 가장 중요한 물리적 도구는 각각의 예산 카테고리에 얼마나 많은 돈이 남았는지 확인하게 해주는 휴대전화 애플리케이션이었다. 별것 아닌 것처럼 들릴지 몰라도 이 도구는 두 사람에게 굉장히 큰 영향을 주었다. 낭비벽은 대부분의 나쁜 습관들처럼 무의식적으로 발현된다. 그러나 이 휴대전화 애플리케이션은 두 사람이 의식적으로 경제적인 선택을 할 수 있게 도와주었고, 그들의 행동이 축적되어 어떤 결과를 가져오는지 직접 눈으로 확인할 수 있게 해주었다. 이 간편하고 저렴한 앱은 그들의 변화에 박차를 가했다.

'자동 반응 체계를 가동하라'는 측면에서 시리와 타이슨은 그들의 선천적인 게으른 기질을 활용했다. 간단히 말해 자동 반응 체계를 고안해 최소한의 저항으로 긍정적인 변화를 이끌어낸 것이다.

실제로 그들의 계획은 뛰어난 사회과학 이론에 기반하고 있었다. 행동경제학자인 리처드 탈러Richard Thaler는 '점진적 저축 증대'라는 연금 계획을 개발했다. 이 프로그램에 참여하는 사람들은 지금 저축을 하는 것이 아니라 다음 급여의 인상분 전부 또는 일부를 연금 통장에 예치한다. 그들은 연봉이 인상되기 1년 전에 이런 결정을 내리는데, 따라서 1년 뒤에 실제로 급여가 인상되었을 때에도 인상분을 손에 쥐지 못한다는 사실을 전혀 아쉬워하지 않았다. 어차피 이제까지의 삶에 익숙해져 있었기 때문이다. 보통 사람들은 무언가를 정해놓고 나면 금세 잊어버린다. 기본값을 정해놓으면 그 뒤로는 알아서 잘 굴러가리라고 생각하는 것이다.

시리도 마찬가지였다. 그녀는 인사과에 급여의 일부를 연금 계좌로 자동이체 해달라고 요청했다. 그러고는 만약 급여가 인상된다면 인상분을 모두 연금 계좌에 넣어달라고 부탁했다. 타이슨도 은퇴 계획에 관한 한 아내와 똑같은 생각이었다. 3년 동안 계획을 고수한 결과 타이슨은 은퇴 자금을 최대한도로 모을 수 있었고, 시리 역시 그녀가 회사에 기여한 바에 걸맞게 높은 혜택을 받을 수 있었다. 똑같은 선택을 두고 여러 번 고민할 필요도 없이 말이다.

다음으로 '울타리를 쳐라'. 이 책 앞에 등장했던 5학년 학생들과 마찬가지로 성인들도 신용카드보다 현금을 사용할 때 보다 신중한 소비 행태를 보인다. 반대로 신용카드와 카지노 칩 등 다른 형태의 지불 수단들은 영 돈을 쓰는 것 같은 느낌을 주지 않는다. 그것은 가짜 돈이다. 그래서 시리와 타이슨은 울타리를 세우고 6개월 동안 무조건 현금만을 사용했다.

이 결정은 다소 불편하긴 했지만 장기적으로 두 사람에게 경제적 자각을 심어주었다. 그들은 '대대적인 수술'을 감행했다. 신용카드를 하나만 남기고 모두 가위로 잘라버린 것이다. 더불어 그들은 회원 가입이 되어 있는 모든 웹사이트에서 신용카드 정보를 삭제했다. 온라인으로 물건을 구입할 일이 생기면 무통장 입금을 사용했다. 그들은 미리 해결책을 준비해두고 문젯거리를 피함으로써 결정적 순간을 대면했을 때 훨씬 쉽게 반응할 수 있었다.

'거리를 조절하라'라는 방안의 경우, 앞에서도 말했듯이 시리와 타이슨은 돈을 쓰게 하는 장소들을 피해 다녔다. 값비싼 식당이나 비용이 들어가는 활동도 피했다. 처음에는 생필품을 사야 하는 마트만으로 활동 범위를 제한했는데 거기에 갈 때조차도 미리 쇼핑 목록을 작성했다.

거리두기 방안은 부부에게 특히 힘든 일이었다. 그들은 신상품을 구경하고 쇼핑하는 것을 무척 좋아했기 때문이다. 그렇지만 쇼핑을 하지 않는 대신 여유 시간이 생기면서 두 사람은 새로운 장소를 방문하거나 새로운 활동을 즐기게 되었다. 예를 들어 이웃에게서 한 번도 사용하지 않은 2인용 자전거를 받았을 때 그들은 매일 저녁 한 시간 동안 자전거를 탔다. 돈을 쓸 수 없는 재미있는 공간에 발을 들여놓음으로써 돈을 마구 쓸 수 있는 모든 온라인·오프라인 공간을 벗어나 거리를 둘 수 있었던 것이다.

마지막으로 '일깨움 표시를 활용하라'라는 방안을 위한 노력으로 시리와 타이슨은 주변에서 구매 충동을 자극하는 신호들을 제거하기 위해 최선을 다했다. 동시에 그들은 장기적인 재정 목표에 집중하게 하는 새로운 일깨움 표시를 고안해냈다. 그들은 벽에 재무 상환 진척 상황을 보여주는 그래프를 붙이고, 언젠가 두 사람이 만끽하고 싶은 삶을 표현한 콜라주를 만들어 붙였다. 예를 들어 좋은 집, 멋진 자동차, 긴 휴가 등이다. 그리고 그들은 심지어 인터넷 쇼핑을 참기 위해 컴퓨터의 홈페이지와 즐겨찾기 목록도 지워버렸다.

완전함을 기하기 위해 마지막으로 부부는 절약은 물론 환경 보호까지 일석이조의 차원에서 특정 서비스를 이용해 무수히 많던 쇼핑 카탈로그 배송 명단에서 두 사람의 이름을 지워버렸다.[11] 이 계획을 실천한 지 첫해에 두 사람이 받은 우편물은 전해에 비해 90퍼센트나 줄었다! 이메일을 줄이는 데에는 그보다 더 오랜 시간이 걸리긴 했지만 스팸메일 필터의 놀라운 마술은 웹상의 부정적인 일깨움 단서까지도 깨끗하게 없애주었다. 다시 한 번 강조하지만, 그들이 이 모든 변화를 감내한 것은 충동구매라는 유혹을 피하기 위해서였다.

노력은 배신하지 않는다

재정 상황을 변화시키기 위해 각고의 노력을 기울인 지 3년 뒤, 시리와 타이슨은 괄목할 만한 성과를 이룩했다. 자동차 납입금과 신용카드 연체금을 모두 지불했고, 주택 담보 대출을 제외하고는 모든 빚을 떨쳐버릴 수 있었던 것이다. 그렇게 지불해야 할 이자가 점점 줄어들자, 그들은 예상보다 빨리 콘도 분양권을 살 수 있는 여윳돈을 지금 마련할 수 있었다. 그 덕분에 물론 이자도 아낄 수 있었다.

시리와 타이슨은 이제 그들의 계획대로 지출을 관리하며, 매달 상당한 여유 자금을 확보한다. 그들은 지난 수년간 재정 전문가들이 제안하는 핵심 행동을 철저하게 따르고 있다. 신용카드 채무도 없고, 앞으로도 지지 않을 것이며, 매달 적절한 예산 내에서 소박하게 살아가고, 소득의 10퍼센트를 따로 떼어 노후 자금 용도로 저축하는 것이다.

이처럼 복합적인 노력을 지속한 결과, 이들 부부는 스트레스에서 해방되어 행복감을 느끼고 있다고 말한다. 결혼 후 처음으로 두 사람은 그들의 재정적 미래에 대해 긍정적이고 낙관적으로 느끼고 있다. 더구나 문제가 해결됨과 더불어 특별 보너스도 따라왔다. 두 사람은 재정적 안정을 향한 힘든 여정이 부부 사이를 더욱 돈독하게 해주었다고 믿는다.

채무에서 벗어나 저축액을 늘리고 여유 있는 은퇴를 위해 발버둥 치는 다른 모든 사람들처럼, 그들 역시 성공을 향해 거침없이 질주한 것은 아니었다. 물론 그 와중에 실패도 겪었다. 우리 모두와 마찬가지로 조금씩 배우고 적응해나가야 했다. 그들은 그것이 결코 끝나지 않는, 앞으로 지속되어야 하는 과정임을 안다. 하지만 이미 그 효과가 입증된 과정이기도 하다.

이는 당신 역시 아끼고 더 적게 쓸 수 있는 방법을 찾을 수 있음을 의미한다. 적절한 행동을 배움으로써 데이빗 램지의 "어떻게 해야 하는지는 다들 알고 있지만 실제로 그렇게 행동하는 사람은 거의 없지요."라는 말을 극복할 수 있는 것이다. 당신이 진정으로 원하는 것을 알아내고, 결정적 순간을 확인하고, 핵심 행동을 결정하고, 그런 다음 여섯 가지 영향력 요소를 활용하라. 그렇게만 할 수 있다면 경제적 풍요라는 멋지고 근사한 과실을 맛볼 수 있을 것이다. 이 같은 전략을 실천할 수 있다면 당신은 무엇이든 변화시킬 수 있다.

오래된 중독에서 떠나라

굳이 나이를 먹거나 세파에 닳지 않아도 도박이나 코카인 등 뭔가에 한번 중독되면 거기서 벗어나는 일이 굉장히 어렵다는 사실쯤은 누구나 알 수 있다. 관련 연구에 의하면 의존증에 걸린 뇌는 쾌감을 느끼는 기능과 구조가 영구히 변형된다고 한다. 이처럼 만성적인 약물 남용이 뇌의 판단력과 통제력을 감소시키는 까닭에 그런 의존증을 해결하기가 더욱 힘들어진다는 사실은 언급할 필요조차 없을 것이다.

'중독'이라는 단어를 사전에서 찾아본다면 더욱 절망하게 되리라. '도취감'과 '예속 상태'는 또 어떤가. 이러한 감정을 억지로 차단

한다면 트라우마와 갈망, 과민성과 우울증으로 이어질 수 있다. 수천수만 명의 사람들이 매년 다양한 중독으로 인해 죽어간다는 이야기를 들을 때마다, 또는 샐리 이모가 열네 살에 처음 담배를 피우기 시작한 뒤로 니코틴이 그녀에게 어떤 영향을 끼쳤는지 늘어놓을 때마다 당신은 속으로 생각한다. 실제로 약물 중독에서 벗어날 수 있는 사람이 있기나 할까?

그러나 잘 알려져 있지는 않지만 고무적인 소식이 하나 있다. 여러 학술 논문들의 제목들을 훑어나가다보면 거의 모든 중독증이 치료가 가능하다는 사실을 알 수 있다. 게다가 놀랍게도 그중 대다수가 혼자 힘으로 해낸 결과다.

이런 신기하고도 기쁜 소식은 1970년대에 6만 9천 명의 헤로인 중독 미군 병사들이 베트남에서 고국으로 귀환하면서 밝혀졌다. 처음에 정부 지도자들은 본국의 병원과 감옥들이 이런 약물 중독 병사들로 흘러넘치지나 않을까 우려했다. 그러나 그들이 염려했던 문제는 발생하지 않았다. 실상 '심각한 중독' 상태라고 진단받은 이들 중 88퍼센트가 베트남을 떠나 고향으로 돌아간 지 얼마 되지 않아 그 고약한 습관을 중단했기 때문이다.[1]

이 놀라운 변화는 일시적인 현상이 아니었다. 무수한 연구들이 실제로 대부분의 사람들이 중독증에서 벗어날 수 있으며, 그중 많은 수가 어떤 치료의 도움도 받지 않았음을 보여준다. 어떻게 그럴 수가 있을까? 수만 명의 병사들과 그보다 더 많은 민간인들은 담배에서 헤로인에 이르기까지 약물 중독이라는 심각한 문제를 어떻게 성공적으로 극복할 수 있었던 것인가?

아마 이미 짐작하고 있겠지만, 이 책 앞에 그 비결이 숨어 있다. 약물 중독의 치료 비결은 재활원이나, 유전적 차이, 또는 중독 그 자체의 강도에 있는 것이 아니다. 그보다는 여섯 가지 영향력 요소를 어떻게 결합하느냐에 달려 있다 할 것이다.

베트남에서 귀환한 6만 9천 명의 헤로인 중독 병사들을 생각해보자. 그들의 중독증을 유지해주던 여섯 가지 영향력 요소를 근본적으로 바꿔 놓은 것은 바로 집으로 돌아간다는 행위 그 자체였다. 군화를 싸구려 신발로 바꿔 신고 나자 젊은이들은 더 이상 총알 세례를 받을 필요도 없었고, 그들의 관심사는 지뢰밭에서 대학 입학 허가로 옮겨갔다. 몇 달도 채 지나지 않아 거의 모든 병사들이 마약류 중에서도 가장 중독성이 심하다는 헤로인 복용을 중단했다. 이는 여섯 가지 영향력 요소에 모두 변화가 생겼기 때문이다.

전쟁 귀환병들과 최고급 재활원에서 돌아온 사람들이 얼마나 다른지 보라. 6주간의 격리와 상담을 거친 환자들은 다시 예전과 똑같은 집으로 돌아가고, 그곳에서 다시 예전과 똑같은 유혹과 똑같은 방해자들, 그리고 똑같은 문제들에 노출된다. 이는 대부분의 재활원에서 나타나는 성공률이 어째서 그렇게 치욕적인 수준일 수밖에 없는지를 잘 보여준다.

이러한 사례를 통해 알 수 있는 사실은 명백하고 또한 고무적이다. 우리는 재활원이 아무 도움도 되지 않는다고 말하는 것이 아니다. 재활원은 어떤 이들에게 기술을 배우고 익히는 데 있어 몹시 중요한 역할을 수행한다. 다만 스스로 과학자 겸 피험자가 되어 여섯 가지 영향력 요소 계획을 발전시키는 방법을 대체하기에는 턱없이 부족할 따름이다. 친구에서 물리적 환경에 이르기까지 손닿는 모든 것을 활용하는 법을 배운다면 당신은 어떤 중독증이든 깨끗하게 극복할 수 있을 것이다.

중독증에 관한 첫 번째 실험

중독증을 극복하는 기술에 대해 알아보기 전에 당신의 습관이 당신에게 어떤 영향을 끼쳤는지를 먼저 살펴보도록 하자. 이처럼 과학자의 입장에서 자기 자신을 연구하면 앞으로 다룰 주제에 대해 완전하게 파악할 수 있다.

첫 번째로 고려할 것은 당신의 뇌다. 중독 증상이 당신을 지배하게 되면 미묘하지만 대단히 심각한 무언가가 당신의 머리 깊숙한 곳에 자리 잡게 된다. 사람들은 그것이 당신의 뇌를 어떻게 변화시켰는지 이해하지 못하고 단순히 잘못된 쾌락에 안주한다는 이유로 무작정 당신을 비난한다. 당신이 나약하기 때문에 약물이 주는 쾌락에서 벗어나지 못한다고 생각하는 것이다. 다시 말해 그들은 의지력 함정에 갇혀 있다.

그러나 뇌에 관한 연구는 그와 다른 이야기를 들려준다. 당신 역시 정확한 정보를 알고 있지는 않아도 어렴풋이 느끼고 있을 것이다. 지속적으로 중독에 노출될 경우, 뇌는 쾌감이 아니라 다른 무언가를 추구하게 된다. 50년 전 두 젊은 과학자 제임스 올즈James Olds와 피터 밀너Peter Milner는 쥐의 뇌를 연구하고 있었다. 그들은 당시만 해도 전혀 미지의 세계였던 뇌의 부위별 기능을 알아내고 싶었다.

이 귀중한 정보를 수집하기 위해 두 연구자는 쥐 두뇌의 다양한 부위에 전극을 삽입하고 전류를 흘려보냈다. 실험은 거의 실패로 돌아갔다. 거의 대부분의 뇌 부위가 전류에 아무런 반응도 보이지 않았기 때문이다.

그러나 실망한 두 과학자가 실험을 막 중단하려는 순간, 그들은 쥐 한 마리가 다른 동료 쥐들과 구분되는 매우 독특한 행동 양식을 보이고 있음을 발견했다. 녀석은 마치 '전기 충격'을 좋아하는 듯했다. 회피할 수 있는 선택권을 부여했을 때에도 녀석은 계속해서 전기 충격을 받기 위해 다시 돌아왔다. 두 과학자들은 더욱 세심한 연구를 통해 실험 전극이 심어진 이 쥐의 뇌 부위가 보다 본능적이고 근원적인 감정을 통제한다는 사실을 발견했다. 오늘날 그 부위는 '중격부Septal Region'라고 불린다.

이런 신기한 결과에 고무된 올즈와 밀너는 다른 쥐 몇 마리의 중격부에 전극을 꽂고 쥐들이 스스로에게 쾌감이 수반된 전기 충격을 줄 수 있는 레버를 만들었다. 얼마 지나지 않아 쥐들은 쉴 새 없이 레버를 잡아당기기 시작했다. 수많은 쥐들이 레버와 그것이 주는 느낌에 집착한 나머지 기아와 탈진으로 쓰러지면서까지 레버를 눌러댔다.[2]

이 모습을 보고 올즈와 밀너가 그 쥐들이 쾌락에 중독되었다는 결론을 내린 것도 무리가 아니다. 이 쥐들은 레버를 누름으로써 자기 자신에게 환희의 순간을 선사하고 있었다. 수십 명의 두뇌학자들이 올즈와 밀너의 연구결과를 수용했고, 그것이 인간의 중독증과 연관이 있음을 눈치채는 데에는 시간이 얼마 걸리지 않았다. 이후 수십 년 동안 과학자들은 중독자들이 쥐들처럼 정욕과 쾌감의 노예가 되어 소중한 레버에 매달리는 것이리라 추측했다.

쾌감에서 갈망으로

위의 내용은 다른 과학자들이 인간의 뇌에 전극을 꽂아 넣기 전의 일이다. 한편 쥐들과 달리 인간의 경우에는 피험자에게 어떤 기분이 드냐고 직접 물을 수 있었다. 드디어 위대한 발견의 순간이 찾아온 것이다. 인간 피험자들은 그들의 '기쁨 중추'가 자극을 받을 때 어떤 기분이 드는지 자세히 설명했다. 그들은 '기분이 좋다'거나 '쾌감이 느껴진다'는 표현을 사용하지 않았다. 그들은 '충동' '갈망' 그리고 '강박감' 등의 어휘를 사용했다.[3] 이는 몹시 중요한 차이였다. 올즈와 밀너가 쥐에서 발견한 강박적인 행동은 인간의 경우 '취향'보다는 '필요'에 더 가까운 듯 보였다. 마치 가려운 곳을 긁는 것과 비슷했다.

한편으로 올즈와 밀너의 가설은 옳았다. 알코올과 흡연, 포르노, 도박, 코카인과 헤로인, 게임, 쇼핑, 과식과 같은 다양한 중독증은 모두 뇌의 중격부와 연관이 있다. 그러나 다른 한편으로 두 과학자는 틀렸다. 중독증을 지속시키는 동기부여는 시간이 지날수록 쾌감의 추구에서 갈망의 충족으로 변화한다는 게 나중에 밝혀졌기 때문이다. 하지만 그보다 더 나쁜 소식은 중독을 야기하는 물질을 지속적으로 사용하거나 중독성이 있는 행동을 반복적으로 할 경우 중독된 뇌의 중격부가 그에 대한 갈망을 유지하고 강화하는 쪽으로 변화한다는 것이다. 간단히 말해 시간이 지날수록 만족감이 감소하기 때문에 갈망이 더욱 강렬해진다는 것이다.[4]

이 같은 충동 유발적인 메커니즘은 어째서 초기 폐암을 진단받고 수술을 받은 흡연자 중 거의 절반이 1년도 안 되어 다시 담배를 피우기 시작하는지를 잘 설명해준다.[5] 중독에서 벗어나려는 알코올 또는 마약 중독자들이 4~32일이 지나면 다시 빠른 속도로 그가 혐오하던 예전의 생활로 돌아가는 이유도 별반 다르지 않다.[6] 중독자들이 초기 암처럼 생명을 위협하는 수준에 이른다 해도 중독에서 벗어나지 못하는 이유는 단순히 기분 좋은 느낌을 받기 때문이 아니다. 그보다는 뇌의 근본적인 부분에서 밀려오는 깊고 강렬한 충동에 저항하기가 쉽지 않기 때문이다.

이 중요하지만 간단한 사실이 당신의 변화 계획을 보다 총체적이고 균형 잡힌 시각으로 볼 수 있게 해주길 바란다. 연구조사에 의하면 당신은 값비싼 재활원이나 치료소에 들어가지 않아도 스스로 중독에서 '벗어날 수 있다'. 물론 당신은 인내심을 발휘해야 할 것이다. 변화를 달성하기 위해서는 두뇌 깊숙한 곳에서 보내오는 강한 충동을 이겨내야 하며, 그러기 위해서는 몇 가지 방안이 필요하기 때문이다. 중독증을 완전히 퇴치하려면 당신은 여섯 가지 영향력 요소를 종합적으로 사용해야 한다. 그것도 당신의 뇌가 이미 입은 피해를 복구하고 회복하려고 노력하는 동안에 말이다.

그러나 희망을 가져라. 만족 지연이라고 항상 어렵고 힘든 것은 아니다. 연구조사에 의하면 시간이 지날수록 금단 증상은 점점 더 쉬이 가라앉는다. 다음 달은 이번 달보다 나을 것이고, 그 다음 달은 또 그 전달보다 쉬울 것이다. 날이 갈수록 조금씩 쉬워진다. 그렇게 1년이 지나고 나면 비록 충동은 미약하게 남아 있을망정 강렬한 갈망은 완전히 새로운 감정으로 채워져 있을 것이다.

충동이 누그러지거나 사라짐에 따라 전에는 그토록 절실해 보였던 유혹이 그립거나 매혹적으로 보이기보다는 역겹거나 의아하게 다가올 것이다. 일단 담배를 끊고 나니 담배 냄새가 고약하게 느껴진다는 흡연자들의 증언을 떠올려보라. 다른 악습들 역시 비슷하다. 당신은 문자 그대로 한때 좋아했던 것을 싫어하는 법을 배워야 한다.

중독 탈출을 위한 탐색

이제 당신의 중독증과 그것을 해결하기 위해 무엇을 할 수 있을지 생각해보자. 우리의 변화자 중 한 명인 리 W의 뒤를 쫓아가보는 것도 좋은 방법일 듯하다. 그는 10년 동안 하루 두 갑씩 담배를 피우던 골초였지만 벌써 3년째 담배라고는 입에도 대지 않고 있다. 리의 여정은 당신이 원하는 것보다 살짝 길지도 모르지만 단순히 중독증을 몰아낼 방법뿐만 아니라 당신이 그보다 훨씬 빨리 끝낼 수 있는 단서를 제시해줄 것이다.

리가 처음으로 담배를 끊으려고 시도한 것은 감기가 기관지염으로 발전했을 때였다. 그는 니코틴 패치나 다른 보조물의 도움도 없이 단숨에 담배를 끊어버렸다. 그리고 새로운 삶이 시작되고 나서 일주일 뒤, 그는 예전에 함께 담배를 피우던 친구와 함께 술집에 앉아 있었다. 그때 친구가 담뱃불을 댕겼고, 리도 똑같이 했다. 그 후로 리는 다시 담배를 피우기 시작했다. 며칠도 안 되어 그는 다시 예전과 똑같은 생활로 돌아갔다. 그 뒤로 1년 동안 리는 담배를 끊으려고 시도조차 하지 않았다. 형편없는 계획의 결과를 맛봤기 때문이 아니라, 어차피 의지력이 부족하다는 생각 때문이었다. 담배를 끊으려다 실패한 경험이 있는 사람이라면 다들 그와 비슷한 결론에 도달한 적이 있을 것이다.

실상 리의 문제는 그의 계획에 있었다. 먼저 그는 결정적 순간을 식별하는 데 실패했다. 그는 하나의 독립적인 사건 그러니까 감기가 기관지염으로 발전한 것에 의해 동기를 얻었지만, 그것은 금세 잊혀졌다. 여섯 가지 영향력 요소에 기초한 계획을 세우는 데에도 실패했다. 결정적 순간에 유혹을 접했을 때에는 아무 저항도 하지 않고 순식간에 굴복하고 말았다. 더구나 리는 의지력의 함정에 빠져 자신의 통제력 부족을 탓하고 의기소침해했다.

그러다 리의 주변 환경에 변화가 생기기 시작했다. 자녀들이 자라면서 아빠에게 왜 담배를 피우냐고 묻기 시작했던 것이다. 자식들에게 나쁜 역할 모델이 될까봐 걱정이 된 리는 다시 변화 계획에 착수하기로 결심했다.

그는 가장 먼저 결정적 순간을 구분하기로 했다. 그는 실제로 대부분의 시간에는 담배를 피우지 않으며, 흡연 충동이 가장 강렬하게 밀려오는 때나 상황은 하루에 몇 번 되지 않는다는 사실을 깨달았다. 리의 결정적 순간은 식사 직후와 근무 중 휴식 시간, 그리고 식구들이나 친구들 중 흡연자와 함께 술을 마실 때였다.

변화 계획을 짜 나가던 리는 그의 계획을 중요한 방향으로 향상시켜줄 친구를 만나게 되었다. 리가 친구 티파니에게 그의 결정적 순간들을 늘어놓자, 그녀가 이렇게 말했던 것이다. "중요한 순간에 반응하는 방식에 변화를 준다니 멋져. 그렇지만 아예 처음부터 그런 상황이 생기지 않게 예방하는 게 낫지 않을까? 니코틴 패치를 사용하는 건 어때?"

리는 늘 니코틴 패치나 금연 껌을 사용하는 것은 나약함의 증거라고 생각했고, 그래서 티파니에게도 그렇게 말했다. 두 사람의 대화는 점점 더 후끈 달아올랐다. 그러던 중 리는 갑자기 티파니에게 "패치는 최후의 수단으로 사용하는 목발일 뿐이야"라고 거칠게 내뱉었다. 티파니는 미소를 짓더니 말했다. "그래, 바로 그거야. 다리가 부러졌을 때 목발을 쓰지 않는 바보가 어디 있니?" 리는 그날 오후 니코틴 패치를 샀다.

여기서 배울 한 가지 교훈. 심지어 결정적 순간을 알아내기 전이라도 위험도를 최대한 낮출 수만 있다면 무슨 수단이든 활용하라. 다만 헤로인이나 발르비투르산염, 그리고 술 등 고질적인 습관을 갑자기 중단하면 고통을 유발할 수 있으며 심지어는 목숨마저 위협할 수 있다. 그러므로 주변의 도움이 없을 때에는 함부로 시도하지 말기 바란다.[7]

그런 이유로 목발을 이용하는 것도 좋은 방법이다. 만약 당신의 두뇌가 당신에게 적대적으로 작용하고 있다면 다리가 부러진 사람만큼이나 목발을 사용할 자격이 충분하지 않겠는가. 금단 증상을 줄일 수 있는 약물을 처방하거나 그 외의 다른 방법을 추천해줄 수 있는 의사를 찾아가라.

한편 금단 증상을 극복하는 것과 나쁜 습관에서 벗어나는 것은 전혀 다른 문제라는 사실을 늘 명심해야 한다. 실제로 금단 증상은 사람들이 중독을 유지하는 원인에 있어 그리 큰 비중을 차지하지 않는다. 목발만 사용한다고 다리가 낫지 않는 것처럼 니코틴 패치나 그와 비슷한 도구를 사용한다고 해서 새로운 습관을 발전시키는 데 크게 유리해지는 것도 아니다. 앞으로 계속 보겠지만 이런 단기적인 도움으로는 중요한 도약을 해낼 수 없다. 당신은 장기적인 측면에서 결정적 순간을 식별하고, 핵심 행동을 생각해내고, 여섯 가지 영향력 요소를 유리하게 활용해야 한다.

'싫다'고 말하라

핵심 행동을 결정하는 가장 신속한 길은 중독 탈출에 필요한 가장 기본적인 행동에서부터 시작하는 것이다. 이 세 가지 행동을 토대로 당신의 결정적 순간을 식별하고 핵심 행동을 구성할 수 있다.

첫째, "싫어"라고 말한다. 모든 중독은 결과적으로 잘못된 습관을 포기할 때 해결된다. 따라서 당신이 가장 먼저 해야 할 가장 중요한 행동은 "싫어"라고 말하는 것이다.

"싫어"라고 거절함으로써 유혹에 저항한다는 것은 참으로 간단한 해결책이지만 실상 유혹에 저항하는 것은 거의 불가능에 가까울 정도로 어렵게 느껴진다. 앞에서 우리가 설명한 수많은 이유 때문이다. 현실에서는 아무도 "어떻게 해야 하는지 알았어! 입에 담배를 무는 걸 그만둬야 해. 난 이제까지 대체 무슨 생각을 한 거람?"이라고 말하지 않을 것이다.

"싫어"라고 말하는 이 중요한 핵심 행동은 당신에게 동기를 부여하고 또 행동할 수 있게 하는 여섯 가지 영향력 요소 계획과 결합되어야 한다.

둘째, 모순된 행동을 한다. 이 행동 원칙은 구체적으로 표현하기가 그다지 쉽지 않다. 이 방법은 주의 분산 기술과 관련이 있다. 심리학자이자 중독 전문가인 스탠튼 필Stanton Peele은 중독에서 벗어나기 위해서는 중독증과 양립이 불가능한 의미 있는 활동에 전념할 필요가 있다고 말한다. 삶에서 중독증을 제하고 나면 시간과 활동에 공백이 생기는데, 그런 공백을 중독과 양립되기 힘든 다른 활동으로 채우는 것이다. 이때 당신의 시간과 흥미를 잡아끌고 보다 높은 성취감을 안겨주며 당신의 갈망을 채워줄 수 있는 무언가를 선택해야 한다.[8]

정확히 어떤 방법을 사용해야 할지 여기서 구체적인 충고를 해줄수는 없다. 다만 전과자 및 약물 중독자들을 돕는 재활 프로그램을 운영하고 있으며 샌프란시스코 딜런시 스트리트 재단을 이끌고 있는 미미 실버트라면 아마 우리들에게 많은 것을 가르쳐 줄 수 있을 것이다. 미미의 말에 의하면 딜런시 스트리트는 90퍼센트 이상의 재활 성공률을 자랑하고 있으며, 따라서 우리는 그들의 충고를 귀담아들을 필요가 있다.

"그들의 머릿속에서 약물이나 술에 대한 생각 자체를 빼내야 해요." 미미는 말한다. "그 사람들은 평생 동안 오로지 한 가지 생각에만 매달려왔죠. 그들이 원하는 것, 갈망의 원인에 말이에요. 그래서 우리는 새 거주민이 들어오면 그 사람을 돌봐줄 다른 사람을 붙여줘요. 옆 사람을 도와주고 돌보는 과정에서 중독에 대한 갈망이 사라진 뒤에 남은 공백을 메울 수 있거든요."

그렇게 타인의 필요와 도전에 집중함으로써 자기 자신의 갈망과 욕구를 잊어버리게 되는 것이다. 예를 들어 리는 자신의 금연 과정을 기록하고 자신과 비슷한 다른 사람들에게 도움을 주기 위해 금연 블로그를 운영하기 시작했다. 시간이 지나면서 리는 문자 그대로 수백 명의 사람들이 자신의 글을 읽고 있음을 알게 되었다. 그리고 놀랍게도 그중 많은 수가 그와 함께 그들만의 중독증을 극복하기 위해 노력하고 있다는 것도 알게 되었다. 리는 날마다 블로그에 성의껏 글을 올리면서 담배에 대한 흥미를 잃게 되었고, 또 왜 그가 애초에 담배를 끊으려고 했는지 그 이유를 끊임없이 상기하게 되었다.

이 두 번째 핵심 행동은 또 다른 방식으로 도움을 준다. 중독자들은 오랫동안 자기 자신을 비난하고 타인들로부터 손가락질을 받아왔기 때문에 자존감에 상처를 입기가 쉽다. 따라서 다른 사람들을 돕게 되면 장기적으로 자존감을 회복할 수 있다.[9]

셋째, 신체적으로 활발하게 활동한다. 중독증을 치유하기 위한 이 핵심 행동에 관한 과학적 이론은 아직 완전히 확립되지 않았지만, 뇌의 활동에 관한 연구가 매년 발전하고 있기에 이를 간과하는 것은 어리석은 행동일 터다.[10] 최근의 연구들을 보면 중독 치유 계획을 세울 때에는 신체적 활동을 포함시킬 것을 권고한다. 걷거나 뛰거나 수영을 하거나 계단을 오르는 등 다양한 형태의 유산소 운동은 커다란 도움이 된다.

어떻게 신체적 활동이 중독을 극복하는 데 도움을 주는 것일까? 유혹의 손길이 참을 수 없게 느껴질 때 나타나는 증상들을 생각해 보라. 불안감, 초조함, 손에 밴 식은땀과 배앓이 등등 말이다. 그런데 몇 백 미터를 뛰는 것만으로도 이런 증상들은 대부분 간단히 사라진다. 게다가 신체 활동은 뇌세포의 회로를 재프로그램하여 중독 증세를 몰아내는 듯 보인다.[11]

여섯 가지 영향력 요소를 모두 활용하라

그럼 이번에는 우리가 배운 여섯 가지 영향력 요소 방안을 가지고 살펴보자.

첫 번째 요소: 하기 싫은 것을 좋아하라

리는 담배를 좋아한다. 없으면 죽을 정도는 아니지만 어쨌든 담배를 피우지 않는다는 것은 상상할 수도 없을 정도다. 두 시간 이상 담배를 피우지 않으면 왠지 초조하고 산만해지며, 짜증이 몰려오고 불안해진다. 그는 그런 상태를 담배를 피우지 않으면 '미칠 것 같다'고 표현했다. 그렇다면 어떻게 그가 담배 없이 지내는 것을 좋아하게 만들 수 있을까?

리는 무엇보다 먼저 금단 증상을 없애기로 결정했다. 여러 가지 연구조사들은 중독 원인을 서서히 줄여나가거나 대체 요법을 사용하는 방식이 대체로 성공적임을 알려준다.[12] 그래서 리는 처음에는 니코틴 패치를, 그리고 나중에는 금연 껌을 적극 이용해 금연으로 인한 금단 증상을 다스렸다. 물론 이러한 조치는 단순한 시작점에 불과했지만, 그가 중단하지 않고 계속해서 변화를 추구할 수 있도록 뒷받침해주었다.

리는 금연을 하려는 개인적 동기부여에 덧붙여 자신의 장기적 포부를 생각해 보았다. 그 안에서 담배가 차지하는 역할을 심사숙고했다. 그리고는 어째서 담배를 끊고 싶은지 그 완전하고 생생한 스토리를 말해주었다. 스토리의 출발점은 그가 원하는 것을 종이에 적는 것이었다. '나는 담배를 끊고 싶다. 왜냐하면 건강을 유지하고 밝고 활기차게 지내고 싶으며 내 아이들과 손자손녀들과 함께 오래오래 살고 싶기 때문이다.' 하지만 이러한 동기부여 선언문은 너무 일반적이고 광범위했기 때문에 리는 여기에 불이행의 결과에 대한 생생한 묘사를 보태 더욱 구체적으로 만들었다.

리는 휴대전화의 바탕 화면을 어린 딸아이를 안고 있는 자신의 사진으로 바꾸었다. 사람들은 그 사진이 사랑하는 딸에 대한 추억을 간직하기 위한 것이라고 여겼지만, 실제로 리에게 그 사진은 그의 결심을 더욱 굳건하게 다져주는 매개체 구실을 하고 있었다. 그 사진 뒤에는 아무도 모르는 구체적인 이야기가 도사리고 있었기 때문이다.

사진에 얽힌 사연은 이렇다. 리의 아내가 이 사진을 찍은 뒤, 리는 불붙은 담배를 다시 입으로 가져갔다. 포즈를 잡고 사진을 찍는데 시간이 좀 걸렸기 때문에 담배의 끄트머리에는 재가 길게 늘어져 있었고, 그래서 리가 담배를 입에 물자마자 재가 떨어지고 말았다. 바로 딸의 얼굴 위로 말이다! 리는 어린 딸아이의 얼굴에 담뱃재가 떨어졌다는 사실에 기겁했다. 그보다 더욱 경악스러웠던 것은 그의 안 좋은 흡연 습관이 딸에게 치명적인 영향을 미칠 수 있다는 점이었다. 리는 이 사건을 그의 딸이 간접 또는 직접 흡연으로 입을 수 있는 모든 끔찍하고 부자연스러운 영향과 고통의 상징으로 여겼다.

그래서 리는 이 사진을 휴대전화 바탕 화면에 깔고 동기부여 선언문에 문장을 하나 덧붙였다. '끔찍한 진실: 내가 담배를 피운다는 것은 내 딸 아이의 얼굴에 담배를 들이미는 것과도 같다.' 이 노골적이고 투박한 문장은 리가 담뱃불을 붙이고 싶다는 충동을 느낄 때마다 그 결정적 순간에 완전하고 생생한 이야기를 들려줄 수 있도록 도와주었다.

다음으로 리는 자신의 결정에 대한 감정을 바꾸기 위해 담뱃불을 붙이기 전 항상 휴대전화 사진을 최소한 30초 이상 들여다보고 동기부여 선언문을 큰 소리로 읽었다. 만약 이렇게 한 뒤에도 담배를 피우고 싶다면 그때에는 담배를 피울 수도 있었다.

또한 리는 가치 있는 단어를 사용해 평소에 자주 사용하는 변명과 핑계거리들을 속으로 반박했다. '딱 한 대만'이라고 말하고 싶을 때마다 '이러다간 다시 악취를 풀풀 풍기는 골초가 되고 말 거야'라고 생각했다. '담배 피우고 싶어'라는 생각이 머릿속으로 밀고 들어오면 입 밖으로 소리 내어 말했다. "난 다시는 한심한 놈이 되지 않겠어!" 그는 이처럼 머릿속 생각을 입 밖에 냄으로써 담배를 끊기로 한 선택에 대한 자신의 감정을 변화시켰다.

담배를 끊기 위해 1년 남짓 고전분투를 하고 있을 무렵, 리에게 전화 한 통이 걸려 왔다. 옛 친구였던 라울이었다. 아니 옛 담배 친구인 라울이었다. 오래전 리가 다니던 회사가 건물 전 구역을 금연 지역으로 선포했을 때의 일이었다. 리를 비롯한 흡연자들은 쉬는 시간이면 뒷골목에 옹기종기 모여 담배를 뻐끔거리는 처지로 전

락했고, 덕분에 평소에는 전혀 서로 어울리지 않는 사람들끼리도 인사를 나누고 친분을 쌓게 되었다. 라울은 리보다 나이가 두 배는 더 많았지만, 금세 친한 친구가 될 수 있었다.

라울이 퇴직을 하기까지 3년 동안 두 사람은 어떻게 담배를 끊어야 할지 열띤 토론을 나누곤 했지만, 언제나 말뿐이었다. 두 사람은 담배를 끊겠다는 말을 한 번도 실행으로 옮긴 적이 없었다. 라울이 전화를 건 이유는 리에게 뒷골목 담배 친구들 중 한 명의 전화번호를 아는지 물어보기 위해서였지만, 대화는 곧 서로 어떻게 지내냐는 안부 인사로 이어졌다. 알고 보니 라울은 얼마 전 폐 수술을 하고 병원에 입원해 회복 중이었다. 상태가 별로 좋은 것 같지 않았다. 순간 리의 머릿속에 자신도 언젠가는 그렇게 될지 모른다는 생각이 스쳐지나갔다. 그 후로 리는 담배를 피우고 싶을 때마다 병실 침대에 무기력하게 누워 있는 자기 자신의 모습을 떠올리곤 했다.

더불어 리는 금연을 통해 새로운 기회를 발굴함으로써 새로운 나를 만드는 데 주력했다. 그는 남편과 아버지로서 가족들에게 새로운 역할을 제공하고, 나아가 다른 사람들 사이에서도 새로운 역할을 수행했다. 그는 또한 등산을 다니기로 했다. 리의 아내와 딸들은 주말마다 하이킹을 간다는 기대감에 부풀었다. 리는 운동이 흡연 욕구를 억누른다는 기사를 읽었고, 그 말은 옳았다.[13] 언덕을 오르내릴 때에 리는 담배를 피우지 않아도 단 한 번도 초조하거나 불안감을 느끼지 않았다.

리가 사용한 가장 중요한 동기부여 도구 중 하나는 그의 변화 전략을 게임으로 전환하는 것이었다. 리는 담배를 끊는다는 계획을 평생 동안 해야 할 거창한 목표로 여기지 않고 보다 작고 조그마한 목표들로 쪼갰다.

그가 첫 번째로 세운 기준은 하루였다. 좋은 게임이 그렇듯, 그는 날마다 성실하게 점수를 기록했다. 리는 차트를 만들어 옷장 문에 붙인 다음, 자신이 얼마나 많은 날에 '성공을 거두었는지' 날마다 차트에 X자를 그었다.

다음 번 목표는 하루가 아니라 이틀을 이겨내는 것이었다. 평생 동안 길고 고통스러운 목표를 추구하는 게 아니라 하루하루 꾸준히 이어지는 자그마한 도전을 추구하는 것은 그에게 동기 강화와 결단력을 선사했다.

리가 변화 욕구를 자극하는 내적 방안을 고안해내면서 담배에 대한 그의 감정 또한 서서히 변화하기 시작했다. 리는 담배에 대한 욕구를 느끼지 않고 일주일을 참아낼 때마다 대단한 자부심과 흡족함을 느꼈다. 금연은 괴로운 것이 아니라 즐거운 것이 될 수 있었던 것이다.

두 번째 요소: 할 수 없는 것을 하라

리는 자신의 능력과 지식을 검토한 결과 중독증에 대해 아는 것이 거의 없다는 결론을 내렸다. 그래서 그는 몇몇 유명 책들을 읽고 웹사이트를 검색하고 의사와 상의했다. 그 와중에 리는 뜻밖의 사실을 발견하고 깜짝 놀랐다. 예를 들어 그는 금단 증상만 이겨내고 나면 금연에 성공할 것이라 여겼지만, 실상 일정 정도의 충동은 금단 증상이 사라진 후에도 계속 남아 있다는 것이었다. 따라서 절대로 그런 유혹에 넘어가서는 안 되는 것이었다.

우울증은 담배를 비롯해 온갖 부류의 중독자들에게서 흔히 나타나는 증상이다. 심지어 비디오게임에 중독된 아이들도 예외는 아닐 정도다.[14] 또한 이 같은 우울증은 중독증 치료를 방해하는 가장 크고 높은 장벽이기도 했다.[15] 리는 자신이 우울증에 걸렸다고 생각하지는 않았지만 이 같은 사실을 아내에게 털어놓았고, 두 사람은 매일 저녁 오늘 하루를 돌아보고 '그들이 얼마나 운이 좋고 행복한지' 꼽아보는 시간을 갖기로 했다.

가장 중요한 것은 리가 일련의 단계를 통해 '의지력 강화 기술'을 배울 수 있었다는 점이다. 그는 언젠가는 반드시 유혹을 느끼게 되리라는 것을 알고 있었고, 따라서 그런 상황에 대처할 방법을 미리 알아두고 싶었다. 이런 경우 대부분의 사람들은 주의 분산 기술에 의존한다.

가령 리의 담배에 대한 충동은 매우 변덕스럽게 시도 때도 없이 찾아왔고, 가장 강렬하고 절실할 때에는 20분가량 그런 상태가 지속되었다. 그래서 리는 흡연 충동이 가라앉을 때까지 다른 곳에 주의를 분산시키는 방식을 사용하기로 했다. 리는 이미 그의 금연 계획에 정기적인 운동을 포함시킨 터였다. 그래서 그는 줄넘기와 피티 체조를 하거나 아니면 숨이 찰 때까지 제자리 뛰기를 실시했다.

만약 가족 중 큰 딸이 곁에 있으면 숙제를 도왔고, 아내가 있으면 대화를 나누는 등의 방법으로 상대방 활동에 참여하기도 했다.

담배를 끊은 지 몇 달 후, 리는 마술을 이용하면 충동을 억누를 수 있다는 사실을 발견했다. 실제로 흡연자들의 중독성 중 일부는 촉감에서 기인한다. 리는 손가락 사이에 담배의 감촉을 느끼고 싶었다. 이런 강박적인 충동을 억제하기 위해 그는 마술을 배우기 시작했다. 리는 항상 손이 닿을 곳에 트럼프 카드와 동전을 쌓아 두었다. 20분가량 의도적인 훈련을 한다면 새로운 트릭 하나를 연습하기에는 충분했다. 리는 촉감이라는 갈망을 만족시키기 위해 쓸데없는 대체물로 장난을 치거나 간식을 먹는 데 의존하고 싶지 않았다. 음식은 담배를 끊는 흡연자들이 사용하는 가장 흔한 주의 분산 도구였지만 살이 찐다는 단점이 있었다.

세 번째 및 네 번째 요소: 방해자를 친구로 만들어라

리의 부인은 임신을 했을 때 담배를 끊었고 그래서 남편 역시 담배를 끊길 간절히 바랐다. 그렇다고 해서 남편에게 잔소리를 하거나 압박을 가하고 싶지는 않았다. 게다가 리는 아내의 잔소리를 싫어했다. 담배를 둘러싸고 나눈 몇 번의 진지한 대화가 실패로 끝난 뒤, 리의 흡연 문제는 더 이상 부부의 화제에 오르지 않았다. 리가 담배에 불을 붙일 때마다 그녀는 잠자코 입을 다물었다.

그러나 그것은 어리석은 짓이었다. 두 사람은 차분하고 솔직하게 서로의 마음을 터놓고 이야기를 나눌 방법을 찾아야 했다. 그래서 리는 변화 유발 대화를 가졌다. 그는 부인과 마주 앉아 그의 금연 계획을 설명하고 도움을 구했다. 그들은 잔소리를 피하기 위해 그가 목표를 달성하면 그녀가 칭찬을 하거나 축하해줄 수 있으며, 하루가 끝날 때마다 오늘 하루는 어땠는지 남편에게 물어봐도 좋다는 규칙을 세웠다.

또한 리는 담배를 끊는 데 도움이 되지 않는 사람들과 거리를 두기 위해 두 번의 대화를 거쳤다. 첫 번째 상대는 줄담배를 피워대는 그의 아버지로, 겨우 한 블록 건너에 살았다. 리는 아버지를 무안하게 만들거나 비난하고 싶지 않았다. 그는 아버지가 담배를 피울 때에는 거리를 두고 싶지만 그렇다고 사이가 멀어지고 싶지는 않다고 설명했다. 놀랍게도 그의 아버지는 당신의 손녀딸은 신선하고 깨끗한 공기를 마실 권리가 있다며 아들의 결정을 전폭적으로 지지해주었다.

리가 두 번째 대화를 나눈 대상은 직장의 담배 친구들이었다. 그들은 리가 담배가 없는 날이면 한 대만 빌려달라고 스스럼없이 부탁할 수 있을 정도로 친한 이들이었다. 이번에도 리는 담배를 끊겠다는 그의 계획이 동료들의 화를 돋우거나 우정을 상하게 하지는 않을까 걱정했지만 놀랍게도 그들은 리가 기대했던 것보다 훨씬 더 너그럽게 그의 처지를 이해해주었다. 대부분의 사람들처럼 그들도 몸에 안 좋은 나쁜 습관을 바꾸려는 이들에게는 시샘을 느끼지 않았던 것이다.

나아가 리는 주말마다 하이킹을 하는 야외 활동 클럽에 참가해 새로운 친구들을 사귀었다. 하이킹 동호회 사람들은 거의 모두가 비흡연자였고, 리와 그의 가족들은 기존에 알고 지내던 사람들과는 전혀 다른 야외 활동 애호가들과 친밀한 교류를 나누게 되었다. 지금 와 돌이켜보면 리는 그런 새로운 친구들이 얼마나 커다란 영향을 미쳤는지 깨닫고 놀라곤 한다.

변화를 위해 각고의 노력을 기울인 지 한 달이 지나자 리는 페이스북 프로필 칸에 금연을 선언할 정도로 자신감이 붙었다. 그는 213명의 페이스북 '친구들'에게 현재 자신은 담배를 끊으려고 노력 중이며 날마다 세 가지 핵심 행동에 관해 자세히 보고하겠다고 알렸고, 이러한 온라인 공간은 그가 며칠 동안이나 '건강한 삶'을 유지할 수 있는지 보고하고 기록하는 중요한 장소가 되었다.

페이스북 친구들 중 절반 이상이 그에게 긍정적인 피드백을 보냈다. 리는 저녁마다 인터넷에 글을 올리는 시간을 손꼽아 기다리기 시작했다. 직장에서도 남몰래 담배를 끊은 날짜를 헤아리곤 했다. 다른 이들의 칭찬을 듣는 것은 무엇보다 기분 좋은 일이었기 때문이다.

다섯 번째 요소: 반경제적 사고를 하라

어느 날 리는 딸들에게 그의 입 대신 다른 곳에 돈을 투자하기로 했다고 말했다. '반경제적 사고를 하라'의 방안 가운데 하나인 '당근을 주라. 그리고 당근을 빼앗겠다고 협박하라'라는 방안을 활용한 것이다. 리가 어떤 반경제적 방법을 사용했는지 알아보자.

그는 하루에 담배를 사는 데에만 5.5달러를 쓰고 있었다. 어느 날 리는 은행에서 1달러짜리 지폐 40장을 인출해 거실에 있는 유리 진열장 안에 넣어두었다. 그런 다음 리는 딸들에게 말했다. "이게 바로 우리 돈이란다. 일주일에 40달러씩, 우린 이 돈을 우리 식구들끼리 소풍을 가거나 재미있는 일을 하는 데 쓸 거야. 만약에 아빠가 일주일 동안 담배를 피우지 않는다면 말이다."

그 뒤로 매주 금요일이 되면 가족들은 거실에 모여 앉아 리가 이번 주에 얼마나 금연 약속을 잘 지켰는지 의견을 나누었고, 리는 자신의 실수나 실패에 대해 솔직히 털어놓아 딸들에게 정직이 성공보다 더욱 중요하다는 것을 몸소 보여주었다. 만약에 리가 그 주에 한 번이라도 담배를 피웠다면 그는 가족 모임 펀드에서 5.5달러를 빼냈다. 그러면 가족들은 남은 돈으로 그 주에 놀거리를 생각해내야 했다. 리는 담배에 불을 붙이고 싶을 때마다 딸들이 얼마나 실망할지 떠올렸고 그것은 그에게 많은 도움이 되었다.

실패보다 성공이 더 많은 몇 달을 보낸 뒤, 리와 그의 아내는 이제 드디어 담배 없이도 보낼 수 있는 미래에 투자를 할 때라는 판단을 내렸다. 그들은 손실 회피 경향을 활용했다. 두 사람은 담배 냄새에 찌든 커튼을 뜯어내고 업자들을 불러 양탄자를 청소하고, 벽을 문질러 닦고, 리의 흡연용 의자를 내다 버린 다음 새 커튼과 새 의자를 들여놓았다. 만일 리가 다시 담배를 피우게 된다면 이 모든 노력은 무용지물로 돌아갈 터였다. 이것은 리에게 있어 옛 삶을 문질러 벗겨내고 새로운 삶을 시작하는 것과 비슷했다.

여섯 번째 요소: 공간을 관리하라

때때로 중독자들은 주변 환경을 완전히 뜯어 고침으로써 나쁜 습관을 타파하기도 한다. 그들은 재활원에 등록하거나 대륙 반대쪽에 위치한 도시로 이사를 간다. 그렇지만 환경과 사물을 활용하기 위해 그렇게 극적으로 행동할 필요는 없다. 아주 작고 단순한 물리적 변화만으로도 환경을 180도 바꾸는 것과 같은 효과를 낼 수 있기 때문이다.

예를 들어 리는 자신과 담배 사이에 울타리를 세우는 단계에 돌입했다. 그와 가족은 '냄새 찾기' 임무를 실행에 옮겼다. 집 안을 샅샅이 뒤져 담배와 재떨이 등 담배와 관련된 물건들은 모두 내다버렸다. 리는 차 안과 사무실에서도 똑같은 행동을 해 모든 곳을 담배로부터 자유로운 지역으로 만들었다.

식구들은 리에게 담배를 생각나게 하는 '일깨움 표시'들을 모두 제거했다. 리의 흡연용 안락의자를 치워 버린 것도 같은 맥락에서였다. 심지어 리는 부엌의 미니바 옆에 작은 푯말을 하나 세웠다. '술을 마실 때 담배는 금물.' 그리고 재떨이가 있던 곳에는 트럼프 카드 한 벌을 놓아두었다. 손이 심심할 때면 카드로 장난을 치기 위해서였다.

마지막으로 리는 유용한 도구들을 활용했다. 리는 휴대전화와 컴퓨터 네트워크를 사용해 자신에게 변화에 대한 필요성을 상기시키고 격려했다. 그는 식사를 하기 전에 그것을 이용했다. 식사를 하고 나면 담배 생각이 너무 간절하기 때문이었다. 그는 휴대전화에 자녀들의 사진과 사람들이 숲 속으로 걸어가는 사진, 병원 침대에 누워 있는 사진, 그리고 그가 원하거나 또는 원하지 않는 것들을 보여주는 다양한 사진들이 저절로 떠오르게 설정해놓았다.

낙담과 포기는 동의어가 아니다

수만 명의 미국 병사들은 주변 환경을 완전히 바꿈으로써 굉장히 공격적이고 강력한 헤로인 중독을 타파하는 데 성공했다. 무더운 베트남의 정글을 떠나온 지 고작 몇 주일도 안 돼 그들은 마약을 털고 일어날 수 있었다. 여섯 가지 영향력 요소를 골고루 수용한다면 당신도 그러한 경험을 할 수 있을 것이다.

하지만 대부분의 사람들은 보다 완곡한 길을 따른다. 최소한 리는 그랬다. 왜냐하면 다른 모든 이들과 마찬가지로 리 역시 성공을 거두기 전에 수많은 시행착오를 거쳐야 했기 때문이다. 그는 실패를 겪거나 한 발짝 후진할 때마다 늘 낙담했지만 결코 포기하지 않았고, 항상 새로운 결정적 순간을 발견하고 새로운 방안을 고안해냈다.

이제 당신은 재미있고 흥미로운 웹사이트 체인지애니씽에 접속할 수 있다. 이 책을 읽으면서 아직까지도 접속을 시도해보지 않았다면 지금이 바로 적시다. 우리의 웹사이트는 여섯 가지 영향요인과 관련해 다양한 기교와 해결책을 제시하는데, 이 말인즉슨 당신은 리와 달리 무엇을 해야 할지 혼자서 끙끙 앓을 필요가 없다는 얘기다. 대신에 당신은 당신의 결정적 순간을 살펴보고, 당신만의 핵심 행동을 결정하고, 여섯 가지 영향력 요소와 관련해 최소한 한 가지 이상의 방안들을 실천하게 될 것이다. 머뭇거리지 말고 지금 즉시 계획을 시작하라.

혼자서 하려 들지 말고 늘 적고 기록하라. 특히 당신이 극복하려는 도전이 약물 중독과 관련되어 있다면 반드시 의사와 먼저 상의해야 한다. 술과 마약은 비록 그것을 끊은 뒤라 할지라도 바람직하지 못한 건강 상태를 유발할 수 있다. 의사와 환자 간의 비밀 유지 의무는 설사 당신이 불법적인 약물을 복용하고 있을지라도 당신을 보호하도록 만들어져 있으므로 안심하기 바란다. 만일 당신의 중독증이 순수하게 행동적인 면에만 국한되어 있다면, 처음 몇 주일 혹은 몇 달 동안 담당의로부터 부정적 증상을 완화하는 데 도움을 줄 도구들을 제공받을 수도 있다.

하지만 명심하라. 당신은 절대 예외의 경우가 아니다. 중독에서 벗어나려는 많은 사람들이 우리가 앞에서 언급한 성공한 이들과는 달리 많은 노력을 할 필요가 없다고 여긴다. 그들은 슈퍼맨과 같은 의지력을 발휘해 유혹에 저항하고 한두 개의 방안이면 손쉽게 모든 일이 잘 풀릴 것이라고 생각한다. 친한 친구와 대화를 좀 나누고, 몇 달 동안만 버텨내면 만사형통이라고 짐작하는 것이다. 의지력 함정이 다시금 희생자를 찾아낸 셈이다.

스스로를 속이지 마라. 당신은 인간이다. 이는 즉 당신은 결코 예외가 아니며, 따라서 여섯 가지 영향력 요소를 모두 적극적으로 활용하지 않는다면 당면한 문제를 해결할 수 없음을 의미한다. 당신이 간과하고 놓친 방안이 실은 당신에게 행운을 가져다줄지도 모른다. 복잡하고 인내심을 요하는 변화 계획은 할 일이 많다는 것을 뜻하지만 장기적으로는 오히려 실패와 노고를 줄일 수 있는 방법이기도 하다.

만약 충분한 시간을 들여 당신에게 효과적인 것과 그렇지 않은 것들을 구분한다면, 그리고 새롭게 발견한 도전에 맞춰 계속해서 계획을 변경하고 여섯 가지 영향력 요소를 활용한다면 당신은 반드시 변화할 수 있을 것이다.

소중한 사람에게 사랑한다고 말하라

이 장은 배우자가 아니라 자기 자신의 행동을 변화시킨다면 결과적으로 두 사람의 관계가 개선되리라고 믿는 이들을 위한 글이다. 어쨌든 이 책은 다른 사람이 아니라 자기 자신을 변화시키기 위한 것이 아니던가?

만약 당신이 '뭐라고? 나 자신을 바꿔봤자 내 애정 문제엔 아무런 도움도 되지 않아. 문제가 있는 사람은 내가 아니야'라고 생각하고 있다면 조금만 더 읽어보기 바란다. 그런 다음 이 장이 당신에게 도움이 될지 아닐지 결정하도록 하라.

아마 많은 사람들이 이 장을 무시하고 넘어갈 것이다. 체인지애니씽 연구소의 조사에 따르면 남녀관계에서 문제를 겪고 있는 사람들 중 90퍼센트가 갈등의 일차적 원인이 자신이 아니라 짝에게 있다고 생각하기 때문이다. 우리의 조사가 남녀 파트너 양쪽 모두에게 행해졌다는 사실을 감안한다면 매우 수상한 숫자가 아닌가? 그러므로 이 장이 당신에게는 해당하지 않는다고 속단하기 전에 아주 잠시만 결론을 보류해두기 바란다.

당신의 관심을 끌기 위해, 우리는 관계 유지에 대단히 중요하고 당신이 알고 싶어 하는 매우 흥미로운 주제로 시작할 것이다. 바로 결장 내시경 검사와 관련된 중요한 발견들이다. 이 검사는 남녀관계에 있어 대단히 흥미로운 사실들을 알려준다.

노벨상 수상자인 대니얼 카너먼은 결장 내시경 검사를 받은 환자들에게 마취를 하지 않고 검사를 했을 때 느낀 불쾌감이 어느 정도였는지 알려줄 것을 요청했다. 결과는 상당히 놀라웠다. 검사의 불편함은 그들이 이 불쾌하고 낯선 검사를 받는 동안 느낀 고통과는 아무런 상관관계가 없었다. 그들에게 미안한 말이기는 하지만, 문제의 핵심은 결국 마지막에 얼마나 아팠느냐에 있었다.

카너먼은 결장 내시경 검사와 관련해 두 가지 실험을 실시했다. 사실적으로 한 첫 번째 실험에서 그는 검사 시간을 통제하지 않는 대신 환자들에게 60초에 한 번씩 얼마나 고통스러운지 질문했다. 흥미롭게도 검사에 걸린 시간은 고통에 대한 기억에 영향을 미치지 않았다. 그들이 느낀 고통의 강도에 가장 큰 영향을 미친 것은 가장 강도 높은 고통과 마지막 몇 분간의 고통이었다.

두 번째 실험에서 카너먼은 의사들에게 마지막 60초 동안 검사 도구를 장 속에 넣어둔 채 가만히 있을 것을 요청했다. 이러한 '최종 시간 조작'은 고통스러운 기억에 커다란 영향을 미쳤다.[1] 검사가 끝난 후 피험자들은 훨씬 덜한 고통을 느꼈다고 보고했던 것이다. 이를 볼 때 결장 내시경 검사를 포함해 인간은 삶의 경험을 전반적인 경험에 의해 판단하거나 하나의 경험을 처음부터 끝까지 돌아보는 것이 아니라 오직 마지막 몇 분에 근거해 결론을 내린다는 사실을 알 수 있다.

그렇다면 이것이 당신의 결혼생활과 무슨 관계가 있단 말인가? 물론 관계가 있다. 당신이 두 사람의 관계에 대해 느끼는 감정은 장기간의 과정이 아니라 당신의 인지 감각을 장악하고 있는 몇 개의 순간적인 경험에 기초하고 있다. 예를 들어 주변 사람들에게 결혼생활이 얼마나 만족스러운지 물어볼 경우 그들이 전반적인 결혼생활을 기준으로 대답할 확률은 대단히 미미하다. 어쩌면 그들은 이제까지 100시간 중에서 99시간 하고도 30분을 행복하고 만족스럽게 보냈을 것이다. 그러나 만약 바로 전에 보낸 30분이 불쾌하고 끔찍했다면, 그들은 100시간이 아니라 겨우 30분의 기억에 의존해 두 사람의 관계를 묘사할 것이다.

이를테면 직장에서의 대인관계를 생각해보자. 만일 당신의 상사가 평소에 매우 합리적이고 자신감이 넘치며 1년 중 대부분은 대단히 상냥하고 친절하지만 석 달에 한 번꼴로 불같이 화를 내며 부하 직원에게 거친 말을 쏟아 붓는다면, 그렇게 무작위적으로 발생하는 불쾌한 경험들이 다른 모든 장점들을 덮어버릴 것이다.

"하지만 난 석 달이 넘게 화를 낸 적이 없다고." 상사가 친구에게 호소한다. "그런데 왜 내 앞에서 다들 그렇게 불안해하는 거야?" 왜냐하면 그런 폭발이 한두 번 일어나고 나면 정상적인 상호 작용마저 무척 부자연스럽고 긴장감이 흐르기 때문이다. 마치 그가 언제 폭발할지 몰라 벌벌 떨며 기다리는 것처럼 말이다. 전체에서 겨우 2퍼센트도 되지 않는 시간에 벌어지는 사건이 나머지 98퍼센트의 시간을 좌우하게 되는 것이다.

이는 가정생활에서도 마찬가지다. 부정적인 경험 하나가 결혼생활 전체에 대한 인상을 장악할 수도 있다. 행복한 남녀관계의 근원을 파헤치기 위해 커플들을 면담한 남녀관계 전문가인 로웰 크로코프Lowerl Krokoff와 존 갓맨John Gottman은 만족스러운 관계를 유지하는 커플들은 두 사람의 행복했던 시간을 정기적으로 떠올릴 뿐만 아니라 심지어 다툼이 있을 때에도 긍정적인 부분을 찾는다는 사실을 발견했다. 그와는 대조적으로 관계가 삐걱거리는 부부들은 과거를 부정적인 시선으로 해석하고 심지어 행복했던 시절조차 불행이 잠시 보류되어 있던 때로 확대 해석하는 경향이 있었다.[2]

행복한 결혼생활의 비밀

어째서 어떤 부부는 그들이 보낸 시간을 모두 부정적인 시각으로 바라보는 반면 어떤 이들은 그 반대인 걸까? 카너먼의 가정이 옳다면 그것은 소소하고 괴로운 최근의 경험에 기반을 두고 있을 것이다. 그러나 무슨 종류의 경험이란 말인가?

저명한 결혼학자인 하워드 마크맨Howard Markman은 행복한 결혼생활을 연구한 결과 부부생활에 만족하는 사람들과 온통 후회와 비난의 렌즈로 결혼생활을 돌아보는 부부들을 거의 90퍼센트에 가까운 정확도로 구분할 수 있는 네 가지 행동을 발견했다.

마크맨에 따르면 부부가 함께 얼마나 많은 행복한 순간들을 경험했는지는 계산할 필요가 없다. 행복하고 원만한 부부든 그렇지 않은 부부든 실제로 그 수치는 비슷하기 때문이다. 대신 그들이 말다툼을 하는 광경을 보라. 그것이 바로 우리가 살펴보아야 할 결정적 순간이다. 엄밀히 말하자면 마크맨이 '요한계시록의 네 기사'라고 표현한 네 가지 행동들을 엄밀히 관찰하라. 누구든 예측할 수 있는 이 네 가지 행동은 비판, 방어적인 태도, 경멸, 그리고 회피다.[3] 이렇게 말다툼 도중 잘못된 전략에 의존하는 커플은 행복한 결혼생활을 영위하지 못하고 있을 확률이 크다.

마크맨의 네 기사 중 심리적 폭력으로 간주되는 세 가지는 상당히 뚜렷한 불만족의 척도라 할 수 있다. 상대방을 비난하고 공격하면서 동시에 만족스러운 관계를 유지하기란 쉽지 않으니 말이다. 반대로 마지막 기사인 회피는 주로 침묵의 형태로 발현되는데 상대적으로 덜 중요한 척도로 보이기 쉽다. 그러나 그것은 틀린 생각이다. 침묵은 실로 매우 강력한 불만족의 척도다. 관련 연구에 의하면 실제로 격렬하고 빈번한 갈등과 말다툼으로 인해 이혼에 이르는 경우는 전체의 40퍼센트에 불과하다. 커플들은 큰 소리로 고함을 지르고 삿대질을 하는 대신 서로를 피함으로써 사소한 충돌을 예방하는 방법을 배우며, 시간이 지날수록 두 사람의 우정은 사라지고 감정적 유대는 시들어간다.[4]

우리는 대인 문제 해결 훈련법을 고안하는 과정에서 대단히 작고 사소한 행동의 변화만으로도 상호 작용이 실패할 수 있음을 확인했다. 우리는 관객들에게 즐겁고 유쾌한 상호 작용이 악의적인 것으로 변화하는 과정을 보여줄 배우들에게 미소를 고함으로, 또는 제안을 곧바로 위협으로 변화시키라고 지시하지 않았다. 진정으로 중요한 것은 입을 꽉 다물거나 눈썹을 치켜 올리거나 입술을 살짝 들어 올리는 미묘한 신호였다. 그것만으로도 모든 것을 달라지게 할 수 있었다. 만약 당신이 표정의 미세한 변화나 입을 다문 정도, 또는 목소리의 크기로 행동의 변화를 측정한다면 실제로 변화의 정도는 대단히 미미할 것이다. 그러나 감정적 변화만큼은 어마어마할 수 있다.

사소한 변화는 긍정적인 측면에도 커다란 영향을 미친다. 예를 들어 유타 대학의 심리학과 교수 티모시 스미스Timothy Smith는 평균 36년 동안 완만한 결혼생활을 유지하고 있는 150쌍의 부부들을 한자리에 모았다. 그는 이 금슬 좋은 부부들에게 결혼생활을 힘들게 했던 문제들에 관해 대화를 나눠볼 것을 요청했다. 집안일이나 돈을 쓰는 버릇에 대해 격렬하고 거침없는 말들이 오갔다. 누가 그들을 비난할 수 있겠는가? 지난 40년 동안 똑같은 일을 반복했건만 아직까지도 해결을 못했는데 말이다!

하지만 몇몇 부부들은 다른 이들과 확연히 다른 행동 양상을 보였다. 말다툼이 한참 고조에 이르렀을 때에도 간혹 서로에 대한 애정을 과시했던 것이다. 가령 그들은 실망이나 좌절감을 표현하기 전에 작고 소소한 애정 어린 단어들을 끼워 넣었다. "여보, 난 당신을 사랑하긴 하지만 지금 당신이 무슨 소리를 하는지 전혀 못 알아 듣겠어!" 어떤 이들은 서로에게 몸을 가까이 기울이거나 발끝을 건드리기도 했다.[5]

스미스는 이런 작은 제스처가 부부관계에서 느끼는 행복감과 깊은 상관관계가 있을 뿐만 아니라 나아가 심장병과 같은 질병의 감소와도 연관이 있음을 발견했다. 이게 바로 핵심 행동이 아니면 무엇이란 말인가?

'내가' 우리 관계의 열쇠일 수 있을까

세 명의 친구들이 연달아 이혼을 하는 모습을 지켜본 패트리샤 S는 자신도 남편과 헤어질 것을 고민하고 있었다. 친구들이 할 수 있다면 자기도 할 수 있다는 생각이 들었던 것이다. 지난 20년간 견뎌온 힘든 도전들을 앞으로 20년 동안 또 계속해서 참아 나가야 할지 결정해야 할 시간이었다.

그녀는 결혼생활을 유지하기 위해 노력하는, 혹은 어떻게든 대화로 문제를 해결하려고 발버둥치는 유일한 사람이 되고 싶지 않았다. 그녀의 남편인 조나단은 조용하고 사려가 깊은 사람이었다. 그런데 연애 시절에는 매력으로 비쳤던 그런 성격도 시간이 지나고 나자 무관심하고 냉정하게 느껴지기 시작했다.

또한 패트리샤는 아이들을 돌보는 일을 혼자서 전담하고 싶지 않았다. 그녀는 남편과 책임을 동등하게 나누고 싶었다. 더구나 지금 아이를 갖기로 결심했을 때 예상했던 것보다도 훨씬 많은 시간을 그녀는 직장에 투자하고 있었다. 조나단의 얇은 월급봉투와 승진에 대한 무관심을 고려하면 이는 다름 아닌 생존을 위한 필수적인 선택이었다. 이처럼 패트리샤가 지금까지 버텨온 수많은 도전들을 생각하면 남편과의 결별이 합리적인 해결책처럼 보이는 것은 어찌 보면 당연한 일이었다. 문제는 항상 조나단이었다. 그러므로 문제의 원인인 그를 제거하는 것은 합리적인 판단이었다.

그러나 손쉬운 해결책이라고 느껴졌던 이 대답은 어느 날 패트리샤가 10대 아들과 말다툼을 하면서 한층 더 복잡해지고 말았다. 패트리샤는 아들이 거짓말을 하는 버릇이 있다는 데 실망하고 있었다. 그러던 중 마침 아들이 또다시 거짓말을 했다는 사실을 알게 되자 그녀는 다짜고짜 아들에게 따지기 시작했다. 그녀가 한참 동안 비난을 퍼붓자 아들은 시선을 돌리더니 조용히 말했다. "엄마, 난 거짓말을 해야 했어요."

"뭐라고? 거짓말을 해야 했다니 그게 무슨 소리야?"

"엄마, 이런 말을 하기 좀 그렇지만 엄마는 우리가 사실대로 말하면 소리부터 지르신다고요. 그래서 우린 뭐든 될 수 있는 한 엄마한테 숨기는 게 버릇이 되었고요."

패트리샤는 숨이 턱 막히는 것만 같았다. 다른 상황에서라면 그녀는 이런 말을 듣고 몹시 화를 냈을 터였다. 그러나 아들의 조용하고도 솔직한 고백은 그녀의 마음에 깊이 각인되어 도저히 외면할 수가 없었다. 순간적으로 패트리샤는 가정이나 직장에서 사람들이 어째서 자신을 지금처럼 대하는지 이해할 수 있게 되었다. 남편의 침묵과 묘하게 거리를 두는 태도까지도 말이다. 외롭고 황량한 결혼생활의 원인이 모조리 그녀의 남편에게 있다는 스토리는 사실 지나치게 단순화된 것이었다. 아니 어쩌면 왜곡된 듯도 보였다.

아들이 일깨운 이 중요한 순간은 자기 성찰로 이어졌고, 그것은 패트리샤에게 새로운 가능성을 열어주었다. 다름 아닌 나 자신의 행동이 부부관계에 영향을 미친 것은 아닌지 의심하게 된 것이다. 물론 그녀의 남편은 완벽한 사람이 아니었다. 하지만 그녀가 가장 큰 영향력을 행사할 수 있는 사람은 결국 그녀 자신이고, 따라서 패트리샤는 남이 아니라 자기 자신을 바꾸기로 결심했다. 행동을 바꾼다고 해서 결혼생활을 개선할 수 있을 것 같지는 않았지만 어쨌든 시도해서 나쁠 것은 없지 않은가.

다툼이 시작되는 이유에 답이 있다

결혼생활에서 무엇이 잘못되었는지 알아보기 위해서는 우선 당신 자신의 성공과 실패를 파악해야 한다. 패트리샤는 바람직하지 못한 대화를 야기해 결국 부부 사이에 지워지지 않는 골을 새기는 결정적 순간들을 찾아보기로 했다. 그녀는 금세 첫 번째 문제점을 찾아 낼 수 있었다. 지난 23년 동안 그녀와 조나단은 대단히 위험한 패턴을 유지하고 있었다. 패트리샤의 말을 빌리자면 두 사람의 결혼생활은 다음과 같았다. "매달 월말이 되면 우리는 늘 돈에 쪼들렸어요. 나는 몹시 짜증을 내며 조나단에게 불평을 했고 그러면 그는 아무 반응도 하지 않았죠. 그런 조나단에게 내가 더더욱 화를 내면 그는 말없이 2층 침실로 올라가버렸어요."

이와 비슷한 대화 패턴이 1년에 열두 번이나 되풀이해서 발생했다. 이는 명백히 패트리샤와 조나단의 결정적 순간이었다. 이처럼 예측 가능한 대화 패턴은 서로에 대한 감정에 며칠 동안, 심지어 말다툼을 벌인 지 수 주일 후까지도 계속해서 영향을 미쳤다. 이 바람직하지 못한 행동을 야기하는 방아쇠는 두 가지였다. 금전 문제와 조나단의 침묵.

바로 이 두 가지 주제와 연관된 문제들이야말로 대부분의 결정적 순간을 야기하는 원인이었다. 그것들은 패트리샤의 좌절감을 자극했기 때문이다. 첫째, 패트리샤는 조나단과 함께 맞벌이를 하고 있었지만, 그녀의 직장생활은 조나단에 비해 늘 덜 중요한 것으로 치부되었다. 둘째로 대등한 파트너처럼 행동하지도 않고, 애정 표현도 하지 않으며, 항상 자신의 세계에만 틀어박혀 다른 것에는 별 다른 관심을 보이지도 않는 남편은 그녀가 원하던 배우자가 아니었다.

하지만 패트리샤는 이번에는 과학자의 입장이 되어 가계 재정이나 육아에 관한 대화가 격렬한 말다툼으로 이어지지 않았던 몇

몇 경우를 살펴보았다. 그녀는 조나단과의 결혼생활에서 긍정적인 일탈 행위를 찾아보았다. 때때로 패트리샤는 부부가 직면한 도전에 대해 얘기할 때 평소와 다른 태도를 취했고, 그러면 대화는 훨씬 온화한 방향으로 흘러가곤 했다. 그러므로 만약 그녀가 그런 행동을 습관화할 수 있는 방안을 세울 수만 있다면 커다란 도움이 될 것이다. 며칠 동안 친구에게 조언을 구하고 고민을 거듭한 패트리샤는 다음 세 가지 핵심 행동을 결정했다.

첫째, '틀린 게 아냐, 그냥 다른 거야'라는 방안이다. 패트리샤는 스트레스를 유발할 수 있는 대화를 할 때에는 무조건 말을 쏟아내기 전에 조나단과 자기 자신을 비교하기보다 조나단과 조나단을 비교하기로 결심했다. 조나단은 분명 충분한 문제 해결 능력을 지닌 사람이었다. 다만 그만의 방식으로, 그가 감당할 수 있는 속도에 맞춰 행동할 뿐이었다. 패트리샤는 조나단을 자기의 남성 버전으로 여기지만 않으면 상황이 달라진다는 사실을 깨달았고, 결과적으로 대화는 한층 순조롭게 진행되었다.

둘째, '입을 다문다'이다. 패트리샤는 대화를 나눌 때 잠시 입을 다문다면 조나단이 평소보다 말을 더 많이 한다는 사실을 알아차렸다. 그녀는 대화 도중 잠시도 쉬지 않고 언어 공격을 날리는 경향이 있었고, 특히 조나단이 아무 말도 하지 않는다고 비난을 하곤 했다. 하지만 그녀가 입을 다물면 조나단이 대화에 보다 적극적으로 참여할 수 있도록 분위기를 조장할 수 있었다.

셋째, '허심탄회하게 말하되 상대방을 존중한다'이다. 패트리샤는 자신이 솔직함과 공격적 태도를 혼동하고 있음을 깨달았다. 그녀는 공격적인 말투로 성미를 폭발시키면서도 그저 정직하게 구는 것뿐이라고 치부했다. 이를 깨달은 패트리샤는 규칙을 하나 세웠다. 조나단에게 화가 나더라도 보다 정중한 태도로 그녀의 감정을 표현한다는 것이었다.

패트리샤는 만약 자신이 성급하게 판단하지 않고, 하고 싶은 말을 참는 법을 연습하고, 상대방을 존중하는 태도를 익힐 수 있다면 부부간의 대화가 기존과는 다른 방식으로 흘러갈 것이라는 결론을 내렸다. 이처럼 소수의 결정적 순간을 변화시킨다면 두 사람의 결혼생활 역시 변화할 것이다.

나의 변화가 가져온 당신의 변화

일단 자신이 원하는 바, 말하자면 그녀의 결혼생활을 변화시킬 핵심적 행동들을 정확하게 파악하자 패트리샤는 필요한 행동들을 조장하고 야기할 수 있는 방법을 찾는 데 착수했다. 짐작하다시피 드디어 여섯 가지 영향력 요소가 등장할 차례다.

첫 번째 요소: 하기 싫은 것을 좋아하라

먼저 '완전하고 생생한 스토리를 들려주라'라는 방안으로 살펴보자. 만일 당신이 대부분의 사람들과 비슷하다면 당신의 결혼생활 이야기는 상당히 뻔할 것이다. "나 혼자 그 힘든 일을 다 해야 한다

	동기부여	능력
개인적	1	2
사회적	3	4
구조적	5	6

니까!" 이 말은 당신은 아무 죄도 없는 희생자라는 것이다. "그 사람은 내 말을 전혀 안 들어!" 이 말은 당신의 파트너는 못된 악당이라는 것이다. "말해봤자 아무 소용도 없어. 그 사람은 자기 말에 반박도 못하게 하는걸!" 이 말은 주변 환경은 너무나도 복잡하고 비참하여 마치 감옥에 갇힌 듯한 무력감에 빠져 있다는 것이다.

불행히도 이런 식의 이야기는 당신이 독선적이고 자기중심적이며, 파트너를 악당 취급함으로써 자신의 행동을 정당화한다는 느낌을 줄 뿐이다. 하지만 그건 문제가 아닐 테다. 왜냐하면 그 또는 그녀는 그런 대접을 받아 마땅하니까 말이다. 게다가 사실 당신의 배우자는 정말로 바람직하지 못한 행동을 하고 있을 가능성이 크다. 어차피 그 사람도 인간이니 말이다. 그렇지 않은가?

우리는 당신의 이야기가 잘못되었다고 지적하는 게 아니다. 다만 조금 부족한 곳이 있을 뿐이다. 바로 당신의 행동이 쏙 빠져 있다는 점이다. 하지만 실제로 당신이 가장 손쉽게 변화시킬 수 있는 것은 바로 당신 자신의 행동이다. 당신은 완전하고 생생한 이야기를 들려줄 필요가 있다. 파트너의 긍정적인 행동은 물론 당신 자신의 문제까지도 말이다.

그래서 패트리샤는 '완전하고 생생한 스토리를 들려주라'라는 전술을 활용하기 위해 '조나단은 악당이 아니다'라는 생각에 몰입했다. 그렇게 핵심 행동에 대한 패트리샤의 감정은 과거 그녀가 좋아했던 조나단의 장점들을 하나씩 떠올리면서 변화하기 시작했다. 일례로 조나단과의 이혼을 고려하기 얼마 전, 패트리샤가 지독한 전염성 바이러스에 걸린 적이 있었다. 후에 패트리샤는 조나단에게 화가 머리끝까지 날 때마다 그때 그가 자신을 얼마나 정성스레 간호해주었는지 떠올리곤 했다.

"조나단은 날 정말 헌신적으로 보살펴주었어요. 한번은 새벽 두시에 약을 사러 간 적도 있지요. 내가 계속 구토를 하는 바람에 침대 시트가 엉망이 됐는데, 너무 창피하고 미안해서 남편에게 미안하다고 했더니 놀란 표정으로 날 쳐다보며 이러는 거예요. '여보, 난 당신을 사랑해요. 이것쯤은 일도 아냐.' 그때를 떠올리면 도저히 화를 낼 수가 없더군요. 그래서 입을 다물거나 차분하고 정중하게 말하는 연습을 하는 게 훨씬 쉬워졌어요."

또한 패트리샤는 근본적인 성격 차이를 단순한 선호의 문제로 짜맞추는 행동도 중단해야 한다는 것을 깨달았다. 가령 그녀는 조나단의 차분하고 느긋한 반응을 무관심이나 냉정함으로 해석한 반면 말다툼을 벌일 때 드러나는 자신의 솔직함과 공격적인 에너지는 성실함과 적극성의 표상이라고 이해했다. 그러나 조나단의 접근 방식을 냉정하고 무심한 것이 아니라 신중하고 사려 깊은 것으로 인식하게 되면서 패트리샤의 감정 역시 크게 변화하게 되었다.

또한 패트리샤는 모두에게 '나는 순진한 희생자가 아니다'라는 스토리를 들려주었다. 그녀는 "나야말로 어렵고 힘든 대화를 꺼낼

만한 용기와 결단력을 지닌 사람이야"라는 이야기를 "때때로 나는 너무 강압적이 돼"라는 이야기로 변경했다. 물론 이러한 변화가 생겼다고 해서 패트리샤가 모든 비난을 감수해야 하는 것은 아니다. 결혼생활이 악화된 데에는 당연히 조나단에게도 어느 정도 책임이 있었기 때문이다. 이야기의 변화는 패트리샤가 자신의 책임을 수용한다는 것과 동시에 조나단도 그의 몫을 책임져야 한다는 것을 의미했다. 이렇게 생생하고 전체적인 스토리를 그리게 된 패트리샤는 조나단으로부터 새로운 반응을 이끌어낼 수 있을지도 모른다는 기대감에 작은 변화를 시도하기 시작했다.

그리고 그녀의 판단은 옳았다. 패트리샤가 조나단에게 안심하고 대화에 참여할 수 있는 길을 열어주자 조나단도 마음을 열기 시작했다. 패트리샤는 그가 결혼생활을 개선하는 데 깊은 관심을 가지고 있으며, 서로 대조적인 그와 그녀의 상호 작용 방식에 지대한 인내심을 발휘해 접근하고 있음을 눈치챘다. 이제 그녀는 더 이상 '내 방식대로가 아니라면 틀린 거야'라는 사고방식에 기대지 않았다.

이번에는 '불이행의 결과를 예측하라'라는 방안 활용에 대해 살펴보자. 지금과 같은 상황이 지속된다면 패트리샤의 불이행의 결과는 확연해 보였다. 만일 그녀가 자신과의 상호 작용 그리고 두 사람 간의 상호 작용을 변화시킬 방도를 찾지 못한다면 그녀는 앞으로도 계속해서 소외감과 원망을 느낄 것이며, 아이들이 한가득 긴장감을 느껴야 하는 불안한 집안 분위기를 조성하게 될 것이다. 선택은 두 가지였다. 이혼을 통해 이 모든 상황을 단번에 바꿀 수도 있고,

나중에 그러한 결정의 장단점을 골고루 경험하면서 두 사람의 상호 작용 방식을 서서히 바꿔나갈 수도 있었다.

패트리샤는 이혼이라는 선택지에 대해 곰곰이 숙고해 보았다. 그녀는 이혼을 주변 사람들 다수가 거쳐 간 간단한 탈출구로 여기고 있었다. 패트리샤는 내심 오래된 갈등과 외로움에서 벗어날 수 있는 이혼의 긍정적 부분을 강조하고 부정적 특성에 대해서는 의도적으로 생각을 회피했다. 그러나 현실은 그보다 훨씬 복잡했다. 예를 들어 패트리샤와 연령 및 교육 수준이 비슷한 인구 집단의 경우, 실제 이혼 비율은 그녀가 추측한 50퍼센트보다 훨씬 적은 23퍼센트에 불과했다.[6] 이혼은 분명 누구나 하는 흔한 행동이 아니라 예외적인 사건이었다. 그렇다면 세 번째 길은 어떨까? 현 상황을 유지하는 것도 아니고 그렇다고 남편과 결별하는 것도 아닌, 보다 건전하고 바람직한 관계를 맺을 수 있는 방법 말이다. 어쩌면 패트리샤는 또 다른 핵심 행동을 시도해봐야 할지 몰랐다.

	동기부여	능력
개인적	1	2
사회적	3	4
구조적	5	6

두 번째 요소: 할 수 없는 것을 하라

바람직한 남녀관계를 유지하기 위해서는 특별한 기술이 필요하다. 많은 이들이 성공적인 남녀관계를 맺기 위해서는 올바른 상대를 선택하는 것이 가장 중요한 열쇠라고 믿는다. 언젠가는 내게 맞는 짝을 만날 것이라는 희망을 가지고 이 사람에서 저 사람으로 쉴 새 없이 뛰어다니는 것이다. 하지만 거기에는 아무런 과학적 근거도 없고, 건전한 관계 유지를 뒷받침하는 과학은 오히려 정확히 그 반대를 가리키고 있다. 몇 가지를 살펴보자.

첫째, '실패한 선택'에 대해서다. 재혼은 첫 번째 결혼보다도 실패할 확률이 34퍼센트나 더 높다. 세 번째 결혼의 성공률은 거기서 다시 10퍼센트나 감소한다.[7] 만약 파트너의 선택이 결혼생활의 성공 여부를 결정한다면 연습을 많이 하면 할수록 성공률이 증가하겠지만, 현실은 그런 식으로 돌아가지 않는 법이다.

둘째, '효과적인 기술'이라는 것에 대해서다. 결혼학자인 하워드 마크맨은 결정적 순간을 다루는 갈등 관리 기술을 향상시킨다면 커플의 결별 가능성을 50퍼센트까지 줄일 수 있다고 한다.[8] 달리 말하면 남녀관계 개선의 열쇠는 바로 의도적인 훈련에 있다는 것이다. 앞에서 우리는 패트리샤가 조나단을 코치로 영입해 직장에서의 문제를 해결하기 위한 대화 기술을 연습했다는 이야기를 읽었다. 그러한 '훈련'은 또한 그녀와 조나단에게 서로의 대화 요령을 돌아볼 수 있는 기회를 제공했다.

부부관계를 개선하고 싶다면 먼저 새로운 기술을 개발하고 익혀야 된다는 사실이 조나단과 패트리샤에게는 커다란 놀라움으로 다가왔다. 그러던 부부는 곧 그들이 아는 대부분의 대인관계 기술이 그들이 자라난 가정에서 배운 것이라는 사실을 깨달았다. 그것은 별로 좋은 소식이 아니었다. 패트리샤의 부모님은 거침없고 솔직한 성격이었으며, 화가 나면 상대방에게 소리를 지르고 가구를 발로 차고 방문을 쾅 닫아버렸다. 반면 조나단은 발등에 불이 붙는다고 해도 결코 목소리를 높이지 않는 분위기의 가정에서 자라났다.

그래서 패트리샤와 조나단은 결혼상담가의 도움을 받아 서로를 대하는 상호 작용 기술을 향상시키기로 결심했다. 패트리샤는 핵심적 행동 중 하나인 '입 다물기'가 조나단의 말에 끼어들거나 대화를 억제하는 데 정말로 필요하다는 것을 알았다. 하지만 그렇게 단순하게 침묵을 지키는 것만으로는 대화를 순조롭게 진행할 수 없다는 사실을 깨달았다. "어느 날 조나단은 내가 자기가 말할 때 끼어들지 않고 들어줘서 고맙지만 내가 자기 말을 이해하는 것 같지는 않다고 말했어요. 사실 전 그 사람 말을 들으면서도 틀린 부분을 짚어내고 있었거든요. 제가 말할 차례가 와도 그이가 방금 한 말을 내가 제대로 이해했는지 먼저 확인하지도 않고 곧바로 그이의 말을 반박부터 하고 봤지요. 그런데 그거 아세요? 조나단이 옳았어요. 저는 사람 말을 귀 기울여 듣는 법부터 연습해야 했어요. 말다툼에서 이기는 게 아니라 상대방을 이해하는 걸 목표로 삼아야 했죠."

조나단의 경우에는 침묵을 지키며 문제가 사라지기를 기다리는 대신 자신의 생각과 의견을 뚜렷하게 표현하는 기술을 갈고 닦아야 했다. 처음에 그는 공격적인 방식으로 그의 문제를 툭툭 뱉어내곤 했다. 아마 패트리샤가 워낙 자주 시범을 보여준 탓에 그런 것인데, 그러한 방안은 아무런 효과도 가져오지 못했다. 따라서 그는 패트리샤와 똑같이 솔직하면서도 존중 어린 태도를 취하는 방법을 훈련해야 했다.

	동기부여	능력
개인적	1	2
사회적	3	4
구조적	5	6

세 번째 및 네 번째 요소: 방해자를 친구로 만들어라

먼저 '정상의 기준을 재정립하라'라는 방안 활용법을 보자. 펜실베이니아 주립 대학의 사회학 교수인 폴 아마토Paul Amato는 그가 '갈등 없는 이혼'이라 이름 붙인 주제를 연구한다. 그의 연구조사에 따르면 이혼 가정 중 절반가량이 아무 문제없이 평온하게 지내다가 갑자기 결혼생활이 파탄 나는 경우라고 한다. 이 같은 현상을 더욱 깊게 파고든 아마토는 이러한 이혼의 예측 요인이 양쪽 부부의 부모 이혼율이라는 결론을 내렸다.[9]

어쩌면 당신은 패트리샤와 조나단 같은 커플들이 그들의 부모들로부터 나쁜 버릇을 물려받았기 때문이라고 짐작할지 모른다. 그러나 빈약한 대인관계 기술의 영향력을 고려한 아마토는 갈등 없는 이혼을 결정하는 가장 큰 요인은 바로 낮은 기대감이라는 사실을 발견했다. 이 부부들은 이혼을 '정상적인 행동'으로 여겼고, 그래서 망설임 없이 갈라설 수 있었다.

대부분의 사람들이 오래된 통계 수치에 익숙해진 나머지 이혼을 정상적인 것으로 취급한다. 우리는 지난 수 년 동안 결혼한 부부의 절반 이상이 이혼을 한다는 소식을 들어 왔다. 이 숫자가 결혼생활에 헌신할 것인가 아니면 모든 걸 포기하고 뛰쳐나갈 것인가에 대한 당신의 결정에 어떠한 영향을 미칠지 생각해보라. 반면 결혼 후 20년 동안 실제로 이혼을 하는 부부는 다섯 쌍 중 한 쌍 이하라는 사실을 알게 된다면 당신은 얼마나 신중하게 선택지를 고려할까? 두 가지 경우에 당신의 태도에는 차이가 있을까? 아마 많은 이들이 그렇게 느끼리라. 실상 우리에게 익숙한 50퍼센트라는 통계 수치는 1950년대에 발생한 혼인까지 거슬러 올라간다. 당시는 거의 모든 여성들이 스물한 살 이전에 결혼하던 시절이었다.

한편 현대의 결혼 관련 작가인 타라 파커 포프Tara Parker-Pope에 따르면 실제로 오늘날의 결혼생활은 언론이나 미디어에서 그려지는 것보다 훨씬 더 오랫동안 지속된다고 한다.[10] 초혼의 '일반적인' 연령은 스물여섯 살까지 상승했고, 1970년대에 시작된 연구분석에 의하면 25세 이후 혼인한 대졸 남녀의 결혼 후 20년간의 이혼율은 불과 19퍼센트이다.[11]

다시 강조하지만 우리는 결혼생활을 지속할 것인가 아니면 이혼을 할 것인가를 두고 당신의 판단을 평가하려는 것이 아니다. 그것은 몹시 개인적인 선택이며, 때로는 건전치 못한 관계나 깊은 갈등 때문에 고통을 겪으니 차라리 빨리 끝내버리는 편이 나을 수도 있다. 그런 상황에서는 관계를 빨리 마무리 짓자고 생각하는 이들의 사회적 지지와 믿음이 필요하다. 실제로 체인지애니씽 연구소에서 실시한 최근의 연구는 커플들이 계속해서 노력하도록 격려할 때보다 잘못된 관계를 재빨리 끝내게 도울 때 더 많은 사회적 영향력이

필요하다는 결과를 내놓았다.[12]

우리가 지적하고 싶은 점은 부부관계를 끝내거나 또는 재시작하는 것은 비록 개인적인 선택일지는 모르나 강력한 사회적 영향력이 개입하지 않는 경우는 드물다는 것이다. 나를 위해 최상의 선택을 내리고 싶다면 '정상'에 대한 나 자신의 인식뿐만 아니라 당신의 결정에 대한 주변 사람들의 의견 영향력에 대해서도 숙지해야 한다.

몇 년 전 체인지애니씽 연구소는 결별을 고려한 경험이 있는 350쌍의 부부를 대상으로 '결혼생활의 위기'에 관한 연구를 실행했다. 놀랍게도 이혼의 예측 요인은 부부가 직면하고 있던 문제의 심각성뿐만이 아니었다. 주변 친구들의 평가 또한 대단한 영향력을 행사하고 있었다. 우리가 연구한 부부들의 경우, 부부관계가 얼마나 나쁜지와 상관없이 이혼을 결심하게 되는 계기의 3분의 1은 가까운 친구들이 건네는 격려의 말에 의해 결정되었다.

이런 사실이 무엇을 암시하는지 최소 한 가지만은 확실하다. 결혼생활을 개선하고 싶다면 먼저 주변 사람들과 지인들을 당신 편으로 끌어들여라. 그러고는 주변을 신중하게 둘러보라. 누가 결혼생활을 유지하는 친구가 되어줄 것인가? 누가 방해자가 되어 이혼으로 향하는 길에 동반할 것인가? 곰곰이 따져보고는 배우자와 서로 다른 길을 가라고 부추기는 이들과 변화 유발 대화를 가져라. 당신의 고민과 목표를 털어놓고 그들의 지지를 부탁하라. 혹은 부정적인 영향력을 무력화시키는 것만으로도 족하다.

이는 전혀 새로운 생각이 아니다. 결혼생활의 위기에 관한 연구에서 가장 지속적으로 발견된 사실 중 하나는 코치들이 부부관계 개선에 있어 대단한 영향력을 발휘한다는 점이었다.[13] 이혼을 고려했지만 결국 관계를 개선할 방법을 찾아낸 거의 모든 부부들이 그들 두 사람이 함께 신뢰하는 누군가의 격려와 영향력에 기대고 있었다. 무엇보다 중요한 점은 카운슬러건 종교 지도자건 믿을 수 있는 친구건, 코치들은 부부가 서로에게 비난을 퍼붓는 와중에도 항상 중립적인 제3자의 자리를 고수해야 한다는 것이다. 만약 그들이 어느 한쪽에 치우치기 시작한다면 그들은 더 이상 친구가 아니라 방해자로 변한다.

최악의 시기에 집을 나간 경험이 있는 패트리샤의 경우 이러한 전략이 어떻게 효과를 발휘했는지 살펴보자. 그녀는 자녀들과 헤어지고 싶지 않았고, 이혼을 신청할 마음의 준비도 되어 있지 않았다. 하지만 점차 그곳을 향해 더욱 가까이 다가가고 있다는 사실만은 명백했다. 미래를 보려고 노력해봤지만 보이는 것이라고는 끝없는 고독과 외로움뿐이었고, 가족들에게 헌신하고 보살피는 삶만이 펼쳐져 있었다. 그래서 10월의 어느 날 아침, 패트리샤는 쌀쌀한 미니어폴리스를 떠나 산 루이스 오비스포에서 오빠와 함께 일주일이라는 시간을 보냈다. 그리고 그 여행은 패트리샤를 모든 점에서 변화시켰다.

사람들이 얼마나 심한 스트레스를 받으면 모든 걸 팽개치고 여행을 떠날지 생각해보라. 그들은 감정적으로 침체되어 있고 진정한 도움을 필요로 한다. 그러나 한편으로 그들은 자신의 곤궁한 처지에 공감하고 두둔해줄 사람을 찾는 경향이 있다. 그런 사람들은 실의에 빠진 이들에게 스스로를 고찰하도록 도움을 주기보다는 오히려 불쌍한 희생자라는 의심을 강화시키고 기회를 제한하며 그들의 배우자를 악당으로 낙인 찍어버린다.

반면에 진정한 친구는 위안을 넘어 명확한 관점과 지혜를 제공한다. 그리고 그것이 바로 패트리샤에게 일어난 일이었다. 그녀는 오빠인 톰과 함께 일주일을 보냈는데, 톰은 결혼 및 가족관계 상담에 깊은 흥미를 지닌 나머지 결국 그 분야의 전문가가 된 사람이었다. 산 루이스 오비스포에서 보낸 일주일은 패트리샤의 삶에서 가장 빛나는 시기였다. 오빠 톰은 패트리샤에게 그녀의 행동이 남편과의 관계에 영향을 미치고 있으며 바로 그 때문에 남편이 그녀를 거슬리게 하는 반응을 보이는 것일지도 모른다는 사실을 깨닫게 도와주었다. 동시에 톰과 그의 아내는 패트리샤에게 편하게 숨 쉴 수 있는 공간을 마련해주고 애정을 쏟고 다정하게 손을 잡아주었다.

우리는 너무나도 자주 코치가 원하는 결정을 내리면서도 나 자신이 결정을 내리고 있다고 착각한다. 하지만 걱정하지 마라. 그건 정상이다. 우리는 다른 이들에게서 조언을 구하고, 그것을 토대로 결정을 내린다. 그러나 현명한 이들과 우리 같은 초보자가 다른 점은 그들은 상담가나 코치를 고를 때 각별한 신중함을 발휘한다는 것이다. 그들은 카운슬러나 코치를 고를 때 한층 더 심오한 관점과 자세한 정보 및 선택지를 제공할 수 있는 능숙하고 숙련된 때로는 훈련된 개인을 찾는다. 진짜 친구들은 솔직한 피드백과 실현 가능한 전략을 제시한다. 반대로 좋은 의도를 가졌을지 모르지만 방해자들은 "그 사람 정말 끔찍하지 않아?"라며 장난 비슷하게 연결하려는 경향이 있어 문제를 더욱 악화시킨다.

당신만의 산 루이스 오비스포 비행기 티켓을 살 작정이라면 방해자가 아닌, 진짜 현명한 친구를 만나길 바란다.

	동기부여	능력
개인적	1	2
사회적	3	4
구조적	5	6

다섯 번째 요소: 반경제적 사고를 하라

변화 계획을 세운 패트리샤와 조나단은 인센티브를 활용해 그들의 결심을 실행하기로 했다. 두 사람은 이혼이 요구하는 대가와 비용이 어마어마하리라는 것을 알고 있었다. 가령 이혼 여성들은 이혼 후 첫해에 삶의 척도가 기존보다 약 73퍼센트나 감소한다고 보고했다. 남자들도 가난해지기는 마찬가지다. 특히 맞벌이를 통해 가족을 부양하는 처지였다면 더더욱 그렇다.[14]

그러나 패트리샤와 조나단이 이 방법을 사용하기로 결심한 것은 그런 이유 때문이 아니었다. 물론 경제적 고초를 떠올리지 않을 수는 없었지만, 직접적인 요인은 아니었던 것이다. 패트리샤와 조나단은 결혼생활 파탄으로 인해 소요될 비용을 계산하기보다 그들의 핵심 행동에 진전이 있을 때마다 이를 기록하고 작은 보상을 주며 축하하기로 했다. 그들은 일주일 동안 핵심 행동을 지속적으로 실천하는 데 성공한 것을 축하하기 위해 두 사람이 특히 좋아하는 와인을 곁들인 특별한 밤을 보냈다. 바람직한 행동에 대해 단기적인 보상을 제시하는 것은 초반에 승기를 다지고 앞으로 개선할 부분에 집중하게 하는 무척 유용한 방법이다.

	동기부여	능력
개인적	1	2
사회적	3	4
구조적	5	6

여섯 번째 요소: 공간을 관리하라

어찌 보면 패트리샤와 조나단의 문제는 두 사람의 주택에서부터 시작된 것인지도 모른다. 끝이 보이지 않는 주택 융자금은 패트리샤에게 직장일에 전념하게 했고, 때문에 그녀는 가정과 식구들에게 충분한 관심을 쏟지 못했다. 패트리샤는 새벽 여섯 시 반에 집을 나와 자주 밤 아홉 시 반까지 일했다. 남편과의 관계가 점차 냉랭해지면서 서로가 바쁜 것도 있지만 집의 위치 때문에 대화가 줄고 거리감이 생기게 되었다는 사실을 깨닫게 되기까지는 한참이 걸렸다.

변화 계획을 세우는 와중에 패트리샤가 남편과 가장 먼저 나눈 대화 중 하나는 그들의 환경을 바꿔야 한다는 것이었다. 그것은 성공적인 변화자들의 필수 코스라 할 수 있었다. 그들은 물리적 요소들을 활용해 핵심 행동을 북돋고 때로는 하지 않으면 안 될 정도로 등을 떠밀었다. 예를 들어 이런 것이다.

먼저 거리두기다. 어떤 부부들은 갈등이 시작된 초기 단계에 의도적으로 거리를 둠으로써 서로에 대한 격렬한 감정을 수그러들게 했다. 상호 합의를 통해 적절한 휴식 시간을 가지면 바람직한 행동을 간단히 장려하고 나쁜 행동을 제한할 수 있다.

패트리샤와 조나단의 경우처럼 많은 부부들이 그들의 일정과 집의 크기, 장소, 그리고 생활 습관에 있어 중요한 변화를 조장했다. 서로를 못 보는 시간이 늘어난다고 해서 애틋한 감정이 살아나는 것은 아니다. 오직 바람직한 행동과 친밀감만이 이를 해낼 수 있다.

다음으로 '울타리 치기'이다. 어떤 관계에 있어서든 당신이 할 수 있는 최선의 방법 중 하나는 가혹한 언어 공격에 대비해 울타리를 치는 것이다. 그리고 모욕과 끼어들기, 회피할 기회를 차단하는 대화 규칙을 만들어라. 예를 들어 우리의 변화자 커플은 동전을 던져 누가 먼저 말을 할 것인지를 결정했다. 먼저 '승자'가 5분 동안 하고 싶은 말을 털어 놓았다. 실제로 그들은 타이머를 이용해 시간을 쟀다. 그러고는 상대방은 그의 말을 정확하게 이해했는지 발언 내용을 요약하고 첫 번째 사람에게 확인을 받았다. 그런 다음 두 번째 사람이 다시 5분 동안 그가 하고 싶은 말을 하면 첫 번째 사람이 요약과 이해 과정을 반복했다.

두 사람은 그들의 목표가 문제를 해결하는 것이 아니라 서로를 이해하는 것임을 분명히 했다. 그리고 서로를 이해하기 위한 단순한 과정은 놀랍게도 더욱 성공적인 문제 해결로 이어졌다. 상호 동의에 따라 규칙을 형성하고 안전한 길을 다지는 것은 위험한 샛길을 봉쇄하고 그들의 행동을 생산적이고 건전하게 유지할 수 있도록 도와준다.

다음은 일깨움 표시를 활용하는 것이었다. 때때로 항상 같은 장소에서 문제점이 발생할 수도 있다. 어쩌면 두 부부는 언제나 부엌이나 거실에서 뜨거운 논쟁이나 말다툼을 시작할지도 모른다. 시간이 지나면 이러한 장소가 아예 갈등을 야기하는 신호를 보낼 수도 있다. 물리적 공간이 갈등과 무의식적으로 연관됨으로써, 문지방을 넘는 순간 새로운 문제가 생겨나는 것이다.

만일 이러한 경우에 봉착해 있다면 위험한 대화를 나눌 다른 장소를 찾아보라. 가령 집 주변을 산책하거나 '여섯 번째 요소: 공간을 관리하라' 장에서 접했던 헬렌과 리카르도의 경우처럼 현관 포치를 활용할 수도 있다. 어떤 부부는 화가 나면 의도적으로 공공장소에서 만나는데, 다른 사람들 앞에서는 창피해서 다투지 않을 것임을 알기 때문이다.[15]

이제 이들의 이야기를 정리해보자. 패트리샤는 벌써 4년째 변화 계획을 실천 중이다. 어제 그녀는 이제껏 지나온 날들을 돌아보면서 나를 바꾸면 남들도 바꿀 수 있다는 희망을 실천했다는 데 감사했다. 왜냐하면 그것은 진정 사실이었기 때문이다.

사실을 말하자면 모든 것이 변화한 것은 아니다. 자기가 얼마나 변했는지 생각하던 그녀는 갑자기 몸을 돌려 조나단에게 말했다. "나란 사람, 옛날에 비해 같이 살기가 한층 쉬워졌지?"

조나단은 여전히 천성이 조용한 사람이다. 그는 아마 평생 가도 수다쟁이가 되지는 못할 것이다. 그는 선천적으로 신중하고 자기 자신을 표현하는 데 조심스럽다. 그러나 잠시 망설이던 조나단은 이렇게 대답했다. "그래."

패트리샤는 마치 그가 혼잣말을 하기라도 한 양 미소 짓는다. 조나단은 차분하게 덧붙인다. "참을성 있게 날 대해줘서 고마워."

요즘에 그들이 즐겨 하는 행사는 영화 관람이다. 두 사람의 집에는 텔레비전이 없기 때문에 컴퓨터를 사용한다. 그렇지만 낮이 길어지고 밤이 아름다운 계절이 되면서 때때로 두 사람은 대화에 열중하다가 영화를 놓치고 만다. 패트리샤는 말한다. "이제까지 전혀 깨닫지 못했던 자유를 조나단과 함께 만끽하고 있는 것 같아요. 이젠 내가 무엇 때문에 힘든지 왜 그렇게 혼란스러운지 조나단에게 허심탄회하게 털어놓을 수 있거든요. 심지어 그이가 뭘 잘못했는지 대놓고 불평도 할 수 있고요."

행동의 사소한 변화는 그들의 결혼생활에 커다란 변화를 가져왔고, 또 조나단의 변화를 야기했다.

새로 시작하거나 멈추어라

이제까지 우리는 체인지애니씽 원칙과 기술이 부부관계에 어떠한 영향을 미칠 수 있는지 설명하기 위해 기꺼이 그들의 이야기를 공유해준 두 부부의 개인사를 살펴보았다. 그렇다면 당신의 경우는 어떠한가? 직장에서, 가정에서, 그리고 결혼생활에서 당신이 무슨 역할을 하고 있는지 한 번만이라도 진지하게 생각해본 적이 있는가? 당신의 대인관계를 개선하기 위해 특별히 새로 시작할 행동이나 반대로 멈춰야 할 행동이 있는가?

당연하지만 거기에는 응당 상대방의 변화도 필요하다. 모든 책임이 당신에게만 있는 것도 아니다. 그러나 당신이 가장 큰 영향을 줄 수 있는 것은 결국 당신 자신이다. 당신의 결정적 순간을 생각해보라. 언제 상황이 악화되는가? 당신이 문제를 악화시키고 있지는 않은가? 똑같은 실수를 다시 저지르지 않으려면 어떤 핵심 행동을 해야 하는가? 어떠한 영향요인이 당신이 올바른 길을 가게 도와줄 것인가? 계획을 세울 때에는 당신과 같은 처지에 있는 다른 이들로부터 도움이 될 방법을 배우는 것이 어떨까? 체인지애니씽 홈페이지에 접속하여 부부간의 유대감을 돈독히 하기 위해 다른 사람들은 어떤 방법을 활용하고 있는지 살펴보라.

어떻게 나를 바꿀 것인가

우리는 당신이 이 책을 내려놓기 전에 신속하게 그리고 효과적으로 당신만의 변화 계획에 뛰어들기를 바란다. 이를 위해 우리는 다음과 같이 조언하는 바이다.

작게, 그렇지만 지금 당장 행동하라

우리는 개인적인 삶의 변화를 창출할 수 있는 신중하고도 조심스러운 방식을 제시했다. 우리는 결정적 순간과 핵심 행동, 여섯 가지의 강력한 영향력 요소, 그리고 학습과 적응의 중요성을 설파했다. 어쩌면 당신은 이 모든 조언과 충고가 너무나도 방대하게 느껴진 나머지 며칠, 또는 몇 년 뒤로 새로운 변화의 시작을 미루고 싶은 유혹을 느낄지도 모른다.

절대로 그러지 마라. 우리의 충고를 따르는 것은 생각만큼 그리

어려운 게 아니다. 가령 새로운 습관을 익히기 위한 여섯 가지 영향력 요소의 경우, 어쩌면 당신은 이 중 여러 개를 이미 활용하고 있는지도 모른다. 거기서 한 가지 요소만 더 보태면 손쉽게 성공을 거둘 수 있다.

평소보다 작은 그릇과 접시를 사용하는 것만으로도 당신이 늘 꿈꿔왔던 다이어트에 성공할지도 모른다. 방해자를 친구로 변화시키면 금연이라는 해묵은 목표를 달성할 수 있을지 모른다. 직업과 관련된 거창한 목표를 보다 작은 목표로 몇 개 쪼개서 게임으로 전환하고 점수를 기록하면, 마침내 당신이 원하던 결과를 달성할 수 있을지 모른다.

당신이 무엇을 목표로 삼고 있든 이 책에 언급된 아이디어 한두 개만으로도 훌륭한 출발점이 될 수 있다. 당신의 계획을 발전시키기 위한 도구로 체인지애니씽 모델을 활용하라.

지금 당장 시작해야 한다. 성공과 실패로부터 새로운 것을 배우고 수정하고 적응해나가라. 그리하면 당신은 여러 방안들의 올바른 조제법을 발견하여 완전한 변화를 창출할 수 있을 것이다.

기록하라

'스스로 과학자이자 실험대상이 되라'라는 장에서 접한 중요한 연구를 잊지 마라. 당신의 가장 강력한 변화 도구 중 하나는 바로 필기도구다. 펜, 연필, 연습장 말이다. 단순히 계획을 종이에 쓰는 것만으로도 성공 확률을 거의 3분의 1이나 증가시킬 수 있다.

혹 아직 그 단계에 도달하지 않았다면 체인지애니씽 홈페이지에 접속하라. 최고의 과학적 이론에 기반해 맞춤 계획을 고안하고 기록하고 실천하기에 우리의 홈페이지만큼 편리한 곳도 없다. 만약 아직도 지금 당장 시작할 준비가 되어 있지 않다면 사이트 곳곳을 돌아다니며 다른 사람들의 계획과 경험들을 읽어보라. 언제 무엇을 변화시키고 싶은지 결정하는 데 도움이 될 것이다.

상상하라

이 책은 또한 다른 이들을 감화시킬 수 있다. 친구들, 회사 동료들, 지역 사회와 기업 등 인간이라면 누구에게나 영향을 미칠 수 있을 것이다. 이 책에서는 주로 개인의 변화에 관해 다루었지만 우리의 전작 『인플루엔서: 조용하게 세상을 움직이는 사람들Influencer: The Power to Change Anything』에서는 같은 모델을 타인을 변화시키는 데 적용한 바 있다. 이 책을 읽은 당신은 이제 익숙하게 느껴질 이 특별한 성공과학이 어떻게 흔히 불가능하다고 여겨지는 변화를 일굴 수 있는지 볼 수 있을 것이다.

가령 우리는 어떤 공적 권위도 지니고 있지 않은 한 개인이 6백만 명에 달하는 조국 동포들을 변화시켜 에이즈 감염률을 90퍼센트나 감소시킬 수 있었음을 보여주었다. 그것도 겨우 몇 년 만에 말이다. 또한 1만 5천 명 이상의 거친 범죄자들을 준법 시민으로 변모시킨 한 여인도 있다. 미국 건강보험국 직원들이 의료 과실로부터 10만 명의 생명을 구하도록 지대한 영향을 미친 평범한 한 시민의 뒤에도 과학적인 원칙이 존재하고 있었다.

우리가 이 같은 이야기를 하는 까닭은 앞에서 언급한 다른 모든 사람들처럼 당신 또한 이 책에서 배운 변화 도구를 사용해 온갖 형태의 문제들을 해결할 수 있음을, 나아가 온갖 종류의 사람들을 도와줄 수 있음을 깨닫기를 바라기 때문이다. 여섯 가지 영향력 요소는 당신 주위의 사람들은 물론, 모든 인간의 행동에 영향을 미친다. 만약 범죄를 해결하고 교육의 질을 향상시키고 질병을 퇴치하는 데 이러한 요소들을 활용한다고 생각해보라. 아마 당신은 못할 것이 없을 것이다.

만약 수백만 명의 사람들이 자신의 삶에 이 훌륭한 원칙을 적용하는 방법을 알고 있다면 세상은 얼마나 더 나은 곳이 되겠는가? 지금 우리에게 있는 수많은 중요한 문제들이 해결되지 않겠는가? 여섯 가지 영향력 요소를 활용해 핵심 행동을 자극한다면 우리는 변화할 수 있다. 다른 사람들에게 동기를 부여하고 핵심 행동을 하도록 부추긴다면 그들 역시 변화할 수 있다.

당신을 바꿔라

우리는 이 책의 첫머리에서 우리의 의도는 단순히 좋은 책을 집필하는 것이 아니라 당신이 변화하도록 돕는 것이라고 말했다. 무엇보다 우리는 이 책이 당신에게 의미 있는 무언가를 변화시킬 능력을 보태주었길 바란다. 그보다 더욱 중요한 것은, 계획에 그치지 않고 행동으로 옮겨야 한다는 점이다.

개인적인 변화를 일구기 위해 아직도 배울 것은 산더미 같지만, 그럼에도 우리는 당신이 지금 그 어느 때보다도 훨씬 효과적으로 자기 자신을 변화시킬 방법을 알고 있다고 자부한다. 당신은 무엇이든 변화시킬 수 있는 체계적인 방법을 배우고 익혔다. 이제 우리의 희망은 당신이 과감히 발을 내딛고 변화에 착수하는 것이다.

프롤로그

1. Change Anything Labs, *Lake Wobegon at Work survey* (February 2010).
2. Annamaria Lusardi and Olivia S. Mitchell, "Financial Literacy and Planning:Implications for Retirement Wellbeing," Netherlands Central Bank, Research Department, January 2006. *Only 19 percent of people age fifty or older who were surveyed had engaged in any kind of effective retirement planning.* 조사 대상이었던 50세 이상 성인들 가운데 어떤 형태로든 퇴직 후 노후계획을 세워놓은 이들은 겨우 19퍼센트에 불과했다.
3. Change Anything Labs, *Marriage on the Rocks survey* (November 2009). See also Kurt Hahlweg, Howard J. Markman, Franz Thurmaier, Jochen Engl, and Volker Eckert, "Prevention of Marital Distress: Results of a German Prospective Longitudinal Study," *Journal of Family Psychology 12*, no. 4 (December 1998): 543-556.
4. Stanton Peele, 7 *Tools to Beat Addiction* (New York: Three Rivers Press, 2004).
5. Joseph Grenny, David Maxfield, and Andrew Shimberg, "How to Have Influence," *MIT Sloan Management Review* (October 1, 2008): 47-52.
6. Change Anything Labs, *Personal Problems at Work survey of 679 managers and executives* (March 2010). See also Arlene A. Johnson, "The Business Case for Work- Family Programs," *Journal of Accountancy 180*, no. 2 (August 1995): 53-59.

의지력 함정에서 벗어나라

1. Albert Bandura and Walter Mischel, "Modification of Self-Imposed Delay of Reward through Exposure to Live and Symbolic Models," *Journal of Personality and Social Psychology 2*, no. 1 (1965): 698-705.
2. Bill Friedman, *Designing Casinos to Dominate the Competition: The Friedman International Standards of Casino Design* (Reno, NV: Institute for the Study of Gambling and Commercial Gaming College of Business Administration, 2000).

3. Jeffrey Kluger, "Neural Advertising: The Sounds We Can't Resist," *Time*, March 1, 2010.

4. Former employee of the North Rim Grand Canyon Lodge, conversation with Kerry Patterson (August 1967).

5. Change Anything Labs, *Friends and Accomplices study* (November 2009). See also J.F. Finch, M.A. Okun, G.J. Pool, and L.S. Ruehlman, "A Comparison of the Influence of Conflictual and Supportive Social Interactions on Psychological Distress," *Journal of Personality,* 67 (August 1999): 581- 621; Manuel Barrera Jr., Laurie Chassin, and Fred Rogosch, "Effects of Social Support and Conflict on Adolescent Children of Alcoholic and Nonalcoholic Fathers," *Journal of Personality,* 64 (April 1993): 602-612.

스스로 과학자이자 실험대상이 되라

1. John M. Gottman and Nan Silver, *The Seven Principles for Making Marriage Work* (New York: Three Rivers Press, 1999), 10.

2. Change Anything Labs, *Lake Wobegon at Work survey* (February 2010).

3. Change Anything Labs, *Influencing Behavior Change survey* (October 2007).

4. Jenny McCune, "Does Debt Consolidation Work?" CNBC.com, December 10, 2009, http://www.cnbc.com/id/34365857/Does_Debt_Consoli dation_Work.

5. Julie Rawe, "Science of Appetite: Fat Chance," Time, http://www.time.com/time/specials/2007/article/0,28804,1626795_1627112_1626456,00.html.

6. Christopher D. Gardner, Alexandre Kiazand, Sofiya Alhassan, Soowon Kim, Randall S. Stafford, Raymond R. Balise, Helena C. Kraemer, and Abby C. King, "Comparison of the Atkins, Zone, Ornish, and LEARN Diets for Change in Weight and Related Risk Factors among Overweight Premenopausal Women: The A to Z Weight Loss Study: A Randomized Trial," *Journal of the American Medical Association 297*, no. 9 (2007): 969-977.

7. Peter Gollwitzer and Paschal Sheeran, "Implementation Intentions and Goal

Achievement: A Meta-Analysis of Effects and Processes," *Advances in Experimental Social Psychology* 38 (2006): 69-119.

8. Ibid.

9. P. Sheeran, T. Webb, and P.M. Gollwitzer, "The Interplay between Goal Intentions and Implementation Intentions," *Personality and Social Psychology Bulletin* 31 (2005): 87-98.

10. R. Cialdini and N. Goldstein, "Social Influence: Compliance and Conformity," *Annual Review of Psychology* 55 (2004): 591-621.

첫 번째 요소: 하기 싫은 것을 좋아하라

1. Daniel Read and Barbara van Leeuwen, "Predicting Hunger: The Effects of Appetite and Delay on Choice," *Organizational Behavior and Human Decision Processes* 76, no. 2 (1998): 189-205.

2. To learn more about the extraordinary work Valter and his colleagues complete, watch Lucy Walker's award-winning documentary *Waste Land* (London: Almega Projects, 2010). 발터와 그의 동료들의 경이로운 작업 내용에 대해 더욱 자세히 알고 싶다면 루시 워커의 훌륭한 다큐멘터리 〈웨이스트 랜드(Waste Land) (London: Almega Projects, 2010)〉를 보라.

3. Hans Gruber, Petra Jansen, Jörg Marienhagen, and Eckart Altenmüller, "Adaptations during the Acquisition of Expertise," *Talent Development and Excellence 1*, no. 2 (2009): 3-15.

4. Ruth Helman, Craig Copeland, and Jack VanDerhei, "The 2010 Retirement Confidence Survey: Confidence Stabilizing, but Preparations Continue to Erode," *EBRI Issue Brief,* no. 340 (March 2010).

5. Ongoing research in Ghana by Dean Karlan, professor of economics at Yale University, showed that those using labeled accounts saved an average of 50 percent more than those with traditional unlabeled accounts. 예일 대학의 경제학과 교수인 딘 칼란(Dean Karlan)이 현재 가나에서 진행 중인 연구에 따르면 목표가

확실한 계좌를 가진 사람들이 그렇지 않은 사람들보다 평균 50퍼센트의 돈을 더 저축했다고 한다.

6. V. Liberman, S.M. Samuels, and L. Ross, "The Name of the Game: Predictive Power of Reputations versus Situational Labels in Determining Prisoner's Dilemma Game Moves," *Personality and Social Psychology Bulletin 30*, no. 9 (2004): 1175-1185.

7. "Importance of Insulin Delivery Devices for Diabetes Management," *ScienceDaily* (June 15, 2010).

8. You can find some great examples of Personal Motivation Statements at ChangeAnything.com/exclusive. ChangeAnything.com/exclusive를 방문하면 개인적 동기부여 선언문의 근사한 실례들을 찾아볼 수 있다.

9. S.M. Colby, P.M. Monti, N.P. Barnett, D.J. Rohsenow, A. Spirito, R. Woolard, M. Myers, and W. Lewander, "Motivational Interviewing for Alcohol- Related Emergencies: Outcome for 13-17 Year Olds" (paper presented at the symposium Brief Motivational Interventions in the Emergency Department for Adolescents and Adults, chaired by R. Longabaugh and P.M. Monti, at the annual meeting of the Research Society on Alcoholism, Santa Barbara, CA, June 1999).

두 번째 요소: 할 수 없는 것을 하라

1. Sara Gable and Susan Lutz, "Household, Parent, and Child Contributions to Childhood Obesity," *Family Relations 49* (2004): 293-300.

2. Richard L. Wiener, Corinne Baron-Donovan, Karen Gross, and Susan Block- Lieb, "Debtor Education, Financial Literacy, and Pending Bankruptcy Legislation," *Behavioral Sciences and the Law 23* (2005): 347-366.

3. M.V. William, D.W. Baker, E.G. Honig, T.M. Lee, and A. Nowlan, "Inadequate Literacy Is a Barrier to Asthma Knowledge and Self-Care," *Chest 114* (1998): 1008-1015.

4. Change Anything Labs, *Lake Wobegon at Work survey* (February 2010).

5. Albert Bandura, Robert Jeffery, and Carolyn Wright, "Efficacy of Participant Modeling as a Function of Response Induction Aids," *Journal of Abnormal Psychology 83,* no. 1 (1974): 56-64.

6. K.A. Ericsson, R.Th. Krampe, and C. Tesch-Römer, "The Role of Deliberate Practice in the Acquisition of Expert Performance," *Psychological Review 100* (1993): 363-406.

7. K. Anders Ericsson, Neil Charness, Paul Feltovich, and Robert Hoffman, *The Cambridge Handbook of Expertise and Expert Performance* (Cambridge University Press, 2006).

8. Jeffrey Schwartz and Sharon Begley, *The Mind and the Brain: Neuroplasticity and the Power of Mental Force* (New York: Regan Books, 2003).

9. Anne Fletcher, Sober for Good (New York: Houghton Mifflin Harcourt, 2001); Frederick Rotgers, Marc Kern, and Rudy Hoetzel, *Responsible Drinking: A Moderation Management Approach for Problem Drinkers* (Oakland, CA: New Harbinger, 2002).

세 번째 및 네 번째 요소: 방해자를 친구로 만들어라

1. S.E. Asch, "Effects of Group Pressure upon the Modification and Distortion of Judgment," *in Groups, Leadership, and Men,* ed. H. Guetzkow (Pittsburgh, PA: Carnegie Press, 1951).

2. S. Milgram, *Obedience to Authority: An Experimental View* (New York: Harper and Row, 1974).

3. Martin T. Orne and Frederick J. Evans, "Social Control in the Psychological Experiment: Antisocial Behavior and Hypnosis," *Journal of Personality and Social Psychology 1,* no. 3 (1965): 189-200.

4. Nicholas A. Christakis, MD, PhD, MPH, and James H. Fowler, PhD, "The Spread of Obesity in a Large Social Network over 32 Years," *New England Journal of Medicine 357* (July 26, 2007): 370-379.

5. David Maxfield, Joseph Grenny, Ron McMillan, Kerry Patterson, and Al Switzler, *Silence Kills: The Seven Crucial Conversations for Healthcare* (Provo, UT: VitalSmarts, 2005), 2.

6. Patti Neighmond, "Impact of Childhood Obesity Goes Beyond Health," NPR, July 8, 2010, http://www.npr.org/templates/story/story.php?storyId=128804121.

7. Julia Hanf, "Minimizing the Negative Health Effects of Diabetes," What-Is-Diabetes.org, July 22, 2008, http://what-is-diabetes.org/diabetes/minimizing-the-negative-health-effects-of-diabetes/.

8. Kaiser Permanente, the MIT Media Lab, and a few other organizations recently supported the formation of the Care Product Institute (CPI), a nonprofit group pioneering ways to combine "technology with social support," according to CPI's Brent Lowenshohn, an authority on health care technology. In the CPI model, a diabetic's glucose reading might be transmitted to a designated relative who is trained to know what that number means and what to do about it. The family member can then nudge the patient to take appropriate actions. 최근 카이저 퍼머넌트(Kaiser Permanente)와 MIT 미디어랩(MIT Media Lab)을 비롯한 몇몇 단체들은 건강관리기술 담당자인 브렌트 로웬숀(Brent Lowenshohn)의 표현을 빌리자면 "사회적 지원과 첨단기술"의 결합이라는 선도적 방법을 추구하는 비영리단체 CPI(Care Product Institute)의 결성을 지원하고 있다. CPI의 건강 모델은 환자가 측정한 당뇨병 수치의 의미를 이해하고 어떤 조치를 취해야 할지 훈련받은 가족이나 친척들에게 전송한다. 이러한 자료를 전송받은 가족들은 환자들에게 적절한 행동을 취하도록 설득할 수 있다. Amy Salzhauer, "Forethought Frontiers: Is There a Patient in the House?" *Harvard Business Review* (November 2005): 32.

9. Research suggests that texting while driving increases the risk of accident by twenty-three times. 연구조사에 따르면 운전 중 문자메시지를 보내는 행위는 교통사고 발생률을 23배나 증가시킨다. Jennifer Guevin, "Study: Texting While Driving Increases Crash Risk 23-fold," *CNET News*, July 27, 2009.

10. Change Anything Labs, *Friends and Accomplices study* (November 2009).

다섯 번째 요소: 반경제적 사고를 하라

1. Eric A. Finkelstein, Justin G. Trogdon, Joel W. Cohen, and William Dietz, "Annual Medical Spending Attributable to Obesity: Payer-and Service-Specific Estimates," *Health Affairs 28,* no. 5 (2009): 822-831.

2. J.L. Zagorsky, "Marriage and Divorce's Impact on Wealth," *Journal of Sociology 41,* no. 4 (2005): 406-424.

3. Change Anything Labs, *Lake Wobegon at Work survey* (February 2010).

4. Stanton Peele, *7 Tools to Beat Addiction* (New York: Three Rivers Press, 2004), 96.

5. The study Tobacco Taxes: A WIN-WIN-WIN for Cash-Strapped States (February 10, 2010) was published by the Campaign for Tobacco-Free Kids, American Heart Association, American Cancer Society Cancer Action Network, American Lung Association, and the Robert Wood Johnson Foundation.

6. Daniel Kahneman, Jack L. Knetsch, and Richard H. Thaler, "Anomalies: The Endowment Effect, Loss Aversion, and Status Quo Bias," *Journal of Economic Perspectives 5,* no. 1 (Winter 1991): 193-206.

7. Study done by Change Anything Labs in July 2010 with eighty-five customers awaiting release of the iPhone 4 at the Salt Lake City, Utah, Apple store. 이 연구는 2010년 7월, 유타 주 솔트레이크 시티에 위치한 애플 스토어 앞에서 아이폰4의 출시를 줄지어 기다리던 85명의 고객들을 대상으로 수행되었다. 더불어 다음 자료를 참고하라. See also Daniel Kahneman, Jack L. Knetsch, and Richard H. Thaler, "Experimental Tests of the Endowment Effect and the Coase Theorem," *Journal of Political Economy 98,* no. 6 (December 1998): 1325-1348.

8. Xavier Gine, Dean S. Karlan, and Jonathan Zinman, "Put Your Money Where Your Butt Is: A Commitment Contract for Smoking Cessation" (July 1, 2009). World Bank Policy Research Working Paper Series, 4985.

9. Gina Pace, "Life after 'Loser': 'Every Day Is a Struggle,' " MSNBC, January 5, 2009, http://today.msnbc.msn.com/id/28449267.

10. Victoria Lee Miller, "Will Kirstie Alley's Weight Gain Hurt Jenny Craig?" Associated Content, May 12, 2009, http://www.associatedcontent.com/

article/1702649/will_kirstie_alleys_weight_gain_hurt.html.

11. Mark R. Lepper, David Greene, and Richard E. Nisbett, "Undermining Children's Intrinsic Interest with Extrinsic Reward: A Test of the 'Overjustification Hypothesis.' " *Journal of Personality and Social Psychology 28* (1973): 129-137.

12. Albert Bandura and Karen Simon, "The Role of Proximal Intentions in Self-Regulation of Refractory Behavior," *Cognitive Therapy and Research 1*, no. 3 (1977): 177-193.

13. Albert Bandura and Dale Schunk, "Cultivating Competence, Self-Efficacy, and Intrinsic Interest through Proximal Self-Motivation," *Journal of Personality and Social Psychology 41,* no. 3 (1981): 586-598.

여섯 번째 요소: 공간을 관리하라

1. Brian Wansink, *Mindless Eating: Why We Eat More Than We Think* (New York: Bantam Books, 2006).

2. S.J. Hoch and G.F. Loewenstein, "Time-Inconsistent Preferences and Consumer Self-Control," *Journal of Consumer Research 17* (1991): 1-16.

3. Anna Breman, "Give More Tomorrow: Two Field Experiments on Altruism and Intertemporal Choice" (submitted paper, Stockholm University, November 2, 2006).

4. Bob Edwards, "Hearty Diets, Hard Labor Keep Amish Fit," Morning Edition, NPR, January 14, 2004.

5. Nielsen, Three Screen Report: Television, Internet, and Mobile Usage in the U.S. 5 (second quarter 2009); Norman Herr, "Television and Health," Internet Resources to Accompany the Sourcebook for Teaching Science, California State University, 2007, http://www.csun.edu/science/health/docs/tv&health.html?.

6. Some popular finance applications include LearnVest.com and Mint.com. 런베스트닷컴(LearnVest.com)과 민트닷컴(Mint.com)을 포함한 일부 인기 있는 재

정관리 애플리케이션.

7. "Dining Room Table Losing Central Status in Families," *USA Today*, December 18, 2005.

자신의 분야에서 최고가 되라

1. Change Anything Labs, *Lake Wobegon at Work survey* (February 2010).

2. Daniel Yankelovich and John Immerwahr, *Putting the Work Ethic to Work: A Public Agenda's Report on Restoring America's Competitive Vitality* (New York: Public Agenda Foundation, 1983).

3. This finding is from a 2002 study of fifteen hundred software engineers at a client organization. 2002년에 실시한 연구조사에서 우리의 기업 고객에서 근무하는 1500명의 소프트웨어 엔지니어들의 답변.

4. Jeffrey Pfeffer, *Managing with Power: Politics and Influence in Organizations* (Boston: Harvard Business School Press, 1994), 154.

몸과 마음을 가볍게 유지하라

1. Paul M. Johnson and Paul J. Kenny, "Dopamine D2 Receptors in Addiction-like Reward Dysfunction and Compulsive Eating in Obese Rats," *Nature Neuroscience* (2010), doi:10.1038/nn.2519.

2. Ibid.

3. Sarah Klein, "Fatty Foods May Cause Cocaine-like Addiction," *CNN*, March 30, 2010, http://articles.cnn.com/2010-03-28/health/fatty.foods.brain_1_rats-junk-food-fatty-foods?_s=PM:HEALTH.

4. Barry M. Popkin, "The World Is Fat," *Scientific American*, September 2007.

5. National Eating Disorders Association, kNOw Dieting: Risks and Reasons to Stop (Seattle, WA: National Eating Disorders Association, 2005), http://www.

nationaleatingdisorders.org.

6. Christopher D. Gardner, Alexandre Kiazand, Sofiya Alhassan, Soowon Kim, Randall S. Stafford, Raymond R. Balise, Helena C. Kraemer, and Abby C. King, "Comparison of the Atkins, Zone, Ornish, and LEARN Diets for Change in Weight and Related Risk Factors among Overweight Premenopausal Women: The A to Z Weight Loss Study: A Randomized Trial," *Journal of the American Medical Association 297*, no. 9 (2007): 969-977.

7. Daniel Gilbert, *Stumbling on Happiness* (New York: Knopf, 2006).

8. Jeffrey Schwartz and Sharon Begley, *The Mind and the Brain: Neuroplasticity and the Power of Mental Force* (New York: Regan Books, 2003).

9. Change Anything Labs, *Friends and Accomplices study* (November 2009).

10. Abby C. King, Robert Friedman, Bess Marcus, Cynthia Castro, Melissa Napolitano, David Ahn, and Lawrence Baker, "Ongoing Physical Activity Advice by Humans versus Computers: The Community Health Advice by Telephone (CHAT) Trial," *Health Psychology 26*, no. 6 (2007): 718-727.

돈 걱정 없는 노후를 준비하라

1. The number of adults age sixty-five or over living with their children has increased 62 percent over the past decade. 자녀들과 같은 집에 거주하는 65세 이상 인구의 숫자는 지난 10년 동안 62퍼센트나 상승했다. "More Parents Move In with Kids," *USA Today*, September 23, 2008.

2. Kim Khan, "How Does Your Debt Compare?" MSN Money, http://moneycentral.msn.com/content/savinganddebt/p70581.asp.

3. Brian O'Connell, "Debt Counseling Helps Bankrupt Americans," *Main- Street Newsletter*, June 17, 2010.

4. Barbara O'Neill, "Danger Signals of Excessive Debt," Cornell Cooperative Extension, September 20, 2009, http://www.extension.org/pages/Danger_Signals_of_Excessive_Debt.

5. Dave Ramsey, *The Total Money Makeover* (Nashville, TN: Thomas Nelson, 2009).

6. Paco Underhill, *Why We Buy: The Science of Shopping* (New York: Simon and Schuster, 1999).

7. William R. Miller and Stephen Rollnick, *Motivational Interviewing* (New York: Guilford Press, 2002), 5-7,220, 226. Go to ChangeAnything .com/exclusive to download a handy guide on holding a motivational interview. ChangeAnithing. com/exclusive에 접속하면 동기부여 인터뷰에 관한 유용한 설명서를 내려 받을 수 있다.

8. Haiyang Chen and Ronald P. Volpe, "An Analysis of Personal Financial Literacy Among College Students," *Financial Services Review 7*, no. 2(1998): 107-128.

9. Piyush Sharma, Bharadhwaj Sivakumaran, and Roger Marshall, "Impulse Buying and Variety Seeking: A Trait-Correlates Perspective," *Journal of Business Research 63,* no. 3 (March 2010): 276-283.

10. Daniel Gilbert, *Stumbling on Happiness* (New York: Knopf, 2006).

11. Control direct mail and catalogs by registering online at the Direct Marketing Association's website. There is no fee for online registration. Visit https:// www.dmachoice.org/dma/member/regist.action. Stop receiving credit card applications by registering at OptOutPreScreen.com. 직접판매협회(Direct Marketing Association)의 웹사이트에 등록해 다이렉트 메일과 카탈로그를 관리해보자. 온라인 등록은 무료다. https://www.dmachoice.org/dma/member/regist.action을 방문하라. OptOutPreScreen.com에 등록하면 신용카드 신청서가 날아오는 것을 예방할 수 있다.

오래된 중독에서 떠나라

1. L.N. Robins, "Vietnam Veterans' Rapid Recovery from Heroin Addiction: Fluke or Normal Expectation?" *Addiction 88* (1993): 1041-1054.

2. J. Olds and P. Milner, "Positive Reinforcement Produced by Electrical Stimulation of Septal Area and Other Regions of Rat Brain," *Journal of Comparative and*

Physiological Psychology 47, no. 6 (December 1954): 419-427.

3. K.C. Berridge, T.E. Robinson, and J.W. Aldridge, "Dissecting Components of Reward: 'Liking,' 'Wanting,' and Learning," *Current Opinion in Pharmacology 9* (2009): 1-9.

4. T.E. Robinson and K.C. Berridge, "The Neural Basis of Drug Craving: An Incentive-Sensitization Theory of Addiction," *Brain Research Reviews 18* (1993): 247-291.

5. "After Lung Cancer Surgery, Nearly Half of Patients Resume Smoking," *LiveScience*, December 11, 2006, http://www.livescience.com/ health/061211_smokers_resume.html.

6. G. Alan Marlatt, "A Cognitive-Behavioral Model of the Relapse Process," in *Behavioral Analysis and Treatment of Substance Abuse, National Institute on Drug Abuse research monograph 25,* ed. N.A. Krasnegor (Washington, DC: U.S. Government Printing Office, 1979), 191-200.

7. J.R. Hughes, "Alcohol Withdrawal Seizures," *Epilepsy Behavior 15*, no. 2 (February 2009): 92-97.

8. Stanton Peele, *7 Tools to Beat Addiction* (New York: Three Rivers Press, 2004).

9. Christopher J. Mruk, *Self-Esteem Research, Theory, and Practice: Toward a Positive Psychology of Self-Esteem* (New York: Springer, 2006).

10. John J. Ratey, *Spark: The Revolutionary New Science of Exercise and the Brain* (New York: Little, Brown, 2008).

11. Ibid.

12. Steven Kipnis and Joy Davidoff, Nicotine Dependence and Smoking Cessation (Albany: New York State Office of Alcoholism and Substance Abuse Services, OASAS Addiction Medicine Unit, 2003).

13. A.H. Taylor, M.H. Ussher, and G. Faulkner, "The Acute Effects of Exercise on Cigarette Cravings, Withdrawal Symptoms, Affect and Smoking Behaviour: A Systematic Review," *Addiction 102* (2007): 534-543.

14. Kimberly S. Young and Robert C. Rogers, "The Relationships between Depression and Internet Addiction," *Cyber Psychology and Behavior 1*, no. 1 (1998):

25-28.

15. Robert F. Anda, David F. Williamson, Luis G. Escobedo, Eric E. Mast, Gary A. Giovino, and Patrick L. Remington, "Depression and the Dynamics of Smoking," Journal of the American Medical Association 264 (1990): 1541-1545.

소중한 사람에게 사랑한다고 말하라

1. D.A. Redelmeier, J. Katz, and D. Kahneman, "Memories of Colonoscopy: A Randomized Trial," *Pain 104* (July 2003): 187-194.

2. John Gottman and Nan Silver, *The Seven Principles for Making Marriage Work* (New York: Three Rivers Press, 1999).

3. Clifford Notarius and Howard Markman, *We Can Work It Out: How to Solve Conflicts, Save Your Marriage* (New York: Berkley, 1993), 31.

4. Gottman and Silver, *Seven Principles*, 160.

5. Tara Parker-Pope, For Better: *The Science of a Good Marriage* (New York: Penguin, 2010), 128.

6. Ibid., chap. 1.

7. Ibid.

8. Notarius and Markman, *We Can Work It Out,* 11.

9. Paul Amato and Bryndl Hohmann-Marriott, "A Comparison of Highand Low-Distress Marriages That End in Divorce," *Journal of Marriage and Family 69* (August 2007): 621-638.

10. Parker- Pope, for Better.

11. Betsey Stevenson and Julian Wolfers, "Marriage and Divorce: Changes and Their Driving Forces," *Journal of Economic Perspectives 21*, no. 2 (Spring 2007): 27-52.

12. Change Anything Labs, *Marriage on the Rocks survey* (November 2009).

13. Ibid.

14. Patricia A. McManus and Thomas A. DiPrete, "Losers and Winners: The Financial Consequences of Separation and Divorce for Men," *American*

Sociological Review 66, no. 2 (April 2001): 246-268.

15. Michele Weiner-Davis, *Divorce Busting: A Step-by-Step Approach to Making Your Marriage Loving Again* (New York: Simon and Schuster, 1992), 149.

저자 소개

이 다섯 명의 저명한 저자들은 『결정적 순간의 대화(Crucial Conversations: Tools for Talking when Stakes are High, 2002)』 『결정적 순간의 대면(Crucial Confrontations: Tools for Resolving Broken Promises, Violated Expectations, and Bad Behavior, 2005)』 『인플루엔서(Influencer: The Power of Change Anything, 2008)』 그리고 『어떻게 바꿀 것인가(Change Anything: The New Science of Personal Success, 2011)』로 「뉴욕타임스」 베스트셀러 목록에 네 번이나 이름을 올렸다.

케리 패터슨 Kerry Patterson은 우수한 트레이닝 프로그램을 개발하고 다양한 장기 혁신 프로그램을 주도했다. 2004년에는 조직행동 분야에서 가장 탁월한 기여를 한 인물에게 수여하는 브리검 영 대학 메리어트 경영대학원의 다이어상Dyer Award을 수상했으며, 스탠퍼드 대학에서 박사 학위를 취득했다.

조셉 그레니 Joseph Grenny는 인지도 높은 기조연설자이자 컨설턴트로서 지난 20년 동안 주요 기업들에서 변화 이니셔티브를 실현한 바 있다. 그는 또한 전 세계 빈민들의 경제적 자립을 돕는 비영리단체 유니터스Unitus의 공동창설자이다.

론 맥밀런 Ron McMillan은 각광받는 강연자이자 컨설턴트이며, 코비 리더십 센터Covey Leadership Center의 공동설립자로서 그곳의 R&D 부서를 이끌고 있다. 말단 관리자에서부터 포춘 500대 기업에 이르기까지 다양한 수준의 리더들과 함께 일한 풍부한 경험을 지니고 있다.

알 스위츨러 Al Switzler는 대단히 저명한 컨설턴트 겸 강연가로 전 세계 수십여 곳에 달하는 포춘 500대 기업의 리더들에게 경영 이니셔티브를 지도하고 교육시킨 인물이다. 미시건 대학의 경영능력 향상 센터Executive Development Center의 일원이기도 하다.

데이비드 맥스필드 David Maxfield는 뛰어난 연구가이자 컨설턴트, 강연가이다. 그는 의료과실과 안전위해 요소, 프로젝트 실행에 있어 인간 행동이 차지하는 역할에 관한 연구를 실행한 바 있다. 스탠퍼드 대학에서 심리학 박사 학위를 취득했다.

스스로를 증진시키고 싶은 이들을 위해
바이탈스마트가 제공하는 탁월한 트레이닝 과정

결정적 순간의 대화® 트레이닝
감정을 자극하거나 위험한 주제에 관해 솔직한 대화를 나눌 수 있게 돕는다.

결정적 순간의 대면® 트레이닝
책임감을 증진하고 성과를 향상시키며 실천을 장려한다.

인플루엔서 트레이닝™
소속팀 또는 조직 전체를 위해 신속하고 지속가능한 행동의 변화를 추구한다.

체인지 애니씽 트레이닝™
일터와 가정을 막론하고 삶의 모든 분야에서 개인적인 행동을 변화시키고 시정한다.

바이탈스마트의 트레이닝 프로그램에 대해 더욱 자세한 정보를 알고 싶다면 1-801-765-9600으로 전화하거나 www.vitalsmarts.com/global에 접속하라. 또한 바이탈스마트의 한국 파트너인 한국리더십센터의 홈페이지 www.eklc.co.kr에서도 프로그램에 대한 보다 세부적인 정보를 얻을 수 있다.

바이탈스마트는 어떤 곳인가

기업교육 및 조직성과 분야에서 혁신을 주도하고 있는 바이탈스마트는 조직 또는 팀이 최상의 효과를 거둘 수 있도록 돕는다. 30년 이상의 꾸준한 연구를 바탕으로 개발된 바이탈스마트의 효과적인 교육 프로그램은 신속하고 지속적이며 측정 가능한 행동변화 유도 방법을 통해 포춘 500대 기업 중 300곳 이상에 인상적인 성과를 낼 수 있도록 도와주었다. 바이탈스마트는 「Inc.」지에서 지난 6년간 가장 신속한 성장률을 보인 기업 중 한 곳으로 선정되었으며 전 세계적으로 75만 명 이상을 교육하고 있다.

바이탈스마트는 결정적 순간의 대화®, 결정적 순간의 대면®, 인플루언서 트레이닝™, 체인지 애니씽 트레이닝™을 비롯해 다양한 훈련 프로그램을 제시하며, 응용력 높은 기술과 전략에 초점을 맞춰 조직의 핵심적 성과를 증진시킨다. 바이탈스마트 저자들이 집필한 「결정적 순간의 대화」「결정적 순간의 대면」「인플루언서」「어떻게 바꿀 것인가」는 「뉴욕타임스」 베스트셀러 목록에 선정된 바 있다. 또한 바이탈스마트는 기업현장 컨설팅과 연구조사, 경영능력 증진, 강연 등을 제공한다.

www.vitalsmarts.com/global

결정적 순간의 대화

"획기적인 책이다. 내게 깊은 영향을 미쳤을 뿐만 아니라 동기와 영감을 부여해 주었다."

–스티븐 R. 코비,

『성공하는 사람들의 7가지 습관』의 저자

결정적 순간의 대면

"근 10년 사이 출간된 책들 중에서 단 한 권만 읽을 수 있다면 단연코 『결정적 순간의 대면』을 추천하는 바이다."

–톰 피터스, 『미래를 경영하라』의 저자

인플루엔서

"리더들에게 있어 가장 어려운 도전은 바로 타인의 행동에 영향을 미치는 것이다 이 책은 상대방의 행동을 변화시키고 그것을 유지시키는 방법에 관해 깊은 통찰력을 제공한다."

–시드니 토렐, 엘리 릴리 사(Eli Lilly and Company)의 회장 겸 CEO